부산항의 오래된 미래를 만나다

부산항 이야기

이 용 득 지음

책을 펴내며

　부산은 오랜 역사만큼 수많은 애환을 간직한 우리나라 대표 항구도시다. 365일 이곳을 드나드는 선박 엔진 소리는 부산의 맥박이며 해양인의 숨결이다. 부산의 바다는 문화 충돌의 현장이었고, 격변의 시기에 민족 간 디아스포라였다. 이처럼 부산은 바다를 빼고는 이야기할 수 없는 도시다.

　그동안 부산에 관한 다양한 책이 쏟아졌지만, 대개 뭍에서 바라본 시선의 글이었다. 많은 변화가 있었지만, 우리에겐 여전히 바다를 천시하는 문화가 남아 있다. 조선 시대 성리학을 바탕으로 나라를 이끈 지배층은 변화보다 안정을 중요시했다. 한때 공도쇄환정책(空島刷還政策)으로 섬에는 왕권이 미치지 않았을 때도 있었다. 그러나 섬은 국토의 살점이다. 변방을 지키려 파도와 싸워온 지역민의 아픔을 잊어서는 안 된다. 부산은 바다로 인해 성장·발전했고, 많은 아픔을 삭이며 내공을 쌓아왔다.

　2013년 중국 주석 시진핑은 일대일로(一帶一路)라는 미래 중국의 비전을 제시했다. 일대는 내륙의 실크로드, 일로는 해양의 정화함대(鄭和艦隊)

를 재현하겠다는 구상이다.

삼면이 바다인 우리나라는 해상왕(海商王) 장보고, 해전왕(海戰王) 이순신 장군 등 해양 자존심의 아이콘이 있다. 그리고 우리를 둘러싼 바다에는 수많은 이야기가 있다. 예사로이 지나쳤던 이야기에 좀 더 관심을 기울이면, 이야기가 바로 훌륭한 문화 콘텐츠임을 알게 된다. 갯내 물씬 풍기는 이야기는 우리의 값진 유·무형 문화유산이자 삶의 흔적이다.

이 책은 국제신문과 부산일보의 협력단체 (사)한국해양산업협회(KAMI)의 해양 전문 월간지 『SEA &』, 부산항만공사(BPA)의 『BPA Magazine』에 실렸던 '부산항 이야기'를 중심으로 정리하여 엮었다. 나름대로 바다에서 바라본 부산, 부산항 이야기를 담으려고 노력하였다.

그동안 기고에 도움을 주신 여러분께 감사드린다. 한평생 부산항을 사랑하고 연구하며 내게 부산항에 대한 꿈을 심어준 한국항만연구회 김영호(金英昊) 회장과 기업 경영보다 학문 연구에 조예가 깊어 자료 수집과 연구의 길을 손수 보여준 ㈜세동양행(世東洋行) 고 김재승(金在勝) 박사의 은

혜를 잊을 수 없다.

  전문가로서 고견과 자료 제공을 마다치 않았던 한수당자연환경연구원 한상복 박사, 자료 지킴이 근대사료연구소 김한근 소장, 따뜻한 책이 되도록 도움을 준 김충진 화백, 최윤식 건축가, 김수진·조월제·김유영 사진가, 마지막까지 교정과 조언을 해준 우주호 박사와 사학도 채정원 씨에게 감사의 마음을 드린다.

  그리고 책의 발간을 위해 힘써준 김희호 유진북스 대표와 끝까지 편집과 교정에 힘을 기울여준 방수련 편집장, 김보경 디자이너께도 고마움을 전한다.

2019년 2월

이 용 득

C O N T E N T S

편지 속에 담긴 부산항 이야기
―

12　1885년 꼬레아 부산

닫힌 조선 바닷길을 열다
―

18　비석에 남은 관문의 역사
23　바다를 노래한 동래부사
27　부산의 봉산제도
31　표민수수소
35　초량항
41　남자들의 마을
46　왜인 변장 난출사건
51　영선고개
57　비선
62　대마도 이즈하라
66　대풍포
73　최천종 피살 사건
77　용당포
84　이양선 프린스 윌리엄 헨리호
92　며리계에서 온 이양선
97　이양선의 가축 약탈
102　영도해변 화약 폭발 사고

목차

**변화의 바람,
문화 충돌을 빚다**
—

- 108 　무관세에 거덜 난 개항
- 114 　경상좌도 암행어사 이만직
- 118 　개항장의 불청객 콜레라
- 122 　개항기 서양인이 본 부산
- 128 　선상의 우연한 만남
- 132 　부산항 매립의 선구자
- 137 　해관원 사냥개 실종사건
- 142 　1880년대 부산항의 설날
- 146 　부산항의 갑오개혁
- 150 　외국인과의 부산 로맨스
- 155 　일본식 혼탕
- 158 　상여로 옮긴 피아노
- 163 　켄카이마루 선상 소동과 경판정 주정 사건

**수탈의 현장,
아픔을 새기다**
—

- 170 　큰 바위 얼굴
- 174 　바다의 미아, 조남해
- 180 　관부연락선과 3·1운동의 불씨
- 185 　송도 랑하도호텔

디아스포라 6·25, 애환에 울다

- 192 6·25 전쟁과 '미스 코리아'
- 196 부산항 마카오 신사
- 200 부산항 제1부두
- 204 부산항 제2부두
- 208 메리켄 부두
- 211 부산항 제3부두
- 214 조도의 또 다른 얼굴
- 218 밀수 영화
- 223 구두 수선 노인과 애국복권

역동의 파노라마, 바다를 노래하다

- 228 '잘 있거라 부산항'
- 235 바다의 욘사마
- 238 청어 수입 소동
- 241 부산항 연안부두
- 245 부산항 발전함 레지스턴스호
- 249 부산항 제4부두
- 252 첫 컨테이너선이 들어오던 날
- 256 나이롱 선원
- 259 애증의 밀항길

C O N T E N T S

265	특공대 밀수
274	월광카바레 밀수 사건
278	조난 어부의 귀환
283	부산해역의 해난 사고

해양 수도 부산, 바다에 살다

288	동백의 고향
292	부산항의 관문 효시, 수문
298	용두산 194계단
303	부산항 파노라마 사진
309	오륙도의 명칭
314	영도다리를 들어 올린 이유
318	지명 유래설과 자성대
324	세관 기중기
330	개항 100년 상징물

참고문헌 및 논문

337	사료 및 자료
338	단행본
341	논문
342	기타

편지 속에 담긴 부산항 이야기

1885년 꼬레아 부산

여기는 바쁜 시기에도 그렇게 활기 넘치는 곳은 아니지만, 지난 2주 동안 증기선이 한 척도 들어오지 않았단다. 집에서 보낸 편지도 빛, 생동감, 문명이 있는 바깥 세계의 소식도 접하지 못했다는 뜻이야. 꼬레아에서 사는 것이 참으로 무료하고 지루한 것을 느낄 수 있겠지.

증기선이 온다는 소식을 듣고 며칠째 기다린다. 그리고 이 기다림은 우리의 맘을 설레게 한단다. 너와 존(John), 아이다(Ida)의 편지를 싣고 와 우리를 기쁘게 할 증기선이 아직 오지 않았지만, 그래도 증기선이 시커먼 연기를 뿜고 즐거운 뱃고동 소리를 내며 올 때까지 기운을 내고 최선을 다해 참아야겠지.

그제는 우리 모두 꼬레아의 절영도에 가서 한나절을 보냈다. 진달래가 만발하여 그 화려한 색이 산 한 면을 밝게 물들였어. 엄마는 즐겁게 하양, 노랑, 파

증기선 (최윤식 건축사 그림)

랑 세 가지 색의 제비꽃을 열심히 꺾었지. 수꿩은 덤불 속에서 울며 암꿩을 유혹했단다. 나는 네 엄마를 포옹하려 했지만 성공하지는 못했단다. 우리는 큰 소나무 아래서 점심을 먹었고, 아주 즐겁게 지냈단다. 왜냐하면, 한동안 나들이를 못 했기 때문이지.

일본에서 겨울을 난 작은 새들이 여름을 보내기 위해 여기로 돌아왔단다. 그리고 즐겁게 노래하고 있지.

1885년 4월 21일, 초대 부산해관장인 영국인 윌리엄 넬슨 로바트(William Nelson Lovatt, 1833-1904)가 미국에 두고 온 큰딸 넬리(Nellie)에게 보낸 편지 일부분이다.

2주 동안 배가 들어오지 않는 부산항의 쓸쓸한 분위기가 그려진다. 하지만 절영도(지금의 영도)는 다르다. 봄이 되면 꽃이 피고 새가 찾아들어 외로움을 달래주는 아름다운 곳이다. 이것이 개항기 부산항의 모습이다.

조선 해관에 고용된 로바트 해관장은 1883년 10월 부산에 왔고, 1년 후에 아내와 막내딸 마벨(Mabel, 당시 4세)을 초청했다. 나머지 어린 세 자녀는 취학 문제로 미국의 처가에 있었는데, 그는 항상 아이들을 그리워했다. 그래서 오륙도 수평선 너머 시커먼 연기를 뿜으며 다가오는 편지를 실은 증기선[주1]을 더욱 기다렸는지 모른다.

해관장 부인과 자녀들. 부인은 이 가운데 막내만 데리고 부산에 왔다.
원내는 초대 부산해관장 윌리엄 넬슨 로바트 (부산세관박물관)

부산항 개항(1876년)은 나라뿐만 아니라 지역에도 많은 변화를 주었다. 동래라는 전통적인 내륙의 양반 문화가 부산포구에서 부는 개화 바람에 서서히 변했다. 부산의 관문인 오륙도 앞바다는 변화를 몰고 오는 외부 세계의 통로였고, 긴장과 애환이 점철된 조선의 관문이었다.

증기선으로 선교사와 외래 물품이 들어오고, 대한해협을 건너 대륙 침략의 수송선인 관부연락선(關釜連絡船)이 드나들었다. 태극기 물결의 귀국선, 포화를 실은 전함, 새 삶을 찾아 떠나는 이민선, 원양 개척에 나서는 어선, 파월 장병을 실은 애환의 수송선, 오대양 육대주로 향하는 화물선, 때로는 어둠을 틈탄 밀수선과 밀항선이 사선을 넘듯 이곳을 지나쳤다.

개항 전에는 침략과 약탈을 일삼던 왜구의 군선, 순풍에 대군 싣고 두려움과 안도의 파도를 탄 통신사선, 대마도(對馬島) 무역선인 비선(飛船)이 들락거리고, 어쩌다 불시에 커다란 이양선(異樣船)이라도 나타나면 인근 봉수대의 봉수군은 긴장과 두려움에 떨어야 했다. 돌이켜보면, 부산은 고려와 조선 시대 약 1000년 동안 해방(海防)에 역점을 둔 변방이자 관문의 역사가 병행된 우리나라 근현대사의 중심이었다.

이제 부산항은 하루 수백여 척의 외항선이 머무는 세계적인 컨테이너 허브항이다. 그 전날 꽃피던 영도는 역시 바다 위의 거대한 도시가 된 지 오래다.

바다를 낀 도시는 변화

부산해관장 넬슨 로바트가 자녀에게 보낸 편지 (부산세관박물관)

1885년경 부산항. 가운데 숲이 무성한 곳이 용미산으로 현재 롯데백화점 광복점, 해안의 주택가는 동광동 일대로 그 앞바다가 매립된 현재의 중앙동이다. (부산세관박물관)

의 물결이 거세다. 특히 부산은 더 그렇다. 뭍에서 오는 변화보다 바다를 통한 변화의 바람이 더 거세고 아픔이 컸다.

  이 역동의 물결 속을 온몸으로 살아온 변방 사람들의 이야기가 바로 부산, 부산항의 역사다.

주1) 1885년 당시 부산항에 입항했던 증기선은 쓰루가마루(敦賀丸 1,006톤급)였다. 이 화물선은 일본 나가사키에서 출항해 부산항을 거쳐 러시아 블라디보스토크까지 운항했으나 스케줄은 일정치 않았다.

닫힌 조선 바닷길을 열다

비석에 남은 관문의 역사

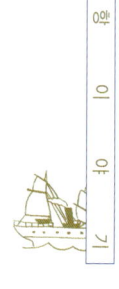

부산 앞의 이야기

    증산(甑山)과 용두산(龍頭山)은 그리 높지 않지만, 부산의 역사가 숨 쉬는 산이다. 두 산은 긴 세월을 그랬듯이 지금도 도심 속 공원으로 남아 시민의 발길을 머물게 한다. 동구의 증산은 부산이란 이름의 유래[주1]를 간직했고, 중구의 용두산은 근대 개항의 중심축이었다.

    증산 아래 해변에는 오래전부터 사람이 살아서 부산포(釜山浦)[주2]라는 갯마을이 생겼고, 세월이 흐르며 용두산 쪽으로 항세를 키웠다. 이곳에는 역사 유물도 많아 현재 부산의 대표적인 원도심으로 주목받는다. 특히 이 주변에서 발견된 부산진지성 서문성곽우주석(釜山鎭支城 西門城郭隅柱石)에서 변방의 역사를, 용두산의 초량왜관 약조제찰비(約條制札碑)에서 관문의 역사를 읽을 수 있다.

부산진지성 서문의 성곽우주석 (부산시지정기념물 제19호)

일찍이 증산과 자성대 주변은 내륙으로 통하는 길목이라 전략적으로 아주 중요했다. 증산 아래 지역(현 동구 정공단 일대)에 성을 쌓아 방어진지를 구축한 것이 부산진성이다.

임진왜란의 첫 접전지도 이곳이었다. 여기서 정발(鄭撥) 장군이 장렬하게 전사했고, 그다음 날 동래성도 비참하게 무너지면서 왜군은 파죽지세로 조선 땅을 짓밟았다. 증산과 자성대를 손에 넣은 왜군은 기존 성곽을 허물고 왜성을 쌓아 병참 기지화를 꾀했다.

임진왜란이 끝나자 조선은 이곳에 수군을 집결해 해방(海防)을 더욱 강화하면서, 자성대 정상에 부산포를 지키는 주군인 경상좌수영 관하 부산진첨사영을 두었다. 또 성을 정비하며 부산진지성 서문성곽우주석에 "남요인후 서문쇄약(南徼咽喉 西門鎖鑰)"이라는 글귀를 새겼다. '이곳은 나라

부산박물관의 '초량왜관 전시관'에 보관 중인 약조제찰비 (부산시지정기념물 제17호)

의 목에 해당하는 남쪽 국경이요, 서문은 나라의 자물쇠와 같다'는 뜻으로, 변방 사수 의지를 담았다. 임진왜란의 뼈아픈 후유증이 부산포 사수 의지를 돌에 새기게 했다.

이 분위기는 18세기 말 우리나라에 최초로 들어온 이양선, 영국 해군 탐사선 프로비던스(Providence)호의 부속선 프린스 윌리엄 헨리(Prince William Henry)호를 지휘한 브로턴(William Robert Broughton) 함장의 항해기에도 남아있다.

부산 용당포에 닻을 내린 8일째, 1797년 10월 20일 자 항해 일기의 내용이다.

그들은 허락하지 않았는데 우리가 어제 보트로 답사한 것에 관해 이야기했으며, 만약 항 내의 위쪽 흰색 집(자성대)이 있는 곳에 상륙하면 험한 대접을 받을 것이며, 이것을 지키지 않으면 사형당할 것이라고 설명하는 듯했다.^{주3)}

이들은 육지 가까이 접근할 수 없어서, 영도가 육지에 붙어 있는 부산항 최초의 항박도를 그렸다.

용두산의 가치는 초량왜관에서 찾을 수 있다. 초량왜관은 1678년부터 개항하기 전까지 200년 가깝게 지금의 용두산을 중심으로 한 11만 평에 자리했던 조선과 일본의 무역, 외교 업무를 담당하던 공관(公館)이다.

이곳의 중계무역을 통해 조선은 동북아 3개국을 연결하는 교량 역할을 하면서 17세기 중반 이후 약 100년간 가장 화려한 무역 전성기를 누렸다. 조선의 인삼, 일본의 은, 중국의 비단이 대표 무역상품이었고, 특히 조선 인삼은 만병통치약으로 인기가 높았다. 그러나 때로는 대일 밀무역의 주종 품목이 되어 말썽을 일으키기도 했다.

이 잘못된 교역의 질서를 바로잡기 위해 5개 금제조항을 비석에 새긴 것이 약조제찰비로, 이것을 초량왜관 수문 인근에 세웠다.^{주4)} 왜관 경계 밖으로 넘어 나온 자, 왜채(倭債)를 주고받는 자, 밀무역하는 자는 사형에 처한다는 것이 주요 내용이다.

왜관 통제 정책 중 가장 살벌한 규정이라 소름이 돋지만, 약조제찰비는 현존하는 대표적인 초량왜관의 유물이며, 교역의 역사를 보여주는 귀중한 자료다.

이제 용두산에는 약조제찰비가 없다. 훼손이 우려되어 부산박물관으로 옮겨 보관한 지 오래다.

약조제찰비 복제본이나마 본래 위치인 용두산 인근에 세우면 어떨까? 약

19세기 후반 동래부산고지도의 부분 (국립중앙도서관)

조제찰비를 보며 나누는 현장감 있는 이야기로 용두산이 시끌벅적하면 좋겠다.

주1) 최근에 '부산(釜山)'이란 지명의 유래가 증산(甑山)이 아닌 자성대(子城臺)라는 새로운 학설이 제기되었다. (이 책 318P '지명 유래설과 자성대' 참조)

주2) '부산'이라는 명칭이 최초로 쓰인 문헌은 1402년 『태종실록』으로 부유할 부(富) 자를 쓴 '부산(富山)'이었다. 이후 「경상도지리지(1425년)」, 「세종실록지리지(1454년)」, 「경상도속찬지리지(1469년)」, 『해동제국기(1471년)』 등에 나타난다. 지금처럼 가마 부(釜) 자를 쓴 '부산(釜山)'은 1470년 『성종실록』이 시초이며, 남제의 「부산포지도(1474년)」에는 '富山'과 '釜山'이 혼용되었다. '부산(釜山)'이 정착된 것은 15세기 말엽 『동국여지승람(1481년)』 이후다.

주3) 김재승 『근대한영해양교류사(近代韓英海洋交流史)』, 인제대학교 출판부, 1997, P188.

주4) 1682년 11월, 조선통신사 정사 윤지완이 대마도주와 초량왜관의 운영을 위한 금제조항 일곱 가지를 조정 합의하고 귀국, 전 조항을 비석에 새기려고 하였으나 글자 수가 넘쳐 당시 동래부사 남익훈(南益熏)은 4개 조항만 새길 것을 비변사에 장계하였다. 결국, 1개 조항이 추가되었다. 1683년 8월 역관 박유년(朴有年), 감정왜(勘定倭), 평성상(平成尙)이 설치 장소를 최종 합의하고 한문, 일문 비석을 양 국민이 잘 보이는 곳에 각각 세웠다. 비문의 내용은 "출입을 금한 경계 밖으로 넘어온 자는 크고 작은 일을 논할 것 없이 사형으로 다스린다. 노부세(路浮稅)를 주고받은 것이 발각되면 준 자와 받은 자를 모두 사형으로 다스린다. 개시(開市) 때 암거래를 하는 자는 피차 사형으로 다스린다. 4~5일마다 여러 가지 물건을 공급할 때 아전(衙前), 창고지기, 통역 등은 일본인을 끌어내어 때리는 일이 없도록 한다. 피차 범죄인은 왜관 문밖에서 함께 형을 집행한다. 왜관에 있는 여러 사람은 만약 용무가 있으면 왜관 사직(司直)의 통행증을 가지고 훈도와 별차가 있는 곳에 왕래할 수 있다." 등이다. 현존하는 것은 한문으로 된 약조제찰비다.

바다를 노래한 동래부사

부산시의 상징 마크에는 산, 바다, 강이 어우러진 삼포지향(三抱之鄕)의 이미지가 강하다. 이 조화로운 환경 때문에 부산은 예부터 8대(八臺)를 두고 누정(樓亭) 문화를 꽃피웠다. 명소 대부분은 바다와 접해서 연말연시면 해넘이와 해맞이를 하기 위해 많은 사람이 몰려든다.

이 가운데 해운대와 몰운대가 으뜸이다. 두 곳은 과거 동래부의 맨 동쪽과 서쪽에 있던 경승지로 벼슬아치와 숱한 시인 묵객이 즐겨 찾았다. 임란 후 지역 수장인 동래부사(東萊府使) 이춘원(李春元)과 이안눌(李安訥)도 이곳을 찾아 바다를 바라보며 칠언절구의 시를 남겼다.

조선 시대 동래부사는 해방(海防)과 관문(關門)에 비중을 두고 목민관으로서 수령칠사(守令七事)를 수행했기에 다른 부사와 품격이 달랐다. 동래

부산시 사하구 다대동 몰운대 입구의 '몰운대' 시비

는 임진왜란의 첫 격전지로 피해가 격심했으므로 부사의 역할이 특히 중대했다. 동래가 평정을 되찾은 것은 전쟁이 끝나고 9년이 흐른 1607년(선조 40), 이춘원 동래부사가 부임하고부터였다.

그는 백성을 위로하고 관내 명승과 고적을 두루 살펴 가꾸었다. 경승지에 관한 시를 지어 문예 숭상의 기풍을 조성했는데, '몰운대'란 시도 그중 하나다. 바다에서 솟아오르는 아침 해를 '붉은 수레바퀴'에 비유한 아름다운 그의 시정은 지금도 몰운대 입구에 서 있는 시비에서 만날 수 있다.

浩蕩風濤千萬里(호탕풍도천만리) / 호탕한 바람과 파도는 천리요 만리
白雲天半沒孤臺(백운천반몰고대) / 하늘가 몰운대는 흰 구름에 묻혔구나

扶桑曉日車輪赤(부상효일차륜적) / 새벽 바다 돋는 해는 붉은 수레바퀴

常見仙人駕鶴來(상견선인가학래) / 언제나 학을 타고 신선이 온다

이춘원에 이어 1608년 동래부사로 부임한 인물은 이안눌이었다. 사후에 청렴하고 검소한 생활이 숭상돼 청백리로 추천된 인물이다. 동래부사로 2년 동안 근무하면서 송상현공을 모신 사당 송공사(宋公祠)에서 기제를 올리고 임진왜란 때 순절한 분을 애도하며 목민관으로서 본보기를 보였다.

그는 임지에서 틈틈이 시를 짓기도 했는데, 4,379수를 남길 정도로 시문에 뛰어난 문관이었다. 그의 시 중에는 해 질 녘 바다를 바라보며 해운대 풍광을 노래한 '등(登)해운대'가 일품이다. 지금은 고층 건물에 에워싸인 해운대지만, 그렇다고 '등 너머 타는 노을'을 볼 수 없겠는가. '등해운대' 시비는 해수욕장 해변 중간쯤에서 매일 해풍을 맞으며 인걸(人傑)은 가도 시정(詩情)은 그곳에 남아 길손의 발길을 머물게 한다.

몰운대 일출 (김수진 사진)

해운대 일출 (부산세관박물관)

해운대해수욕장 해변의 '등(嶝)해운대' 시비

石臺千尺勢凌雲(석대천척세릉운) / 구름 속에 치솟는 듯 아스라이 대는 높고

下瞰扶桑絶點氛(하감부상절점분) / 굽어보는 동녘 바다 티 없이 맑고 맑다

海色連天碧無際(해색연천벽무제) / 바다와 하늘빛은 가없이 푸르른데

白鷗飛去背斜曛(백구비거배사훈) / 훨훨 나는 갈매기 등 너머 타는 노을

부산의 봉산제도

절영도 들어가니 물길은 십 리 길 어김이 없고
산 아래 목장에는 삼천준마(三千駿馬) 날뛰누나
섬의 산 위에는 봉산(封山) 되어 외시(外寺) 입금(入禁) 일도 많다.

동래부사 정현덕(鄭顯德)이 1869년에 지은 『봉래별곡(蓬萊別曲)』 중 영도를 노래한 부분이다. 봉래산 아래는 목장, 위는 봉산이었다고 소개한다.

당시 부산 주변의 산야에는 특성에 맞는 기능이 있었다. 말을 키우는 목장이거나 군선과 같은 배를 만들기 위한 목재 조달용 봉산이 대부분이었다. 봉산제도는 조선 후기에 자리 잡았는데, 벌채를 금하는 산을 지정해 관리하는 것은 물론, 국가의 다양한 수요에 따라 산림을 기능적으로로 세분화해 관리 보호하도록 했다.

한양 근처에 궁궐을 짓는 데 필요한 금강소나무를 관리하는 황장봉산(黃腸封山)이 있다면, 부산 같은 변방에는 조선용 목재를 위한 선재봉산(船材封山)이 있었다. 그 가운데 참나무만 전문으로 가꾸는 진목봉산(眞木封山)도 있었는데, 참나무는 성질이 견고하여 목선의 늑골과 같은 뼈대, 키, 노를 만드는 데 필요한 선재였다.

다 자란 선재를 채취하여 선소까지 옮기는 일이 중요했으므로, 봉산은 물길을 따라 쉽게 운반할 수 있도록 해안이나 강 유역에 지정했다. 그리고 벌채 금지를 위해서 봉산의 기본법인 송헌(松憲)이 제정되어 몰래 나무를 벤 자는 그루 수에 따라 엄하게 벌했다. 소나무 한 그루를 벨 때마다 가시나무 회초리인 장(杖) 60대를 쳤고, 소나무 열 그루 이상을 벤 사람과 솔밭에 불을 지른 방화범은 사형으로 다스렸다.

이처럼 엄격한 규율로 부산 지역 봉산제도를 관장한 사람은 누구였을까? 오늘날 관점에서 지역 수령이던 동래부사를 떠올리겠지만, 실제는 경상좌도 수군절도사가 관장했다. 좌수영 관하 군선과 조선(漕船), 대일통신사선 등을 만들기 위해서는 봉산에서 필요한 목재를 얻어야 했다. 그래서 수군절도사에게 봉산을 보호하고 벌목을 단속하는 책임을 주었다. 1850년 경상좌도 수군절도사영에서 편찬한 지리지 『내영지(來營誌)』를 보면 경상좌도의 관할구역은 동래·기장·울산·경주·장기(포항)·영일·흥해·양산·밀양 등 9개 군·읍이었다. 이 구역의 봉산은 28개로 동래는

1968년 부산항 전경. 온 산야가 헐벗었다. (부산세관박물관)

장산·운수산·몰운대·두송산, 기장은 남산·장안산·거물산·앵림산·백운산이 속했다. 각 봉산은 도감(都監, 관직) 2인, 산직(山直, 산지기) 1인이 관리하도록 했다.

봉산이 국가 차원에서는 꼭 필요한 제도였지만, 지역 주민의 입장에선 불만스러웠다. 생활에 필요한 땔감이나 목재를 구하기가 어려운 데다, 인근 주민이 목재 채취 노역에 동원되었기 때문이다. 하지만 산지기들이 주민에게 뇌물을 받고 벌목을 묵인하는 것이 점차 일반화되어 곳곳에서 벌목 행위가 자행되기도 했다.

그 사례로, 조선 시대 이 지역 대표 염전인 분개염전(지금의 용호동 LG 메트로시티 일대) 소금주가 산지기와 결탁해 소나무를 배에 싣고 운반하다가 검거되었다. 그래서 1792년 당시 경상좌수영 담당의 봉산은 나무가 거의 없는 민둥산이었다고 한다.

동래부에는 많은 사람이 살아 땔감 소비가 큰 데다, 염전에서 철솥에

선소유허비. 경상좌도 절도사영의 선소가 있던 곳을 기념해 1988년 수영구 수영현대아파트 입구에 세웠다. 박인로의 선상탄과 선소 위치에 관한 역사적 기록을 담았다.

소금을 굽거나 가마에서 도자기를 굽는 데도 많은 땔감이 필요했다.

지역 수령인 문관 출신 동래부사는 벌채, 군정첩역(軍丁疊役) 등에 불만이 있었고, 수군의 수장인 무관 출신 좌수사도 봉산을 관리하는 데 고민이 많았다. 봉산의 운영에서 두 사람 간 미묘한 대립과 갈등이 표출되기도 했지만, 변방의 상황을 고려할 때 군선을 만들고 관리하려면 봉산정책에 소홀할 수 없었다.

당시 경상좌수영 관하의 군선과 통신사선 등을 만들고 관리하던 곳이 선소(船所)였다. 특히, 통신사선을 만들던 곳은 경상좌·우수영(통제영)의 본영[주1]이었다. 부산의 수영과 경남 통영·거제가 그곳으로, 이 지역은 오늘날 우리나라 조선공업을 이끈 곳이다.

전통은 하루아침에 이루어지지 않는다. 오랫동안 국가적 명제였던 해방(海防)과 수운(水運)을 위해 봉산제도의 규율 아래 배를 만들었던 경험이 쌓이고 쌓여 이 지역의 전통으로 남았는지 모른다.

주1) 『증정교린지』 제5권 도해선척식(渡海船隻式)에 "대선 2척, 중·소선 각 1척은 통영에서 만들고, 중·소선 각 1척은 좌수영에서 만든다."라고, 『춘관지』 권2 도강선(渡江船)에 "통영에서 많은 배를 만든 이유는 숙종 37년(1711) 통신사행 때 좌수영에서 만든 배가 견고하지 못한 데서 비롯하였다."라고 기록했다.

표민수수소

해난구조는 예전부터 있었다. 오늘날만큼 과학적이고 조직적이진 않았지만 구조, 접대, 송환으로 이루어진 표류민 구조체계는 전근대 동아시아의 평화적 국제 관계 상징으로, 그 밑바탕에는 휴머니즘이 깔렸다.

삼면이 바다인 조선도 인근 국가에서 조난한 표류민이 간혹 있었다. 일본인이 대부분이었는데, 물자 운송업에 종사하는 사람이 많았고 주로 남해안에 닿았다. 반면 우리나라 사람의 십중팔구는 남해안에서 고기를 잡다가 일본으로 떠밀려간 경우였다. 그런데 어디에 도착하건 표류민으로 상호 인정을 받으려면 무기 소지나 침탈 행위가 없어야 했다.

우리나라가 표류민 구호예규를 갖추고 관리 체계를 구축한 것은 17

19세기 초 일본에 표류한 조선 어부 일가가 대마도의 한 가옥에서 바둑을 두는 모습 (시볼트 『일본』)

세기 말인 조선 후기로, 그 중심에 동래부와 초량왜관이 있었다. 특히 우암포에는 지금의 외국인 수용시설과 같은 표민수수소(漂民授受所 또는 漂民收容所)가 있었다.

『증정교린지(增正交隣志)』에는 조선에 온 표류민을 크게 대마도(馬島漂倭)와 대마도 이외의 섬(他島漂倭)에서 온 것으로 분류했다. 그리고 도착지가 어디냐에 따라 우암포로 오는 절차와 코스가 달랐다.

첫 번째가 경상좌도 즉 동래부 인근 해상에서 발견한 표류민이다. 이 때는 동래부에서 표류민 조사와 구호 책임 문정관을 현지로 보내 심문했다. 그런 다음 우암포 수용소로 보내면, 왜관 수장인 관수(館守) 등의 입회하에 접수되었다.

두 번째는 경상우도 즉 거제·통영 해역의 표류민이다. 이들은 거제도 옥포수군첨사 소속 역관이 사정을 알아본 후에 다대포로 압송했다. 그러면 동래부에서 즉시 왜관에 이 사실을 통보하고 관수는 일본어 통사를 대동하여 표류민을 인수, 우암포로 옮겼다.

세 번째는 호남이나 영동 지방의 일본인 표류민이다. 이들은 서울에서 현지로 내려온 문정관, 혹은 각 도의 역학이 정황을 물은 뒤에 우암포로 직접 데려다 수용했다.

마지막으로 대마도에서 건너온 표류민은 예외로 오늘날 용두산 일대에 있던 초량왜관에 체류했다. 이곳은 일본의 상관이자 공관으로, 대마도주의 영향을 받으며 일본인 표류민의 창구 기능을 했다.

주목할 것은, 같은 일본인이라도 대마도인과 본토인은 수용하는 곳이 달랐다는 점이다. 대마도주가 본토인에게 초량왜관의 모습을 보여주기 싫어했기 때문이다. 이들이 왜관을 드나들며 조선과의 통교와 교역 상황을 인지하고 왜국에 폭로하면, 대마도의 독점권이 상실되고 간접적으로 조선 정부와 외교적인 문제가 생길 것을 우려했다.

예를 들어, 거제도 옥포에서 다대포로 건너온 일본 본토 표류민을 우암포로 송환할 때는 다대포에서 지금의 남항을 거쳐서 자갈치 앞을 지나 부산 내항으로 오는 안전한 코스를 택해도 된다. 그런데 파도가 높은 영도 남단 태종대를 빙 돌아 오륙도를 거쳐 갔다. 내항 코스를 택하면 본토인이 초량왜관을 곁눈질할 것 같아 사전에 막았던 것이다.

여기서 초량

'부산포 초량화관지도'의 우암포 부분 (국사편찬위원회)

왜관을 독점 공관으로 지키려 했던 대마도주의 의지를 읽을 수 있으며, 이런 상황에서 표민수수소도 운영되었다.

수용된 표류민은 동래부의 수군만호영에서 차출된 군관과 초량왜관에서 파견한 일본인이 5일마다 교대하며 보살폈다. 체류 동안 식량과 부식도 신분에 따라 다르게 지급되었다. 예조에서 압송서계(押送書契)가 내려오면 초량왜관 관수가 육로로 일행을 거느리고 우암포에 가서 모든 표류 왜인을 불러 모아 조사한 후 돌려보냈다. 떠나기 전에 표류민에게 작은 연회를 베풀고 광목과 쌀을 전별금품으로 주었다.

이 사실은 1692년 절영도에 표류했던 일본인들이 귀국하며 남긴 조선 표류 기록에서도 엿볼 수 있으며, 고마움도 잊지 않고 기록했다.

이처럼 조선이 일본인에게 베푼 호의는 양국 간의 표류민 송환에 우호적인 인식을 심었고, 일본인이 조선을 바라보는 시각이 바뀌는 계기가 되었다.

반면, 우리나라 사람이 일본 근해나 대마도에 표착하면 주로 나가사키(長崎)의 수용시설에서 체류하다가 대마도로 호송되었다. 통상 차왜(差倭)가 조선인 표류민을 초량왜관으로 데려오면, 즉시 우암포 표민수수소에 인계했다.

이래저래 우암포 표민수수소는 조선, 일본 양국의 해상 조난 표류민이 드나들었던 곳이다. 그리고 인도주의에 뿌리를 둔, 작은 국제화의 공간이기도 했다.

초량항

부산항 이야기

　전문 12조인 강화도조약은 우리나라가 외국과 맺은 최초의 불평등조약으로 유명하다. 조약 제4관에 부산의 초량항(草梁項)이 등장한다. "조선 부산 초량항에는 오래전부터 일본 공관이 있었고, 양국 백성의 통상 지구였다"는 내용이다. 그런데 항구 항(港) 자가 아닌 목덜미 항(項) 자를 쓴 초량항이라 선뜻 이해되지 않는다. 그렇다면 초량항은 부산항의 어디를 지칭할까?

　이 궁금증은 다음 해 1월 말, 동래부사 홍우창(洪祐昌)과 일본 관리관 곤도 신조(近藤眞鋤)가 양국을 대표해 맺은 '부산구조계조약(釜山口租界條約)'에서 풀린다. "조선국 경상도 동래부 소관 초량항의 일구(草梁項一區)는 고래(古來) 일본국 관민의 거류지였다"면서 용두산 일대 약 11만 평에 있던 초

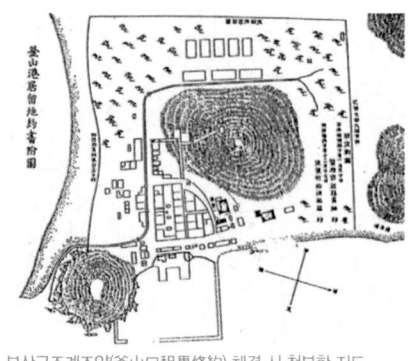

부산구조계조약(釜山口租界條約) 체결 시 첨부한 지도
(부산세관박물관)

량왜관 지도까지 첨부했기 때문이다.

그렇지만 과거 우리 문헌을 살펴보면 사정이 다르다. 1481년에 편찬한 『신증동국여지승람(新增東國輿地勝覽)』 제23권 동래현 산천조에는 "초량항은 절영도 안쪽에 있다(草梁項在絶影島之內)"고 했다. 『조선왕조실록(朝鮮王朝實錄)』 선조 30년 2월 20일 자 도원수 권율(權慄)의 치계에 "배들은 부산에서 서쪽으로 10리가량 떨어진 초량항에 모여 대총통(大銃筒) 한 발을 방포한 뒤에 그대로 그곳에 머물기로 한다."고 한 것을 보면, 초량항은 포구의 개념이다. 그리고 『만기요람(萬機要覽)』 군정편에도 "적이 동래로 나오려면 반드시 몰운대와 초량항을 경유할 것"이라고 남겼다. 초량항을 지금의 남항에서 자갈치 앞을 지나 북항으로 나오는 수로 즉 해협과 같은 길목으로 보았다. 이 모두에서 초량항은 바다와 관련이 깊은 지명임을 알 수 있다.

지명에 항(項) 자가 붙는 곳은 풍수지리와 연관된다. 특히 해안지형에서 육계도(陸繫島)와 육지를 연결하는 육계사주(陸繫砂洲)나 해변과 바로 마주 보는 섬 사이의 좁은 부분을 목이라 해서 '항(項)'으로 표현한다. 한자 '항(項)'은 생물의 몸통과 머리를 잇는 '목'이다.

초량항은 풍수의 간용법(看龍法)에 따라 용(龍)과 관련이 깊은 지세로 본다. 우리나라 전통적인 자연관인 풍수에서는 목 지형을 과협(過峽)이라 하는데, 이곳에서는 용이 살기를 털어내고 생기를 순수하게 걸러서 힘을 한곳에 모아 혈의 형성을 돕는 것으로 보았다.^{주1)} 예전 초량소산을 용두산(龍頭山)으로, 현재 롯데백화점 광복점 자리에 있던 야트막한 산을 용미산(龍尾山)으로 이름 붙인 것도 이 풍수설과 무관하지 않을 것이다.

이런 한국적 풍수관도 모른 채, 1888년 제3대 부산해관장 헌트(Johnathon H. Hunt)는 열악한 항만시설 확충을 위해 용미산 기슭(현 부산데파트 부근)을 깎아 주변 바다를 메우는 해관 부지 조성사업을 계획한다. 하지만, 처음부터 조선 정부의 형질 변경 반대라는 비협조적인 대답에 부딪히는데, 그 이유가 서양인의 사고방식으로는 도무지 이해하기 어려운 부분이었을 것이다.

'초량(草梁)'이란 이름도 부산의 역사에서 중요한 위치를 차지한다. 초량왜관, 초량소산, 초량촌, 초량해, 초량등대, 구초량, 신초량, 초량교회 등등 초량과 관련된 명칭이 많다. 개항 전후 '초량'은 '부산' 못지않게 많이 사용한 지명이었다.

1859년 6월 9일 영국 해군 존 워드(John Ward) 함장이 악타이온(Actaeon) 호를 몰고 부산항에 왔을 때, 부속선을 타고 부산 내항을 탐사했다. 다음 해 10월 영국 해군성에서 부산항 해도를 발행하는데 제목이 초량해(Tsau-Liang-Hai, 草梁海)였다. 당시엔 부산이란 이름보다는 초량이란 말이

1885년 해정리 해변. 현 부산역 앞 초량상해거리 (부산세관박물관)

더 널리 쓰였다는 증거다.

『부산지명총람』에 "초량은 우리말로 샛뛰라 불렀는데, 샛뛰는 억새·갈대라는 뜻의 '초(草)' 자와 뛰 '량(梁)' 자의 음을 따서 지었다."는 내용이 있다. 초(草)만 뜻을 해석하고, 량(梁)은 음으로만 보았다.

우리 지명에는 '량(梁)'이 많이 쓰인다. 이순신의『난중일기(亂中日記)』에도 '량(梁)'이 뒤에 붙은 지명이 많다. 사량(沙梁), 노량(露梁), 착포량(鑿浦梁), 견내량(見乃梁), 칠천량(漆川梁), 적량(赤梁), 마량(馬梁), 구라량(仇羅梁), 명량(鳴梁) 등이다. 이 지역들의 특징은 바다를 낀 해협이나 만이다. 해협은 수로, 수도, 목(項)으로 부르기도 하는데, 조석간만에 따라 조류가 빠르고 물의 흐름과 방향 변화가 심해 와류가 발생하기 쉬운 곳이다. 이순신 장군은 이곳의 지리적 특성과 지형지물을 최대한 활용하여 숙영지나 전장으로 삼았다. 전술가로서 충무공의 면모가 돋보이는 대목이다. 부산포해전에서 초량의 가치 역시 짐작할 수 있다.

그러면 '량(梁)'의 뜻은 무엇일까?『삼국유사』,『삼국사기』,『고려사』,『훈몽자회』등 옛 문헌이나 지명에서 '량(梁)'은 돌(石)이나 도(道)의 뜻으로 쓰인다. 남해안과 서해안의 지명에서는 문(門)의 뜻으로 나타나는 사례가 많다. 결국은 해협과 같은 뜻으로 쓰였다는 것이다. 그중『훈몽자회』에서는 '돌'이 교량, 방죽, 돌다리(징검다리) 등 여러 뜻으로 쓰인다고 기록했다.^{주2)} 이처럼 '항(項)'과 '량(梁)'은 쓰임이 비슷하여 명량목(項), 초량목(項)으로 함께 쓰이기도 한다.

그렇지만 일부 사학자들은 과거 이 지역에 군마를 키우던 목장이 많았다는 데 주목해 '량(梁)'보다는 '초(草)'의 의미에 비중을 두기도 한다. 천마산, 엄광산, 수정산 같은 산야에 서식하는 억새와 띠로 우거진 초원지대에서 파생된 것으로 보아, 뭍의 시각에서 초량을 해석한 것이다.

초량은 영도와 관련해 바다에서 바라본 시선으로 해석하는 것이 옳은 듯하다. 앞서 밝혔듯이 해안을 낀 지역을 뜻하는 '량(梁)'과 '항(項)'이 이름에 포함되지 않았는가? 그러니 본래 초량은 영도를 낀 수로 양안(兩岸)을 뜻했고, 그곳에서 초량항은 영도 쪽으로 기다랗게 튀어나온 해안 지역일 수 있다. 세월이 흘러 초량이라는 지역도 해안을 따라 서서히 확장하다 초량왜관 담 너머 조선인 마을이 생기면서 초량촌으로 불렸을 것이고, 다시 시간이 흘러 범위가 커진 초량은 다시 구초량과 신초량으로 구분되었을 것이다.

오늘날까지 명맥을 잇는 부산역 부근의 초량은 옛 초량촌인 신초량의 해정리 일대 해안을 매축한 곳이다. 바다와 거리가 먼 육지 속의 지명이 된 것이다. 그래서 초량항과의 연계성은 더욱 희미해졌다.

그러나 일본은 달랐다. 수정동의 두모진 왜관이 협소하고 선착장 시설이 나쁘다는 이유로 새로운 장소를 물색했다. 조선은 다대포, 절영도(현 영도)와 초량 등을 추천했으나 그들이 요구한 곳은 초량항이었다.[주3] 1673년(현종 14)에 언급한 그 명칭이 200년이 흘러 강화도조약에서도 그대로 사용되었다.

주1) 박성태, 「지리적 특성을 담고 있는 지명과 풍수의 연관성」 『한국민족문화』 45, 2012. 11, P327~360.
주2) 김진식, 「지명 鳴梁과 露梁의 어원 고찰」 『인문언어』 30권 8호, 2006. P241~263.
주3) 『현종실록』 현종 14년 10월 19일 을묘조(乙卯條)

남자들의 마을

그리스 로마 신화에는 여성 전사로만 구성된 아마존(Amazon)이라는 종족이 등장한다. 아마존은 일정한 때에 다른 종족 남자와 관계를 맺어 아이를 낳는데, 아들일 경우 이웃 나라로 보내거나 죽이고, 딸은 종족의 일원으로 키웠다고 한다. 아마존이란 종족의 실존 여부를 떠나 여자로만 이루어진 사회를 상상하는 것만으로도 흥미롭다.

반대로 부산에는 약 200년간 대마도에서 건너온 남자들의 마을, 초량왜관이 있었다. 이들 중 관수와 같은 고위직은 2년의 근무 기한이 정해져 있었지만, 하위직은 일정한 기한이 없었다.

비슷한 시기 일본의 무역상관이던 데지마(出島)에는 그나마 게이샤(藝者)라는 일본 기생이 드나들 수는 있었다. 그러나 초량왜관은 달랐다. 일본인들은 갑갑한 왜관 생활을 잠시 벗어나고 싶어도 왜관을 둘러싼 높은 돌담과 곳곳에 설치된 감시초소 때문에 담을 넘을 수 없었다.

그래서 매일 왜관 밖에서 열리는 아침 시장에 관심이 많았다. 그곳에서 거래하는 싱싱한 생선과 채소보다 물건 팔러 온 조선 여인을 대하는 것에 더 신경을 썼다.

아침 시장이 날로 커지자, 시장가에서 흘러나온 뒷말이 조정의 근심거리였다. 이러한 정황에 대해 『숙종실록(肅宗實錄)』에 실린 경상좌수사 이상집의 장계가 정곡을 찌른다.

아침 시장에 남녀 상인이 함께 가면 남자들이 가진 것이 아무리 좋은 것이라도 팔리지 않고, 여인들이 가진 것은 비록 나쁜 것이라도 반드시 팔리기 때문에 아침 시장에 나가는 사람은 모두 여인이었다. 동래부사 권이진(權以鎭)이

조선도회(朝鮮圖繪) 속의 아침 시장. 왜관 담벼락을 따라 사람들이 모인 모습이 담겼다. (교토대학 부속도서관)

초량 인근의 어민과 시골 사람들을 불러 타이르기를 "이는 어채(魚菜)를 파는 것이 아니라, 바로 그대들의 아내와 딸을 파는 것이다. 그대들도 사람인데, 어찌 차마 이런 짓을 하느냐?"고 하였다.^{주1)}

문제는 교간사건(交奸事件)이었다. 아침 시장을 통해 일본인과 지역민이 교류를 트자 매매춘 알선책들이 날뛰면서 풍기가 문란해졌다.

18세기 프랑스의 계몽주의 시대, 쾌락과 사치와 허영을 쫓아 부모가 딸을 포주에게 넘기거나 어미와 딸이 함께 매매춘한 사례가 당시 풍기 감찰관의 보고서에 나타난다.^{주2)}

1690년 이명원이란 사람은 한술 더 떠 돈을 받고 자신의 처와 딸, 여동생을 남자로 분장해서 초량왜관에 들여보내 매춘을 시키다 발각되었다. 이 교간사건으로 이명원을 포함하여 2명은 옥사하고, 5명은 효수형을 받았다.^{주3)}

초량왜관에서 일어나는 범죄 대부분이 밀무역과 교간사건이었다. 그 가운데 교간사건은 조선의 자존심과 관련한 일이라 조정에서 엄벌로 다스렸다.

초량왜관의 성 풍속도는 사회제도와 밀접한 관련이 있었다. 유교적인 도덕 관념이 지배했던 조선에서 교간사건은 엄하게 벌해 규제하는 것이 마땅했다. 일본은 매춘에 대한 인식이 우리와 달랐다. 교간의 상대인 일본인을 처벌한다는 조선의 조치를 이해하지 못해 한동안 외교 분쟁

초량왜관도, 1783년 조선통신사 공식 수행 화가 변박의 그림 (국립중앙박물관)

의 씨앗이 되기도 했다.

일본의 데지마 상관에서는 네덜란드인을 비롯한 외국인과 일본 기생 사이에 자식들이 태어났다. 그 혼혈인 중 가장 유명한 사람이 구스모토 이네(楠木イネ)였다.

그녀의 아버지 시볼트(Philipp Franz Balthasar von Siebold)는 독일인 의사이자 식물학자였다. 네덜란드 동인도회사 소속 외과 의사였던 그는 일본 데지마로 건너와 유녀(遊女) 구스모토 키(楠本瀧)와 만나 이네를 낳았다. 훗날 이네는 일본 최초의 여자 산부인과 의사가 되었다.

이들에 비교할 정도는 못되지만, 『숙종실록』에 흥미로운 기록이 있다. "동래와 부산의 백성 가운데는 왜인의 출산이 많았다"는 이야기다.[주4] 법망에 걸리지 않은 자식이 많은 태어났다는 것인데, 이들의 뒷이야기가 남지 않았으니 아쉬울 뿐이다.

주1) 『숙종실록』 숙종 36년(1710) 4월 12일 정미(丁未)
주2) 주명철, 『계몽과 쾌락』 소나무, 2014, P102~103.
주3) 『숙종실록』 숙종 16년(1690) 10월 6일 계해(癸亥)
주4) 備邊司: "以東萊府人於夫同見倭人奸其妻, 撲殺其倭, 投諸海. 參見人等受刑累次, 無端緖, 宜放" 允之. 是時, 邊禁解弛, 館倭潛行閭里, 奸淫婦女, 東萊, 釜山之民, 多倭産. 西北人亦然, 多爲胡人耳目, 陰告國事, 識者憂之. (『숙종실록』 숙종 1년(1675) 윤 5월 3일 경인(庚寅)

왜인 변장 난출사건

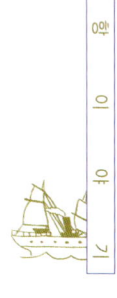

부산행이야기

도둑이 담을 넘으면 월담, 병사가 무단으로 병영을 뛰쳐나오면 탈영이다. 주어진 경계를 뛰어넘어 불법 행위를 하면 대개 옥살이를 한다.

부산의 역사 속에도 월담과 관련해 흥미로운 곳은 초량왜관이었다. 대마도에서 건너온 400~500명의 사내가 2m 높이 돌담으로 격리된 공간에서 살아야 했다. 이들도 사람인지라 담 너머 세계가 궁금했고, 가끔 이런저런 이유로 담을 뛰어넘는 경우가 있었다. 이 행위를 난출(闌出)이라 불렀다. 반대로 조선 사람이 무단으로 들어가면 난입(闌入)이었다. 조선의 입장에서는 신경 쓰이는 일이라 늘 통제해야 했다. 일본인의 난출 이유는 아침 시장이 빨리 문을 닫아 불편한 점, 공작미 감소, 왜관 수리, 숯·땔감 부족 등이 대부분이었다.^{주1)}

초량왜관 말기인 1871년 8월 3일(고종 8) 자 『각사등록(各司謄錄)』 통제영계록(統制營啓錄)에 기록된 난출사건은 특이했다. 7월 22일 밤에 수문 근무자들이 왜관 담을 넘는 한 왜인을 잡아 심문했는데, 그는 부산면 좌천리에 사는 장상원(張尙元)이란 사람이었다.

"제가 우매의 소치로 금법(禁法)의 엄중함을 생각지 못하고 몰래 장사를 해보려고 백미 10석(石), 녹두 5석, 우족 7석을 작은 배에 싣고 밤에 슬쩍 왜관에 들어갔습니다. 나올 땐 혹시 종적이 탄로 날까 봐 왜인 옷으로 갈아입었습니다."

장상원은 오늘날의 한탕주의식 밀수를 한 셈이다. 당시 이런 밀수 행위를 잠상(潛商)이라 했다. 조정에서는 밀수가 근절되지 않아 골머리를 앓았는데, 장상원은 한술 더 떠 변장에 난출까지 했으니 그 죄질이 흉악했다.

그날 오후 장상원은 왜관 건너편 언덕바지에서 많은 사람이 지켜보는 가운데 즉결 효수형을 받았다. 수문 근무자에게는 공로 표창은커녕 변방의 파수꾼으로서 난입자를 검거하지 못한 죄를 물어 곤장형을 내렸다. 부산첨사(釜山僉使) 김철균(金徹均)과 동래부사 정현덕(鄭顯德)에게도 징계를 내렸다. 수시로 왜관을 드나드는 역관인 훈도 안동준(安東晙)과 별차 현석운(玄昔運)에게도 무역 질서 문란의 책임을 물어 좌수영으로 끌고 가 곤장형을 내렸다. 조정에서는 그와 공모한 일본인을 곧바로 색출, 포박하여 대마도로 보내며 엄벌할 것을 왜관의 우두머리인 관수에게 강하게

개항 직전 초량왜관을 재현한 기록화. 초량왜관은 동서남북에 금표를 설정해 통행증 없이 접근하기 어려운 격리된 공간이었다. (김충진 그림)

요구했다.

  이처럼 잠상은 양국의 재정 수입과 관련된 문제이기에 엄벌주의로 다스렸다. 하지만 같은 범죄도 보는 시각에 따라 조선과 일본의 형벌 수위가 달랐다. 특히 왜관의 무단 난·출입은 매매춘이나 왜채(倭債·밀무역 자금) 등과 깊은 관련이 있었다. 그래서 때로는 민족 간 물리적 충돌이나 살인 사건까지 발생해 외교 문제로까지 비화했기에, 조선은 금령(禁令) 강화로 통제할 수밖에 없었다.[주2]

주1) 김강일, 「闌出, 조선의 고민과 그 대책」, 『전북사학』 제36호, 2010, P96.
주2) 양흥숙, 「조선 후기 동래 지역과 지역민 동향 – 왜관 교류를 중심으로」 박사학위 논문, 2009, P232~247.

영선고개

부산항 이야기

　우리 민족 한의 정서가 담긴 노래 아리랑 속에는 마음으로 넘는 고개가 있다. 인생의 분수령, 아리랑 고개다. 이 노래를 부르며 동래에서 한양까지 천 리 길 영남대로를 걷다 보면 삶의 역경을 참으며 넘어야 하는 현실적인 고개에 부닥친다. 조선 팔도 고갯길의 대명사 문경새재다. 이러한 관문을 통해 사람과 물자가 오가며 쌓이고 쌓인 애환의 숨결이 고갯길의 오랜 역사가 되고 문화가 되었다.

　그렇다면 변방과 관문의 역사가 점철된 우리 부산에는 이와 견줄만한 고개가 없을까. 아리랑 고개 같은 한 맺힘도 없고 문경새재만큼 높지도 않지만, 17세기 중반 이후부터 근현대에 이르기까지 부산항과 얽힌 길 위의 역사를 말하는 데 빠질 수 없는 고개가 있다. 부산 원도심의 이야

1905년경 영선고개 (부산세관박물관)

기꽂을 안고 있는 영선고개다.

지금 영선고개는 없다. 하지만 이 고개로 오르내리던 고갯길은 남아 그 옛날의 정취를 떠올리게 한다. 본래 영선산은 현재 중부경찰서와 건너편 중부소방서 일대에 있던 해발 약 40m의 두 개 봉우리를 가진 산이었다. 그래서 쌍산, 양산(兩山), 쌍악이라 부르기도 했다. 지금의 동광동 쪽 봉우리를 영선산, 영주동 쪽 봉우리를 영사관산이라 불렀다. 일본인이 만든 1903년 '부산항 시가와 부근 지도'를 보면 영선산을 해관산(海關山), 영사관산을 영국영사관 부지로 표기했다.

이 영선산을 지나 본격적으로 길을 튼 때는 1670년대 이후다. 일본인의 요구로 두모진왜관을 지금의 용두산 쪽으로 옮기고 초량왜관을 신축하면서부터다. 왜관 건물을 새로 짓거나 보수하려면 목재와 사람 등이 오가야 했는데, 그 주 통로가 영선고갯길이었다. 일부 목재는 바로 영선산에서 채취하여 공급되었다. 그래서 산 이름도 집을 새로 짓거나 수리한다는 뜻의 영선산(營繕山)이 되었다. 1678년 4월 초량왜관이 완공되고, 이 길은 조선과 일본의 무역과 외교, 나아가 문화 교류의 실질적인 통로 역할을 시작했다. 이 일을 효율적으로 수행하기 위해 영선고개에서 초량 쪽에 있던 설문(設門) 사이에는 초량왜관과 관련된 부속 공관이 많았다. 초량객사를 비롯하여 성신당, 빈일헌, 유원관 등이었다. 가끔 동래부사가 이 길을 따라 행차하고, 동래부 관리들도 이 길을 오갔다. 그뿐이 아니었다. 초량왜관의 개시대청에서 이루어진 중계무역에 동래상인이 드나들었고, 일본에서 건너온 은과 남방의 물품이 이 고개를 넘어 영남대로를 따라 한양으로 올라갔다.

하지만 때로는 험난하고 무서운 고갯길이었다. 개항 전에는 혼자 걷기 무서울 만큼 소나무 숲이 울창했다. 초량왜관에서 밀수·교간 사건 등 불미스러운 일이 생기면 범죄자를 효수형에 처했던 곳도 바로 이 산의 깊숙한 중턱이었다.

개항되면서 이 길은 외국 물품과 외래 문화가 들어오는 통로였다. 영선산 주변에는 외국인 주거지가 형성되었는데, 해관장의 관사가 먼저 들어서고 이어서 베어드(William M. Baird)와 같은 외국 선교사들이 들어왔다. 바로 이들 때문에 이 땅에 기독교가 자리를 잡았다.

영국인 헌트 부산해관장의 외동딸이 관사의 정원사 권순도와 사랑에 빠지고, 만병수정이라는 만병통치약으로 유명한 의료 선교사 어을빈(魚乙彬, Dr. Charles H. Irvin)과 간호사 양유식의 사랑이 세간의 화제가 된 곳도 바로 영선고갯길 인근 산기슭이었다.

개항의 물결을 타고 국경을 초월한 사랑이 뜨겁던 이곳이지만, 일제 강점기에 접어들면서는 상황이 바뀌었다. 일본이 세력을 동래 쪽으로 확장하려면 반드시 제거해야 할 상징적 장애물 1호가 영선산이었다. 이 산을 깎아 바다를 매립하는 부산착평공사가 시작되면서 영선산은 사라지고 대신에 새마당이란 광활한 대지가 생겼다. 이곳에 해륙 간을 연결하는 철로가 놓이면서 일본이 만주벌까지 세력을 확장하는 계기가 되었다. 해방 이후는 귀국 동포와 피란민이 이곳으로 대거 몰려들어 민족의 애환이 서린 주거지로 주목받았다.

오늘날 영선고갯길은 영주동 영주시장과 대청동을 잇는 약 1.14km에 이르는 길이다. 지금은 차량이나 사람의 통행이 적은 도심의 뒷길이다. 그러나 곳곳에 부산의 역사가 숨을 쉬

영선고개 위 (부산세관박물관)

는 이야기 공간이다. 이 이야기들을 되살려 꽃피우게 하고 여기에 먹고, 보고, 사고, 즐기는 길 따라 '고갯길 로드 마켓(Road Market)'을 구축하면 또 다른 산복도로 르네상스가 되지 않을까.

부산착평공사로 영선산이 깎이는 모습 (부산세관박물관)

해정리를 아시나요?

부산의 해변 일번지는 해운대, 광안리, 자갈치다. 하지만, 개항기 부산에는 백사청송(白砂靑松)의 아름다운 해안을 자랑하는 해정리(海汀里)가 있었다. 이 해정리는 지금의 어디일까?

『부산지명총람』 제I권에 "초량동은 조선 후기 해정리라고 하였으며, 이 지대에는 고분이 있었고 해정리 해변은 노송이 울창하여 이곳을 일본인들이 기석빈(碁石濱)이라 불렀다"고 하면서, 해정리는 "물로 씻은 깨끗한 돌들이 널려 있어 흡사 바둑돌과 같았다는 데서 붙여진 이름"이라고 했다.

일제강점기 부산의 거부였던 오이께 슈스케(大池忠助)가 부산항 개항 50주년을 맞아 쓴 회고록에도 "해정리는 백사청송의 아름다운 해변으로, 이곳에서 바둑돌이 많이 나왔던 까닭에 기석빈, 즉 '바둑돌의 갯가'로 불렀다"고 소개한다.

해정리와 겹치는 초량(草梁)이란 이름은 오래전부터 사용한 부산의 옛 지명이었다. 송도에서 부산진까지를 초량, 그 앞바다를 초량해, 심지어 초량해에 떠 있는 영도를 초량섬이라 부르기도 했다. 그중에 고관(古館, 현 수정동)에서 영주동까지의 해변을 해정리, 또는 초량촌이라 불렀다. 1905년 경부선 철도가 개통되며 해변을 따라 철로가 놓였는데, 그때 최초의 경부선 기점인 초량역이 바로 해정리 해변에 있었다. 여기서 울린 증기기관차의 요란한 기적소리는 조선의 잠을 깨운 근대화의 신호탄이었고, 일본의 대륙 침범을 위한 포효(咆哮)였다.

해정리가 자취를 감춘 것은 일제강점기 전후, 영선산을 깎아 해정리 앞바다를 매축하는 공사를 하면서였다.

이와 동시에 역명(驛名)과 역사(驛舍) 위치도 바뀐다. 1908년 부산역으로 명칭이 바뀌면서 1부두와 가까운 중앙동 매축지인 새마당 부지(현 무역회관 부근)로 역사를 옮기고, 1910년 부산본역이 준공되면서 중앙동 시대를 연다. 그러다가 1953년 11월 역전 화재로 부산역사가 전소하자, 15년간 임시 건물에서 '이별의 부산정거장' 시대를 맞는다. 1968년 현재의 초량동 쪽에 새로운 역사가 준공되면서 부산역은 새로운 시대를 펼친다. 이때 역사가 있는 곳이 예전의 해정리(신초량촌) 앞바다이다. 한반도의 출발지이자 종착지로 하루에도 수만 명이 드나드는 곳이 부산역이다. 그러나 인파로 분주한 역 주위 어디서도 옛 이름 해정리를 떠올리게 하는 것은 없다. 그나마 자갈치는 이름으로나마 옛 명성을 이어가지만, 매축으로 사라진 해정리는 이름마저 잊힌 지 오래다.

1907년 초량해안 (부산세관박물관)

우리의 오늘은 많은 것을 희생시키며 변화를 모색한 결과다. 흰 모래와 바둑알 같은 예쁜 자갈, 여기에 푸른 소나무까지 어우러진 아름다운 해정리도 그중 하나다.

비선

부산항이야기

    1763년 10월 6일, 472명을 거느린 조선통신사 정사 조엄(趙曮)은 이른 아침 부산포 영가대를 출발하여 그날 오후 늦게 대마도 북단의 사스나(佐須奈) 포구에 도착했다. 40여 일 동안 부산에 머물며 바다를 무사히 건널 기회를 노린 대장정의 첫 결실이었다.

    악천후 속에 항해하며 배의 방향타가 망가져 고생도 많았지만, 정사 조엄은 첫 기착지 사스나에서 구황작물인 고구마를 발견하고 먼저 두어 말을 구해 동래부로 보내는 데 심혈을 기울였다. 여기에 정사와 부사가 탄 1·2기선의 방향타가 부실하게 건조된 것에 대하여 책임과 죄를 거론한 장계(狀啓)와 집안 안부 편지도 준비하여 차왜(差倭)를 통해 부산으로 보내려 했다.

'부산포초량화관도', 왜관 선창에 접안한 비선 (국사편찬위원회)

그러나 날씨가 나빠 몇 일간 모든 배가 포구에 발이 묶여 마음만 졸였다. 닷새째 날씨가 좋아지자 모든 배가 움직이기 시작했다. 그렇지 않아도 대마번주는 조선통신사 일행의 첫 기착을 조선 측에 신속히 알리려 연락선을 대기시킨 상태였다. 이러한 특수 임무를 띠고 대마도에서 운항한 선박이 비선(飛船)이다. 조선 땅에 들어온 첫 고구마도 이 선박에 실려 왔다.

우리 기록에 비선이란 말이 보이기 시작한 것은 임진왜란 이후인 17세기 초쯤이다. 1605년 박인로가 통주사(統舟師)로 부산에 부임할 때, 수군의 병선 위에서 전쟁의 비애와 평화를 바라는 마음을 담은 노래 '선상탄(船上嘆)'을 보면 "飛船에 둘려드러 先鋒을 거치면"이라는 구절이 있다. 여기 나오는 비선은 고구마를 실은 교린의 연락선이 아니라 왜구가 탄

침략선이다.

17세기 중반 이후, 비선은 자주 나타난다. 예조 산하 전객사에서 편찬한 『전객사별등록』이나 『왜인구청등록』을 비롯해 조선통신사 사행록과 조난표류기 등에서이다. 특히 1802년 발간된 『증정교린지』 권2에는 "항상 노인(路引)을 지니고 왕래하며 공궤(供饋)는 없다. 배 1척마다 두왜 1인, 격왜 6, 7명이 있다"고 언급한다. 개항 이후 《한성순보》나 부산항 감리서기 민건호(閔建鎬)의 『해은일록(海隱日錄)』에는 선명이 아닌 비선으로 기록된다.

비선은 본래 일본 에도 시대의 작고 빠른 배를 가리킨다. 예전부터 일본 세토나이카이(瀨戶內海)에서 연안 화물이나 사람을 운송하는 데 사용됐다. 즉, 비선은 오랜 역사를 가진 일본의 전통 선박이었다. 대마도 같은 섬에서는 촌선(村船)이라는 이름으로 오래전부터 생업에 이용했고, 통신 연락의 방편으로도 자주 활용하였다.

특히 임진왜란 이후인 1609년에 맺은 기유약조에 따라 부산포에 단일 왜관이 들어서면서 무역과 연락을 위해 비선의

비선이 드나들던 사스나(佐須奈)의 어관소(御關所) 그림
(長鄕嘉壽,「朝鮮渡口御關所と 御關所御用飛船をめぐって」)

역할이 컸다. 그래서 대마번주는 수시로 조선과 일본 대마도 간에 어용비선(御用飛船) 즉 공용비선을 띄웠다.

1707~1709년 『관수일기(館守日記)』를 통하여 본 왜관 입항 비선은 연평균 28척으로 전체의 약 35%를 차지한다.[주1] 그 가운데 승선 인원 6~8명의 소형 선박이 가장 빈번했다. 일본산 은을 싣고 와서 은선(銀船)으로 불리기도 했다. 출항 때는 인삼 등 일본에서 시장 가격에 민감한 품목을 실었는데, 인기 품목을 급히 수송하는 데는 비선이 제격이었다.

대마도에서 어용비선이 입출항한 관소(關所)[주2]는 당시 행정 중심지인 부중(府中, 嚴原)이 아니라 와니우라(鰐浦), 사스나(佐須那) 같은 북단의 두 포구였다. 이곳에서는 부산과의 항해 거리를 줄일 수 있다. 그러나 관소를 출항한 선박이 귀항하는 데는 짧으면 한 달, 길면 넉 달이 걸렸으며, 평균 55일이었다.[주3] 또한, 비선의 도항 수에는 규정이 없었기 때문에 대마도에서 그 점을 최대로 활용하여 선박 왕래 회수를 늘려 수송력 증대를 꾀했다. 이처럼 왜관의 선박 왕래는 대마도가 창출한 합리적인 운항시스템으로 운영되었는데, 비선의 역할이 컸다.[주4]

사스나항 히나태(日向) 번소터. 지금도 우물 흔적이 남아 있다.

주1) 기유약조 체결 100년 후인 1709년에는 연 90척의 왜선이 입항했다. 15척은 서계를 지참한 송사선(17%), 33척은 비선(37%), 나머지 42척은 부선 등(46%)이었다. 기유약조에서 규정한 입항 선박 수는 연간 20척이었으나 상기 입항 수를 보면 아무런 의미가 없는 듯하다. 세사미두(歲賜米豆)를 실을 세견선(歲遣船)이 들어온 것은 기유약조 체결 2년 후인 1611년이며, 주로 연초에 제1선이 세사미두를 운반하였다. 제2~3선에는 공작미를 실었는데 1651년 이후부터였다. 대마도에서는 공작미를 싣고자 상인 소유의 수송선을 띄우기도 했다. 쌀을 선적한다는 의미로 미조선(米漕船)이라 불렀다. 일본에서 쌀 수송선으로 유명했던 것은 변재선(弁才船)이다. 선체가 견고하고 뱃머리가 날카로워 파도를 가르고 역풍에도 항해할 수 있는 범선이었다. 17세기 초에는 쌀 100~500석, 18세기에는 1,000석 이상을 적재할 만큼 대형화하여 천석선(千石船, 150톤급)이라 부르기도 했다. 이 배는 오사카에서 세토나이카이(瀬戸内海)를 거쳐 시모노세키, 다시 일본의 북쪽 해안(한국 동해)을 따라 홋카이도까지 연안무역을 했던 북전선(北前船) 항로의 대표적인 개인상용 운송선이었다. 북전선은 오사카에서 보면 북쪽이라는 데서 나온 명칭이다. 기유약조 이후 일본산 납이나 동, 조선의 세사미두나 공작미 같이 부피와 중량이 큰 화물을 실어 날랐던 세견선은 북전선 항로에서 활약한 변재선 형태의 선박이었을 것이다.

주2) 관소(關所)는 1609년에 이미 조선과의 통교 창구로 지정, 운영되었다. 관소는 에도 시대 교통 요지에 설치되어 사람과 화물을 감시, 징세하던 시설이다. 즉 관문이다. 비슷한 용어가 번소(番所)다. 번소는 관소의 건물을 지칭할 때도 있어 실제 화물과 통항 선박 등을 감시, 검사, 세금 징수를 처리하는 현장임을 알 수 있다. 대마도에 번소가 설치된 것은 1641년 와니우라(鰐浦)가 최초였다. 이어서 1672년 대마번주 소우요시자네(宋義眞)는 항로 단축을 위해 대마도의 중간, 개미허리 부분인 아소만과 동쪽 바다를 관통하는 수로 오후나코시(大船越) 공사가 완공됨과 동시에 사스나(佐須奈)에도 설치하였다. 사스나를 통한 선박 통항이 빈번해지자 양안에 2개가 추가되었다. 북쪽에는 히나다(日向) 번소, 남쪽에는 카게(陰) 번소를 설치하여 바람과 해류에 따라 달리 이용했다. 그리고 북쪽의 도오미야마(遠見山)에는 도오미(遠見) 번소를 두고 조선 해협을 건너는 배의 이탈을 감시했다. 비선과 조선통신사선은 이 관소를 통해 양국을 드나들었다.

주3) 長郷嘉壽, 「朝鮮渡口御關所と 御關所御用飛船をめぐって」 2010.
주4) 田代和生, 『倭館, 조선은 왜 일본사람들을 가두었을까?』 정성일 옮김, 2005, 논형, P168~170.

대마도 이즈하라

부산앞의이야기

대한해협에 있는 대마도는 한반도와 일본열도의 징검다리 역할을 하는 국경의 섬이다. 부산에서 45.9㎞ 정도 떨어져 있다. 이러한 지리적 특성 때문일까? 한일 관계 2000년의 역사 속에 대마도는 빠뜨릴 수 없는 애증의 현장이다. 그리고 한·일간 교류가 활발할 때는 전성기를 누리기도 했다.

이 대마도에서 오랫동안 부산항과 인연을 맺고 번성한 도시가 있다. 오늘날 쓰시마 시청이 있는 이즈하라(嚴原)다. 임진란이 끝나고 에도막부 시대가 시작되면서 10만 석의 영주인 대마번주가 있던 부중(府中)이었다. 막부의 명령에 따라 조선과 국교를 재개한 대마번주는 1607년 두모포에 단일 왜관을 다시 열고 교역을 시작했다. 그리고 12차례에 걸친 조선

통신사의 선도 역할을 맡으며 양국 간의 교류에도 힘을 쏟았다. 조선통신사 일행이 부중에 도착하면, 대마번주가 앞장서서 에도(江戶)까지 안내 행차를 했다. 그러니까 이 부중은 대마번의 행정적인 중심지로서 조선 중기 이후 부산왜관과 교류를 트는 포구였다. 270여 년이 넘도록 부산을 향하는 뱃길은 부중의 경제를 지탱하는 젖줄이었다.

메이지 시대에 부중이 이즈하라 현(縣)으로 바뀌고, 조선과의 통교가 일본 외무성으로 옮겨가자 예전처럼 조선에서 특혜를 기대할 수 없었다. 그러다가 1950년 6·25 전쟁이 발발하자 분위기가 달라졌다. 미국의 군수 물품 생산기지가 된 일본은 활기를 되찾으며 전후 생필품이 절대 부족한 한국을 공략하기 시작했다. 해방 이후 우리나라는 일본과 국교가 정상화되지 않은 데다 통제 무역으로 교역이 순조롭지 못했다.

이 분위기를 틈타 기승을 부린 것이 대일 해상 밀수였다. 일본 상품이 우리나라에 한 발짝 다가서려면 전초기지가 필요했다. 대마도 이즈하라항이 제격이었다. 부산 등에서 밀항한 밀수조직들이 이곳에서 현지 업자와 거래하면서 야밤을 틈타 밀수품을 실어 나르기 시작했다. 이것이 '이즈하라 특공대 밀수'였다. 밀수가 날로 성황을 이루자 이즈하라항은 다시 호황을 맞았다. 시내 곳곳에 밀수꾼을 상대로 한 여관과 술집이 줄지어 들어서 불야성을 이루었다.[주1] 1960년대 말까지 우리 정부는 부산항을 비롯한 남해안에서 할거하는 특공대 밀수 조직을 봉쇄하기 위한 '밀수와의 전쟁'을 벌여야 했다.

1811년 대주접선여관도(對州接鮮旅館圖) 상의 이즈하라항 (『엄원정지(嚴原町誌)』)

대마도는 아름다운 풍광을 가진 만큼이나 우리의 역사와 문화가 곳곳에 묻어 있다. 조선통신사비를 비롯하여 조선역관사 순난비, 항일 의병장 최익현의 순국비, 박제상의 순국비 등 다양한 비(碑)를 통해 한국 역사를 만날 수 있다. 대마도 관광이 주목받는 이유다.

1999년 7월 14일, 부산항에서 이즈하라항까지 쾌속선을 띄운 이후 당일 해외 여행지로 인기가 높다. 대마도 관광객 90% 이상이 부산항에서 배를 타고 들어간 한국 관광객이다. 2013년 18만 명이던 것이 2018년에는 41만 6천여 명으로, 5년 사이 2배 이상 증가했다.[주2] 이 정도면 매달 쓰시마시 전체 인구 약 3만 1천 명(2018년 12월 말 현재)에 가까운 한국 여행자가 대마도를 찾는 셈이다. 과거부터 애증으로 점철된 대마도 뱃길은 오늘날에도 여전히 활기에 넘친다.

주1) 이즈하라정(町)의 인구 추이(嚴原町誌, P1082, '嚴原町の 人口と 世帶數の 推移')를 보면 1955년(昭和30) 22,156명, 1960년(昭和35) 23,472명, 1965년(昭和40) 21,989명, 1970년(昭和45) 20,897명, 1975년(昭和50) 18,460명으로 1960년에 최고점을 찍고 서서히 줄어들기 시작한다. 이즈하라정(町)에서는 1973년 동방아연대주광업소(東邦亞鉛對州鑛業所)의 폐업이 주원인이라 하지만, 1954년에 태동하여 1969년에 막을 내린 이즈하라항에 거점을 둔 대마도 특공대 밀수가 할거할 때에 인구 2만 명대와 일치한다는 점에서 눈여겨 볼만하다. 특히 1960년대 특공대 밀수가 활황을 이룰 때 인구가 가장 많았다는 것이 이를 대변한다.

당시 대마도 전체 인구 추이(對馬國志③, 永留久惠, P110, '戰後의 人口流出')에서도 1955년 66,770명, 1960년 69,181명으로 이때가 공식적으로 최고인 통칭 '약 7만 명'으로 보았으며, 일설에는 '1962년에는 7만 명을 약간 넘었다'고 하였다. 전후(戰後) 특공대 밀수의 활황은 대마도 인구 변동에 나름대로 영향을 끼친 것으로 보인다.

주2) 부산본부세관 여행자 입출국 통계자료(2018년)

대풍포

바다와 이야기

경북 울진군 구산항에는 대풍헌(待風軒)이란 정자가 있다. 조선 시대 울릉도와 독도를 조사, 관리하러 가는 수토사(搜討使)가 머물던 곳이다. '바

18세기 말부터 구산항에서 울릉도로 가는 수토사들이 순풍을 기다리며 머물던 대풍헌. 동해안의 작은 포구 구산리 마을 중심부에 남향으로 자리했다.

람을 기다리는 집'이라는 의미처럼 돛단배로 울릉도까지 가려면 적당한 바람이 불어야 했는데, 이것이 여의치 못하면 머물던 곳이다. 예전에 돛단배를 풍선(風船)이라 불렀는데, 바닷바람은 뱃길을 여는 원동력이라 때로는 자연에 순응하는 인내심이 필요했다.

지금은 매축으로 사라졌지만, 부산항에도 똑같은 이름의 포구가 있었다. 오래전 영도구 대평동 일대는 낚싯바늘 모양의 큰 사주가 바다를 향해 뻗어 있었다. 그 안쪽이 대풍포(待風浦)였다. '바람이 인다'는 뜻의 풍발포(風發浦)로도 불린 것을 보면 두 지명이 일맥상통하는 면이 있다. 하지만 『부산지명총람』에 "대풍포는 어선들이 풍랑을 피하고자 잠시 대피하는 포구"로 적혀 있어 석연찮은 면도 있다.

조선 시대 부산은 일본으로 가는 통신사행의 출발지였다. 6척의 통신사선에 300~500명을 싣고 바다를 무사히 건너야 했기에, 영가대에서 상서로운 바람을 만나 통신사 일행이 순항하기를 비는 해신제(海神祭)를 올렸다. 해신제보다 초기에 사용했던 기풍제(祈風祭)란 말이 더 어울릴지 모른다. 바람이 불지 않거나 역풍이면 돛단배가 항해할 수 없기 때문에 풍세가 좋을 때까지 마냥 기다려야 했다.

조선통신사 사행록을 보면, 기다리는 기간은 한두 달이 보통이었다. 1607년 통신부사로 갔던 경섬의 『해사록』에는 약 20일, 1718년 제술관으로 갔던 신유한의 『해유록』에는 한 달 남짓, 1763년 정사로 간 조엄의 『해사일기』에는 한 달 보름 정도 머물렀던 것으로 나타난다.

이처럼 삼사를 비롯한 통신사 일행이 오랫동안 부산에 머물다 보니, 이 시간에 대개 해운대나 몰운대 등 명소를 찾아 유람하거나 인근 산을 오르며 풍류를 즐겼다. 조엄은 빈일헌(賓日軒)에서 오래 머무는 것이 무료했는지 '후풍사(候風詞)'란 시를 지어 종사관을 비롯한 사행들과 창수(唱酬)하며 즐겼다. 그의 칠언절구에는 바람을 기다리는 애절한 심사가 묻어난다.

欲渡滄溟風不至(욕도창명풍부지) / 한바다를 건너자니 종일 바람이 불지 않아
朝朝天際占雲頭(조조천제점운두) / 아침마다 하늘가의 구름머리 점쳐보네
誰令海若淸前道(유령해약청전도) / 어느 뉘 해신 시켜 앞길을 밝혀주어
萬里長波穩六舟(만리장파온육주) / 만리라 창파에 여섯 배가 편안하리

해신제를 지낸 후 통신사선이 외항으로 나서는 출발점이 지금의 감만동 해변이었다.

반면, 대풍포는 경상우수영 쪽인 거제, 통영 등 남해안 뱃길로 나서는 대표적인 포구였다. 또 임진왜란 때 사쓰마번(薩摩藩) 수군 주둔지인 사쓰마보리(薩摩堀り)였고, 왜란 후 1601년 일본이 첫 화해의 손길을 내밀 때 절영도왜관이 들어선 역사적인 공간이기도 했다.

대풍포는 대마도로 떠날 무역선이 날씨 상황을 보며 출항을 기다리는 곳이기도 했다. 초량왜관의 『관수일기(館守日記)』에는 "무진년(1868) 정월

1905년 복병산 자락에서 바라본 절영도의 대풍포 (부경근대사료연구소)

한때 오징어 처리장으로 유명해서 이까굴강(イカ堀江)으로 불렸던 옛 수산시험소 옆 포구

부산항 이야기 69

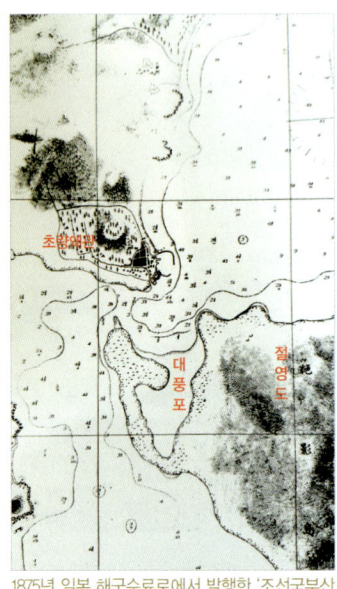
1875년 일본 해군수로로에서 발행한 '조선국부산항(朝鮮國釜山港)' 해도 중 초량왜관과 절영도 대풍포 부분 (한수당자연환경연구원)

초이튿날, 섬 주변에 떠 있던 대형 선박 2척이 오늘 새벽 순서대로 잘 출발했다는 소식이 해상순찰선으로 대풍포를 밤새 감시한 시마방(島番) 이네노 아야로부터 도착하였다."는 내용이 있다. 해안과 섬을 돌아보는 도오미(遠見) 업무는 해양순찰과 야간순찰로 나뉘는데, 주 감시 대상은 비선과 같은 입줄항 무역선과 담을 넘어 나오는 난출자였다.

왜관 주변에는 지역민과 일본인의 접촉으로 밀무역, 성매매 등 사건·사고 발생 여지가 많았다. 대풍포 같이 현지인과 접촉이 많은 곳에서는 선박을 이용한 잠상(潛商, 밀수꾼) 활동도 경계의 대상이었다. 이처럼 대풍포는 초기엔 외부 세력이 접근한 외딴 포구였지만, 후에는 조선, 일본 양측에서 뱃길을 트는 전진기지로 이용했던 곳이다.

특이한 것은, 바다 건너 대마도에도 대풍이란 지명이 있었다. 1809년(순조 12) 도해 역관 현의순(玄義洵) 등이 대마도의 사정을 보고한 별단에 이런 기록이 있다.

"대마도 북단에는 악포(鰐浦)와 좌수포(佐須浦)가 있는데 저들과 우리의 선박이 모두 여기를 통해 왕래하며, 이를 대풍소(待風所)라 합니다. 대풍소에서 북으로 부산포까지 4백 80리이고, 남으로 대마도 부중까지 3백 20리입니다."[주1)]

부산에서 건너간 통신사선이 제일 먼저 도착하고, 대마도의 무역선이 입·출항하는 포구였다. 이곳을 관소(關所), 개번소(改番所) 등으로도 불렀기 때문에 대풍소라는 명칭이 생겼을 수도 있고, 부산의 대풍포와 혼돈을 피하려고 대풍소로 불렀는지도 모른다. 아무튼 바다를 무사히 건너기 위해 포구에서 바람을 기다리던 당시 뱃사람들의 심정을 읽을 수 있는 지명이다.

17세기 초부터 시작된 범선 시대는 1780년대 증기선의 대두로 서서히 저문다. 그동안 범선과 생사고락을 함께한 선원들은 배에 대한 애정이 깊었다. 그러나 기계 성능에 좌우되고 운항이 확실히 보장되는 증기선 시대는 이전과 달랐다. 검은 연기를 뿜는 증기선의 위력은 서구에서 시작되어, 점차 동양으로 뻗치면서 억압과 굴욕의 물결로 다가왔다.

조선도 그 영향으로 개항되었고,

어려운 작업 환경에서 강선의 녹을 망치로 제거하는 깡깡이 아줌마 (깡깡이마을 예술사업단)

변화의 바람은 거세게 불었다. 1903년 이후 발동선의 등장은 대풍포에 큰 변화를 가져왔다. 일본 어민이 몰려오면서 제염소가 들어서는 등 점차 어항의 면모를 갖춰나갔다.

일제강점기엔 항만 배후도시로 매축 되며 조선소와 기관 제조 및 수리 업체가 들어섰다. 부산 근해에서 대구와 청어, 특히 영도 인근 해역에서 멸치, 오징어, 갈치가 많이 잡혔기 때문에 대풍포는 어선의 기항지로도 활기가 넘쳤다.

1960년대 말 선박 재질이 목선에서 철·강선으로 바뀌면서 영도 수리조선소에서는 선체 녹을 제거하는 깡깡거리는 망치 소리가 포구를 가득 메웠다. '깡깡이 마을'의 유래는 여기서 시작되었다.

오늘날 이곳에서 '대풍포'란 이름은 낯설다. 하지만 그 옛날 출항을 위해 이곳에서 순풍을 기다리던 뱃사람의 애절한 마음마저 잊어서야 되겠는가.

주1) 『순조실록』 순조 9년 12월 2일 정해조(丁亥條)

최천종 피살 사건

고려인삼은 삼국 시대부터 진상·교역 상품의 꽃이었다. 무엇보다 약효가 우선했겠지만 시대에 따라 조공, 교역, 통화, 밀수품 등으로 다양하게 거래되었다. 프랑스 루이 14세에게 효능이 알려질 만큼 대외적으로 인삼의 인기는 하늘 높이 치솟았다. 일본 대마도에서는 에도에 진상되는 품목에 인삼이 빠지면 태수 자리를 유지하기 힘들 지경이라는 소문이 나돌기도 했다.

풍토병이 많은 일본에서는 장독(瘴毒)을 치유하는 데 특효약처럼 쓰여 인삼을 금

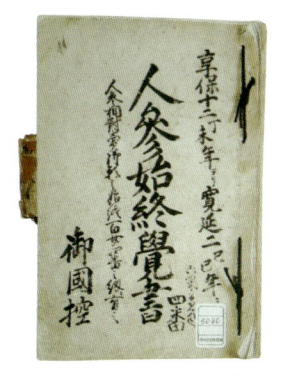

에도의 인삼 매매에 관한 사항을 기록한 인삼시종각서 (국사편찬위원회)

가루처럼 여겼다. 그러다 보니 서울 시전(市廛)에서 70냥이던 인삼이 일본 에도 시장에선 4배 이상의 가격에 팔렸고, 인삼의 80~90%가 일본으로 들어간다는 말이 떠돌았다.

일본 상인은 초량왜관 개시무역에서 선대금 지불방식의 피집(被執)이라는 특수한 거래로 인삼을 사 모았다. 이것도 모자라면 무역 브로커인 역관을 통해 왜관 주위로 몰려든 동래상인을 비롯한 잠상(밀수꾼)과 연계해 인삼을 밀거래하기도 했다. 이렇게 인삼 반출이 늘면서 국내에 약으로 쓸 인삼이 부족해 수출제한령을 내리기도 했다.

1764년 조선통신사 정사로 갔을 때, 일본의 관상가인 니야마 다이호(辛山退甫)가 그린 조엄의 초상화(『한객인상필화(韓客人相筆話)』, 국립중앙도서관)

국내에 고구마를 처음 전파한 조엄은 1764년(영조 40) 472명을 거느린 통신사 정사로 긴 사행길에 올랐다. 하지만 불행히도 그 길은 고생과 사고가 잦았던 것으로 유명하다. 그중 하나가 군관이던 최천종(崔天宗)의 피살사건인데 이 또한 인삼 밀무역이 원인이었다.

에도에서 의전을 마치고 귀국길에 올랐던 조엄 일행은 1765년 4월 6일 오사카(大阪)의 니시혼간지(西本願寺)에서 하루를 묵었다. 새벽 무렵 최천종이 막 잠을 청하는 순간 자객이 나타나 목에 칼을 찔렀다. 칼날을 뽑으며 소리를 지르자 범인은 잽싸게

도망갔는데, 불빛에 드러난 옆모습은 왜인이었다. 첩약을 붙이고 약을 달여 마시게 하는 등 응급조치를 했지만 결국 최천종은 다음날 아침에 숨을 거두었다.

니시혼간지 쓰무라별원(西本願寺 律村別院)

졸지에 심복을 잃은 조엄이 "범인을 색출해 목숨으로 변상하라"고 강력히 통고하자, 일본 측은 군사 2,000명과 선박 600척을 동원해 범인 색출에 나섰다. 결국, 지방에서 검거된 범인은 대마도 역관 스즈키 덴조(鈴木傳藏)로 밝혀졌다.

그는 거울을 잃어버린 최천종이 자기를 의심하며 말채찍으로 때렸기 때문에 분을 못 이겨 범행을 저질렀다고 자백했다. 양국이 문화 교류로 선린 우호를 다지는 상황에, 겨우 거울 하나를 이유로 이런 끔찍한 국제적인 살인사건을 일으킨 것이다. 시간이 흐를수록 살인사건에 대한 뒷말이 많았다. 그리고 서서히 감춰진 이면이 드러났다.

당시 역관을 비롯한 수행원들은 모처럼 찾아온 기회를 놓칠 수 없었다. 많은 인삼을 몰래 휴대해 일본 쓰시마 역관들의 호위 아래 판매한 후, 인삼 판매 대금을 나누는 과정에서 칼부림이 났다는 것이다. 이 사건은 이후에도 계속 부풀려져, 한동안 일본 연극이나 소설의 흥미로운 소재가 되었다.[주1)]

주1) 최천종 살해사건을 주제로 한 일련의 작품군을 도진고로시(唐人殺し)라 부른다. 가부키(歌舞伎), 조루리(淨琉璃), 수필, 나중에는 실록체 소설까지 다양한 장르로 나타났다. 통상 당인(唐人)은 중국인을 지칭하지만, 당시에는 네덜란드인, 조선인을 포함한 외국인을 일컬었다. 가부키는 1767년에 상연된 나미키 쇼조(並木正三)의 『세와료리스즈키보초(世話料理鱸包丁)』와 나미키 고헤(並木五瓶)・지카마쓰 도쿠조(近松德三)의 『간진칸몬데쿠다노하지마리(韓人漢文手管始)』, 1802년 『겐마와시사토노다이쓰(拳揮廓大通)』가 대표적이다.

외국인 살해사건을 테마로 한 일련의 작품이 서민(町人)에게 인기를 얻은 이유는 화제성 때문이다. 그러나 막부에게는 국제 문제로 비화할 것이 우려되는 정치적 부담이었다. 오늘날 도진고로시 작품으로 나카노 고후(中野光風)의 『도진고로시』(1984)와 아시베 타쿠(芦辺拓)의 「고헤리키나조노후지메(五瓶力謎緘)」(2007) 등이 소설로 계승되었으며, 최근 한국에서도 문호성의 『덴죠의 칼』(2013)과 설흔의 『소년, 아란타로 가다』(2013)가 최천종 살해사건을 다룬 글들이다.

용당포

부산항 이야기

   우리나라에는 용당(龍唐)이란 이름의 포구가 몇 군데 있다. 서해안 황해도 해주와 금강 하구, 동해안의 경주 대왕암 해안, 제주도 한경면, 남해안의 낙동강변에 있는 화명, 양산 나루터, 부산항 신선대 근처 등이다. 포항, 목포, 순천 등에도 '용당'이란 행정명이 있는데, 대부분 바다나 강에 접한 곳이어서 물과 관련이 깊다.

   용당은 용 관련 전설을 가진 연못 주변, 사당이나 당집에서 해신(海神, 용왕)에게 무사 안녕을 비는 제사를 지내던 공간이다. 신과 인간, 외부 세계와 내부 세계가 만나는 경계 선상의 신성한 곳이다.

   부산 용당포 역시 부산항 내항과 외항의 경계지점이다. 남쪽으로 뻗어 나온 신선대가 바람과 파도를 막고 안쪽으로 고즈넉한 포구가 있다.

18세기 중엽, 여지도 동래부의 용당포 부근 (규장각)

이 포구를 벗어나면 오륙도가 나타나고, 곧 넓은 대양이 펼쳐진다. 바다에 대한 경외심도 여기서부터 시작된다. 반대로, 포구로 귀항하는 뱃사람은 그동안 파도에 지친 심신을 아늑한 포구에 안겨 위로받는다.

이러한 천혜의 입지 조건을 갖춘 곳이 용당포였고, 그래서 일찍부터 사람이 살기 시작해 어촌이 형성되었다. 특히, 신라 시대에는 형변부곡(兄邊部曲)이라 하여 이곳에서 남해신(南海神)에 제사를 지냈고, 고려 시대에도 당집 문화를 계승, 풍수 사상과 연관해 이 지역의 지명에도 영향을 주었을 것이다.

1970년대 초 용당에는 '땅뚝할매'를 모신 당집이 있었는데, 한 평 남짓한 규모의 허름한 집이었으며 주위는 돌담이 둘러싸였다고 한다. 일

1952년경 용당포 (부경근대사료연구소)

1975년, 용당포구를 가득 메운 동명목재상사의 원목 (동명문화연구원)

제 말기에 동제의 제관이던 사람의 말에 따르면, 당집 문을 열면 작은 탁자 위의 흰 종이에 먹글씨로 '신선(神仙)' 두 자가 적힌 나무 위패 받침이 놓였고 다른 시설물은 없었다고 한다.[주1] 신선대를 자연 방파제로 둔 용당포 주민들은 당집을 지키는 '땅뚝할매'를 신선으로 모시며 풍어, 풍년, 무사 안녕을 기원했던 것이 아닐까.

개항 당시 부산의 일본인 전관거류지역은 초량왜관을 조차한 곳이었다. 세월이 흐르면서 점차 대마도 텃세는 사라지고 일본 본토에서 건너온 사람들로 세력 분포가 바뀌었다. 러일 전쟁 직후인 1906년 부산항에서는 일본 본토에서 건너온 이주 어민이 어업에 종사할 정도였다.

1909년 당시 용당은 동래부 석남면에 속했는데, 82가호가 주로 어업에 종사했고, 자망어업이 가장 성행했다. 이곳에는 일본 야마구치(山口)현 수산조합이 경영하는 이주 어민 15가호 60여 명이 이미 어촌을 형성하고 있었다.[주2]

용당은 천혜의 포구였지만, 인근 해상이 부산항을 드나드는 선박의 항로 선상이라 정치망 등으로 어로 작업을 할 수 있는 해역이 아니었다. 개항기 부산항의 등대, 수로, 어장 등의 허가 권한을 가졌던 부산해관장에게 불법 어장을 막아 달라는 해운업자들의 민원이 종종 있었기에 인근 용당포는 한적한 어촌으로 머물 수밖에 없었다.

오늘날 용당포는 매축으로 흔적을 찾기 힘들지만, 1950년 6·25 전쟁 때만 해도 예전 모습을 그대로 지니고 있었다. 50여 년의 세월 속에 용당포는 산업지형이 바뀐 부산의 대표적인 공간이 되었다.

이곳에 큰 변화가 온 것은 1960년대 중반이다. 우리나라 합판 산업을 이끈 동명목재가 1964년에 설립되자 용당포는 원목, 내항은 합판을 싣고 나갈 화물선으로 가득했다. 6·25 전쟁으로 폐허가 된 한국이 경제 대국으로 성장하게 된 배경에는 목재 산업이 있었다. 노동 집약적 경공업의 맏형격인 합판 공업은 1964년에 수출 특화 산업으로 지정되면서 눈부시게 성장하였고, 연평균 30%가 넘는 비약적인 증가세로 수출을 주도했다. 1970년대에 접어들면서 합판 공업은 생산과 수출의 정점에 달했다. 이후 원가 상승과 인도네시아 등 동남아 국가의 합판 생산으로 국내 합판 시장은 수출에서 내수 중심으로 바뀌었고, 점차 경쟁력을 잃은 동명목재는 1980년 5월 결국 문을 닫는다.

이 아픔을 극복하기 위해서였을까? 부산항 3단계 개발공사로 용당포에 매축이 이루어지고, 원목 대신 철제 사각 컨테이너가 쌓인다. 1985년 12월 시공한 부두 건설 공사가 1991년 6월에 준공, 동부산컨테이너터미널로 부두 운영을 개시하였다. 1996년 신선대컨테이너미널, 2009년 대한통

1991년 부산항 신선대컨테이너부두 준공식 (부산세관박물관)

컨테이너 물류기지로 변한 용당포. 왼쪽이 신선대컨테이너터미널이다.

운 부산컨테이너터미널, 2012년 CJ대한통운 부산컨테이너터미널, 2016년 부산항터미널주식회사(BPT, 신선대터미널과 감만터미널 합병)로 사주와 사명이 빈번하게 바뀐 것은 그만큼 물류 산업 생존 경쟁이 뜨겁다는 증거다.

그러나 이보다도 용당포가 우리 역사 속에 특별한 부분은 두 척의 이양선에 관한 기록이다. 1794년 영국의 해군 탐사선 프린스 윌리엄 헨리호가 8일, 그로부터 57년 후인 1853년에 미국의 포경선 사우스 아메리카호가 10일간 머물며 이 지역 관리를 만나고 돌아갔다. 이 내용은 『정조실록(正祖實錄)』과 『일성록(日省錄)』 등에 실려 있다.

이처럼 18세기 말부터 용당포에 서세동점(西勢東漸)으로 문화 충돌 징조가 나타났지만, 조선 조정은 거의 60년이 지나 영어권의 포경선이 들어와도 변화에 대처하는 움직임이 없었다. 그만큼 문제의식 없이 허송 세월하고 있었던 게 아닐까. 1876년 강제 개항 때도 당시 국제법인 만국공법(萬國公法)보다 사대교린의 과거 질서 속에 얽매여 안주하는 듯했다. 그래서 용당포는 상전벽해의 산업 현장이었지만, 가슴 아픈 만시지탄(晩時之歎)의 역사 현장이기도 하다.

주1) 『내 고장 부산남구, 그 시간의 숨과 결을 느끼다』 부산광역시 남구청, 2014. P200~202.
주2) 『한국수산지 제2집』, 대한제국 농상공부수산국, 1910년(융희 4)

이양선 프린스 윌리엄 헨리호

1653년 네덜란드인 헨드릭 하멜(Hendrick Hamel)은 동인도회사 소속 슈페르베르(De Sperwer)호에 부기계원으로 승선해 타이완을 거쳐 일본 나가사키로 향했다. 항해 중에 폭풍우를 만난 배는 그해 8월 중순 제주도 서귀포 인근 해안에 도착한다. 선원 68명 중 28명은 익사하고, 하멜 포함 36명은 생명을 건졌으나 도착하자마자 제주도 관헌에 10개월간 감금된다. 이렇게 시작된 조선 억류 생활은 1666년 9월 동료 7명과 여수 앞바다에서 일본 나가사키로 탈출할 때까지 13년간 계속된다.

1668년 7월 고국 네덜란드로 돌아간 하멜은 조선 표류 생활을 보고서로 작성한다. 동인도회사를 상대로 임금을 받기 위해 작성했지만, 흥미로운 내용이 많아 이듬해 로테르담에서 『슈페르베르호의 불행한 항해

브로턴 함장 (부산세관박물관)

일지(Journal van de Ongeluckige Voyage vanjacht Sperwer)』라는 책으로 발간된다. 이것이 우리가 아는 『하멜 표류기』이고, 17세기 중반 '은둔의 나라' 조선을 유럽에 알리는 책이었다.

140여 년이 흐른 1797년 10월 13일 정오 무렵, 오륙도 부근에서 고기잡이하던 어부들이 이상한 배 한 척을 발견했다. 한 선원이 범선을 보자마자 손짓으로 의사표시를 했지만, 이 배가 서서히 곁으로 다가서자 두려움에 어쩔 줄 몰랐다. 그래서 있는 힘을 다해 노를 저어 용당포를 향해 내달려야 했다.

용당포 부근에 닻을 내린 이 이양선이 윌리엄 로버트 브로턴(William Robert Broughton) 함장이 지휘하는 영국 해군 탐사선 프로비던스(Providence)호의 부속선 프린스 윌리엄 헨리(Prince William Henry)호[주1]였다. 북태평양 해역 탐사 항해 중 동해안을 따라 내려오다가 용당포에 입항한 것이다.

브로턴 함장 일행은 부산포를 탐사하는 등 8일간의 체류 일정을 마치고 마카오로 향했다. 1798년 스리랑카 해역까지 장기 탐사 임무를 마친 이들은 다음 해인 1799년 영국에 무사히 귀환한다. 그리고 1804년 5월 런던에서 『북태평양 항해기(Voyage of Discovery to the North Pacific Ocean)』를 Ⅰ·Ⅱ부로 나누어서 출판한다. 당시 조선 방문기는 제Ⅱ부에 수록되었는데, 이 책을 통해 부산항이 처음으로 유럽에 정확하게 알려진다.

『하멜 표류기』가 조선을 서구에 처음 알린 책이라면, 브로턴 함장의 항해기는 부산항을 최초로 소개한 책이다. 그리고 이 항해기는 서구 자본주의의 조선 침략 길잡이 역할을 했다. 특히 항해기 뒤에 삽입한 부산항 항박도는 서구 열강의 군함과 탐사선, 상선들이 부산포라는 조선의 변방에 자주 출몰하는 계기가 되었다.^{주2)}

브로턴 함장 일행이 용당포에 온 것은 우연이었다. 부산포라는 사실도 모른 채 식수, 땔감, 부식 등을 구하기 위해 포구로 찾아들었다. 하지만 이들의 눈에 비친 조선의 모습이 항해기에 기록되었고, 지금까지 전해지며 흥미와 가치를 더한다.

예고 없이 이국선이 기항하자 부산포는 난리가 났다. 산에는 봉화가 계속 타오르고, 용당포 주민들은 호기심에 차서 이들을 지켜보았다. 다

1950년대 용당포 (부경근대사료연구소)

음날, 날이 밝기 무섭게 어른, 아이 할 것 없이 마을 주민 모두가 전마선을 타고 범선 주위를 빙 둘러쌌다. 그러나 "이들 중에 젊은 여자는 한 명도 없었다"라고 항해기는 기록했다. 할머니나 어린이는 있지만 성인 여성은 아침 식사를 준비하느라 올 수 없었는지, 바닷가에 그것도 이국인 앞에 나서는 것을 금기시해서인지는 알 수 없다.

항해기에는 "그날 오후 크고 헐렁한 두루마기를 입고 머리에 갓을 쓰고 수염을 길게 기른 높은 사람이 찾아오지만, 의사소통이 안 되었다. 다음날도 사람을 가득 실은 배 두 척이 왔고, 군인이 수행하는 매우 섬세하고 옅은 하늘색 옷을 입은 지위 높은 사람이 탔는데, 소금에 절인 생선, 쌀, 해초 등을 선물로 주며 빨리 떠나기를 바라는 눈치였다."고 기록했다. 그러나 브로턴 함장은 "나무, 물, 신선한 식료품이 필요해서 그냥 돌아갈 수가 없다고 그들에게 설명했으나 못 알아들은 것 같았다."고 아쉬움도 기록했다.

하멜이 조선에 표류했을 때는 이미 26년 전부터 표류자로 조선에 살았던 벨테브레이(Jan Janse Weltevree, 한국명 박연)라는 네덜란드인이 있어 통역할 수 있었다. 하지만 프린스 윌리엄 헨리호가 왔을 때는 사정이 달랐다.

당시 상황을 기록한 『정조실록』에도 대화가 힘들었다고 했다. 경상도 관찰사 이형원(李亨元)의 치계(馳啓)에 "역학을 시켜 그들에게 국호와 표도하여 온 연유를 물었는데 한어(漢語), 청국어(淸國語), 왜어(倭語), 몽고어(蒙古語)를 모두 알지 못했습니다. 붓을 주어서 쓰게 하였더니 모양새가 마치 구름과 산을 그린 그림과 같아서 알 수가 없었습니다."^{주3)} 라는 기록이 있다. 처음 본 로마자 알파벳이 낯선 것은 당연했다.

의사소통의 어려움을 기록한 것은 이것뿐만 아니었다. 삼도통제사 윤득규(尹得逵)의 치계에도 이런 내용이 있다.

"동래부사 정상우(鄭尙愚)의 정문(呈文)에 따르면, 용당포에 달려가 표류한 사람을 보니 코가 크고 눈이 파란 것이 서양 사람과 같았습니다. 또한 싣고 있는 화물을 보니 유리병, 천리경, 구멍이 없는 은전이 모두 서양산이었습니다. 언어와 말소리는 하나도 알아들을 수 없었고 오직 낭가사기(浪加沙其)라는 네 글자만 알 수 있었는데, 이것은 일본말로 나가사키를 말하므로 아마도 이 상선이 나가사키에서 표류하여 여기에 온 것 같습니다. 우리를 대하여 손으로 대마도 근처를 가리키면서 입으로 바람을 부는 것으로 보아 순풍을 기다린다는 뜻인듯 했습니다. 그들이 원하는 대로 바람을 기다렸다 보내도록 명하였습니다."

프린스 윌리엄 헨리호는 해양 탐사를 위해 온 영국 해군 탐사선이지만, 동래부사는 일본 나가사키에서 온 무역선으로 잘못 판단했다.

그러나 브로턴 함장 일행은 이곳이 '조선'^{주4)}임을 알았고, 항해기 속의 부산포 항박도(港泊圖) 이름도 '조선항(CHOSAN HARBOUR)'이었다. '조선항'이란 이름은 1859년 존 워드(John Ward) 영국 함장 일행이 부산항을 탐사하고 새로운 항박도가 출판될 때까지 약 50년간 불렸다.

이들은 부산포에서 26종의 식물명과 우리말 38개 단어를 채록하기도 했다. 그중 특기할 만한 것은 달(Moon)을 Tareme(달님)으로, 별(Stars)을 Curome(구름)으로 표기한 것이다. 아마도 별을 가리켰는데 그 옆의 구름을 발음했을 것이다. 남자(A Man)를 Sanna(사내)로, 여자(A Woman)를 Kageep(계집)으로, 다리(Leg)를 Tantangee(장단지)로, 나무(A Tree)를 Sonamo(소나무)로 기록한 것도 흥미롭다.

이들은 당시 해금정책(海禁政策)이 엄격했던 부산포에서 항 내 탐사를 했다. 몰래 탐사하다 조선 수군에게 들켜 분위기가 험해지기도 했다. 하지만, 물을 긷거나 나무를 채취할 때는 협조적이었다. 이것은 조선 조정이 이들의 요구를 들어주되, 항 내 활동을 통제하면서 그들이 빨리 떠날 것을 바랐기 때문이다. 하지만 이들은 마지막 날까지 감시병 몰래 내항으로 들어가 상륙하는 등 해도 완성을 위해 노력했다. 이렇게 탄생한 것이 '조선항'이라는 항박도였다.

브로턴 함장도 "이 항박도가 항구를 상세히 설명하며, 최대한 정확하게 과장 없이 그렸으므로 어떤 목적에도 항해사들에게 그 해답을 줄 것"이라고 기록했다. 하지만, 이 항박도에는 큰 오류가 있었다. 영도를 섬이 아닌 육지로 그린 것이다. 탐사대가 내항 깊숙이 들어가지 못하고 용당포 인근에서 측량하는 바람에 용두산과 영도 사이가 물길이 통하는 목인 것을 구분하지 못했다. 그러나 지형, 수심에 큰 오차가 없는 정확한 해도로, 당시 부산항을 설명하는 중요한 자료다.

용당포의 조선 주민과 영국 해군 장병의 첫 만남은 우리 근세사에 의

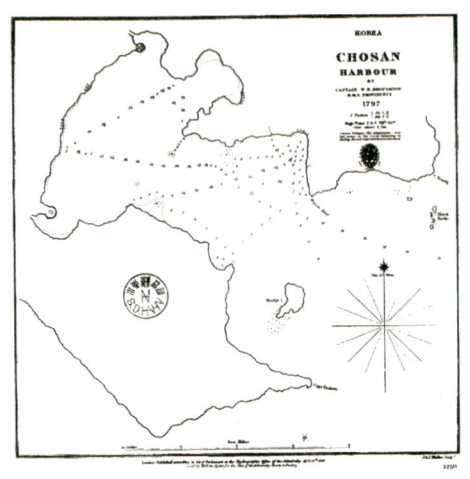

1804년 브로턴 함장의 『북태평양 항해기 Ⅱ』에 실린 부산항 항박도 (한수당자연환경연구원)

미 있는 일이었다. 서양 문화와 첫 접촉이라는 문화사적인 의미에 더해, 항해기를 통해 서구 사회에 조선이라는 신비한 왕국의 실체를 알렸기 때문이다.

그러나 브로턴 함장은 조선인들이 접촉을 피하여 생활 풍습과 태도를 관찰할 기회가 적었다고 고백했다. 조선인들은 낯선 사람과 교류를 바라지 않았고 무관심했으며, 브로턴 함장 일행이 어느 나라 사람이며 무엇을 추구하는지도 몰랐다고 기록했다. 아마 해적일지 모른다고 의심하며 어서 떠날 것만 요구하는 것 같았다고 했다. 총과 화약 등 무기에 대해 잘 알았고, 영국에서 제작된 여러 가지 물건에 호기심이 많았는데, 특히 모직 천에 관심이 많아 군인들이 입은 옷에 특별한 눈길을 보냈다고도 기록했다.

10월 21일 아침, 프린스 윌리엄 헨리호가 출항 준비를 하자 감시병들도 기뻐했다. 브로턴 함장은 감시병이 갖고 싶어 했던 망원경과 총을 선물로 주었다. 용당포 주민들도 근처 산에 올라가 출항하는 모습을 지켜보았다.

어떤 보상도 바라지 않고 자신들에게 나무와 물을 공급해준 이들에게 감사하며 프린스 윌리엄 헨리호는 조용히 조선항을 떠났다.

주1) 2018년 이전까지 대부분 문헌에서 부산항에 최초 입항한 이양선을 프로비던스(Providence)호로 소개했다. 프린스 윌리엄 헨리(Prince William Henry)호로 바뀐 결정적인 계기는 2018년 3월 발표된 정문수의 「영국 함선 방문 역사 고증 및 상징화 사업 기본 계획 수립 용역 종합보고서」였다. 이 보고서는 1797년 10월 13일 부산 용당포에 닿은 선명에 근거한다.

1796년 12월 29일 브로턴 함장이 북태평양 지역 등을 탐사하기 위해 출항한 탐사선은 112명의 승무원을 실은 420톤급 범선 제9호 프로비던스호였다. 그러나 이 탐사선은 항해 중 누수 등으로 보조 선박이 필요했다. 때마침 잠시 들른 마카오항에서 스쿠너(Schooner-rigged) 한 척이 경매에 나온 것을 듣고, 영국 돈 1,500파운드에 구매한 것이 프린스 윌리엄 헨리호다. 1797년 4월 10일, 브로턴 함장 일행은 두 척의 배로 마카오 티파(Typa)를 출항하지만, 5월 17일 프로비던스호는 일본 남단 미야코(Miyako)섬 북쪽 산호초에 부딪혀 좌초되었다. 마카오로 되돌아온 브로턴은 1797년 7월 11일 선원들을 스위프트(Swift)호에 태워 본국으로 보내거나 해산시켰다. 그리고 브로턴 함장 등 35명은 본래 프로비던스호의 임무를 수행하기 위해 프린스 윌리엄 헨리호로 북태평양을 탐사했고, 이 범선이 용당포에 입항했다. 뒤에 탐사를 마친 프린스 윌리엄 헨리호는 중간에 들른 스리랑카 트링코말리(Trincomalee)에서 제10호 프로비던스호(The tenth HM Schooner Providence)로 재명명되었다.

주2) 김재승, 『근대한영해양교류사』, 인제대학교 출판부, 1997.

주3) 令譯學. 問其國號及漂到緣由. 則漢淸倭夢之語. 俱不瞭解. 授筆使書. 則形如雲山圖畵, 不可曉得.(正祖實錄 47권, 正祖 21年 9月 6日 壬申)

주4) 해양 학자이자 항만연구가였던 고 김재승은 브로턴 함장 일행이 현지 주민들과 대담에서 "이곳이 어디냐고 지명을 물었으나, 의사소통이 안 되어 나라 이름을 묻는 것으로 알고 '조선'이라고 대답"한 데서 '조선항'이 되었다고 했다. (『근대한영해양교류사』 P159.)

며리계에서 온 이양선

용당포에 영국 해군 탐사선 프린스 윌리엄 헨리호가 나타나고 57년이 지난 1853년 초, 미국 포경선 한 척이 바로 그 자리에 닻을 내린다. 하지만 조선이 이양선을 대하는 태도는 달라진 것이 없었다. 우리 기록에 고래잡이 중 폭풍을 만나 용당포 앞바다에 표류한 것으로 남았지만, 사실은 일본인 표류민 송환 목적으로 하와이에서 거의 두 달 보름을 항해하여 조선에 온 포경선이었다.[주1)]

당시 미국은 세계 최대의 고래잡이 국가였다. 19세기 후반 석유가 대량생산되기 전까지 고래는 바다를 떠다니는 자원의 보고(寶庫)였다. 고래 한 마리를 잡으면 등유는 물론 윤활유, 화장품과 의약품 원료 등을 얻을 수 있었다. 일본을 개항시킨 페리 제독도 포경선을 쫓아 동아시아 지역까지 왔다. 미국 입장에서 포경 어업 전진기지와 중국 무역을 위한 교두보가 절실했고, 이것이 일본을 무력으로 개항시킨 계기 중 하나였다.

『일성록』에 의하면, 용당포에 포경선이 입항한 것은 1853년 1월 29일 정오쯤이다. 이번에도 조정에서는 영국 함선이 왔을 때처럼 통역관 중심으로 훈도, 별차, 소통사를 현장에 보내 문정(問情), 즉 배에 올라 심문을 하였다. 그러나 이들 대부분이 일본어 전문 통역관이어서 미국 선원과는 말이 전혀 통하지 않았다. 미국 선원들도 답답했는지 문정관에게 자신과 선박을 가리키며 "며리계"라는 말만 되풀이하였다.

소통이 어려워지자 필담을 시도했다. 하지만 우리에게도 어려운 붓을 외국 선원이 들고, 영문을 적는다는 게 어디 쉬웠을까. 또, 조선 문정관이 화선지에 쓰인 생면부지의 알파벳을 보고 혼란스러워했을 것은 당연하다. "구름 같기도 하고 그림 같기도 하며, 전서체도 아니고 언문도 아니어서 전혀 알아볼 수 없었다"고 기록할 정도였다.[주2]

결국, 조선 문정관들은 직접 배 안을 살폈다. 배는 아주 사치스럽고 선원들은 모두 괴상하게 생겼다. 코가 높고 수염은 없으며 눈은 노랗거나 파란색인데 고슴도치처럼 산발한 머리에 검은 가죽 모

포경선에서 고래기름을 부두에 하역하는 모습 (한국항만연구회)

부산항 이야기 93

자를 썼고, 어떤 사람은 문신까지 있었다고 기록했다.

포경선 승선자는 총 43명으로 서양 여성 한 명과 어린이 한 명, 조선인과 너무나 닮은 두 명의 나이 많은 남자도 끼어 있었다. 우리와 닮은 이들은 일본인으로, 약 8개월 전 한마을에 사는 네 사람이 배로 땔나무 장삿길을 나섰다가 조난했다. 다행히 지나는 미국 포경선에 구조되었고, 지금의 포경선으로 옮겨 탔다. 이들은 용당포에서 하선해 초량왜관을 거쳐 일본으로 돌아갔다. 일본 기록에서도 이 두 사람의 신상과 조난 사실을 찾을 수 있다.^{주3)} 당시 일본은 쇄국정책으로 외국과 통교가 어려웠고, 특히 기독교국 사람의 입국이 허용되지 않았기에 조선을 통해 표류민을 송환했다.

10여 일 동안 용당포에 머물며 조선인에게 한동안 '며리계(彌^{주4)}里界)'라

미국 고래잡이선 사우스 아메리카호 (국립중앙도서관, 안현주 컬렉션 RG006-1)

는 깊은 인상을 심어준 이 포경선은 616톤급 사우스 아메리카(South America)호였다. 그리고 선원들이 말한 '며리계'는 '아메리카(America)'였다. 조선 관리에게는 'A'가 약하게 발음되어 잘 들리지 않았고, 연이어 나오는 'merica'의 'me'에 강세가 있어 '며리계'로 들렸다. 중국이 '미리견(美利堅, 彌利堅)'으로, 일본이 '메리켄(米利堅)'으로 표기한 것도 같은 이유일 것이다.

최근에 이 배의 선장 워커(Washington T. Walker)의 『항해 일지』 등이 알려져 보다 정확한 당시의 상황을 전해준다.

일본인 두 명은 포경선 기항지인 하와이에서 사우스 아메리카호에 옮겨 탔고, 젊은 두 사람은 아직 포경선에 남았다고 했다. 그리고 정박한 후 두 번에 걸쳐 보트로 가까운 마을에 접근하려 했지만, 조선 관리의 완강한 반대로 뜻을 이룰 수 없었다고 하였다. 또, 배에는 선장의 아내(당시 25세)와 아들(3세)이 함께 타고 있었는데 조선 관리들이 미국 여인을 보고 싶어 하였음을 「조선 표정」이란 글에서 읽을 수 있다.

이 사람들은 변두리가 넓은 모자에
주머니 바지를 입었고
배 모양과 선원 모습에 놀라고 감탄하나,
마음속 간절한 소망은 미국 여인 구경뿐이었다.

이처럼 부산 용당포는 조선인이 영국인은 물론 미국인과도 만났던 유서 깊은 포구다. 긴장감 속에 이루어진 서양인과의 첫 만남은 우리 역사 속 감춰진 이야기를 들춰보듯 흥미롭다.

부산을 찾는 서구 관광객들에게 더욱 친근하게 다가설 수 있도록 이양선 이야기가 담긴 역사 문화 공간이라도 있었으면 한다.

주1) 방선주 「韓美 접촉 시작과 현대적 의미 – 워커 선장 가족 부산 방문 140주년」 한국일보 미주판(1993년 1월 26일 자)

주2) "使渠操筆請書 則如雲如畵 非篆非諺 全無知得 但指船指身曰 弥里界 弥里界 云云"(『일성록(日省錄)』 철종 4년 1월 18일)

주3) 박천홍, 『악령이 출몰하던 조선의 바다』 현실문화연구, 2008, P501~502. 須藤利一 편, 『船』, 法政大學出判部, 1983, P260~263.

주4) '弥'는 한자음으로 '이'지만 이두용법에서는 '며'로 읽음

이양선의 가축 약탈

1797년 영국 해군의 브로턴 함장이 용당포에 왔을 때, 가장 실망한 것은 황소를 구매하지 못한 것이었다고 한다.

"한가롭게 풀을 뜯는 황소를 가리키며 구매하려고 주민을 설득했지만, 끝내 이룰 수 없었다. 이곳에서는 돈도 아무런 가치가 없었고, 이들을 이해시킬 어떤 방법도 없었다"라고 그의 항해기에 기록했다. 육식을 즐기는 그들에게 황소는 음식으로 보였겠지만, 소를 대대손손 식솔처럼 생각한 조선의 정서는 달랐다.

갑작스럽게 이양선이 입항하자, 먼저 역관이나 관리가 문정을 위해 두려움 속에 배에 올랐다. 문정 결과보고서에는 "최상층 갑판에 외양간을 만들어 돼지, 닭, 양, 개를 키우는데, 마치 농가에 온 것 같은 훈훈한 기분이었다"고 썼다. 냉동기술이 발달하지 않은 당시에는 배에서 직접 가축을 길러 양질의 고기를 수급했다. 하지만, 외양간이 빌 무렵의 이들은 무서운 해적 기질을 드러내기도 했다.

『일성록』에 따르면, 1840년 제주도 모슬포 앞 가파도에 영국 범선이 나타나 소 9마리를 도살해 보트에 싣고 달아났다. 이 약탈 행위에 제대로 대처하지 못한 제주 목사는 파직당했다. 1856년 6월 함경도 안변 학포에서는 프랑스 군함 비르지니(Virginie)호 함장 게랭(Guérin)이 병사들을 풀어 소 12마리를 강제로 보트에 싣고, 현장에 나타난 조선 관리에게 100 피아스터(Piaster)의 은화를 솟값으로 건넸다고 한다.[주1] 한 달 후에도 이들은 충청도 고대도 민가를 급습했다. 수백 명의 병사가 소 18마리, 돼지 3마리, 닭 50마리 등을 약탈했다. 그래도 양심은 있었는지 출항 직전에 은화 122원을 지방 관리에게 지급했지만, 한사코 받지를 않아 한동안 실랑이를 벌였다. 그러나 1856년 1월 19일 자 프랑스 주간 화보 『릴리스트라시옹(L'Illustration)』에 실린 삽화를 보면, 이들 일행이 부산포에도 입항하여 현지인들과 접촉하였음을 알 수 있다.[주2]

'조선의 동해안, 조선항의 주민들'이라는 제목의 삽화. 서양 신문에 실린 최초 한국 관련 삽화다. (김장춘)

1859년 6월 9일 영국의 존 워드(John Ward) 함장이 377톤급 범선 악티온(Actaeon)호와 부속선 다브(Dove)호를 이끌고 부산포에 왔을 때는 상황이 달랐다. 이 배에는 중국인 통역관이 있어 조선 역관들과 필담으로 소통했다. 이들은 이미 거문도에서 현지 유생과 필담을 나눈 경험도 있었다.

개항 전 조선 원정에 동원된 미 아시아 함대 콜로라도호
(부산세관박물관)

부산항 탐사는 신초량 앞바다(부산 내항)에 닻을 내린 부속선 다브(Dove)호가 수행했다. 브로턴 함장의 '조선항' 항박도에서 뭍으로 그렸던 영도를 섬으로 그리는 등 수정·보완하여 1860년 '초량해(Tsau-Liang-Hae)'라는 이름으로 새로운 해도를 선보였다.

6월 21일 부산항을 떠난 존 워드 함장 일행은 그해 10월 29일 다시 입항했다. 동래부의 문정관들이 배에 올라 중국인 오월당(吳月堂), 주화(周華)와 필담을 나누고 배를 둘러보았다. 이들의 요구사항은 소 4마리, 닭 200마리, 달걀 2천 개, 채소 20단, 파 100근, 백미 100근, 선어 500근, 땔나무 100단 등 주·부식과 땔감이었고 물건을 빨리 사고 싶다고 했다. 그들의 배는 아주 사치스럽고 정교했으며 3층 구조였다. 3층 외양간에는 개 3마리, 닭 18마리, 붉은 참새 3쌍이 있었다. 경상감사 홍우길(洪祐吉)은 이를 그림으로 그리는 등 상세하게 조정에 장계하였다.^{주3)} 조정에서는 6월에 이어 두 차례나 표류한 것에 의심이 가지만 유원지의(柔遠之意)의 정신^{주4)}으로 '먼 데서 온 손님에게 베풀어서 돌려보내는 것'이 공식적인 견해였다. 이처럼 이양선과의 소통은 지방과 중앙정부 간의 견해를 좁히고 믿음을 주었다.

그렇지만 바닷가에 이양선이 출몰하면 그곳 주민에게 많은 고통이 뒤따랐다. 이국인에게 다양한 물품을 공급하려면 지역 수령은 물론 주민들도 노역에 시달려야만 했기 때문이다.

악티온호가 떠난 후 동래 지역엔 암행어사 심동진(沈東臣)이 파견되었다. 조사 결과 이양선 2척에 관한 문정으로 백여 냥의 경비가 지출되었지만, 모두 관에서 지급해 민폐가 없었다고 보고되었다. 이 때문에 동래부사 정헌교(鄭獻敎)는 청렴결백해서 귀감이 될 만하다는 장계가 있기도 했다.[주5)]

개항 직전인 1875년 영국 해군 측량선 실비아(Sylvia)호의 존(H.C. St. Jhon) 함장이 부산포를 찾았을 때 특이한 상황을 목격했다. 이 사실은 그의 『일본 항해록』 12장 '조선'에 담겼는데 "부산포에서 이방인에게 닭을 팔았다는 죄목으로 조선 주민이 태형을 받았다"는 내용이다.[주6)]

김윤보의 그림 '군수타곤장죄인(郡守打棍杖罪人)', 조선시대 형벌의 하나인 장형 장면을 표현한 풍속도이다. (한국민족문화대백과)

1871년 신미양요 이후 대원군은 전국에 척화비를 세우며 통상수교 거부정책을 한층 강하게 표방하였고, 동래부는 그의 심복인 정현덕이 변방을 수성하느라 고군분투하던 무렵이다. 그러므로 부산포 주민이 이양선 선원에게 닭을 팔았다면 태형이 당연했을 때이다.

오래전부터 성리학이 통치이념이던 조선은 나라를 다스리는 데 명나라 기본법전인 '대명률(大明律)'을 따랐다. 그래서 변경의 통행이나 통상 행위가 자유롭지 않았다. 특히 해안 지역인 동래부 부산은 해금정책 하에 해상 통제가 심해 교통, 무역, 어업이 제대로 이루어질 수 없었다. 특히 이양선과 몰래 내통하는 것은 엄벌 감이었다. 사사로이 국경 밖이나 바다로 나가 상행위를 한 사람은 장(杖) 100대의 벌을 받았다. 그러므로 닭 몇 마리 팔다 들킨 초량 주민의 엉덩이엔 닭 볏 같은 검붉은 태형 자국이 남았을 것이 분명하다.

주1) 『일성록』 철종 7년 7월 24일
주2) 프랑스의 주간 화보 『릴리스트라시옹』에는 '조선의 동해안, 조선항의 주민들(Habitants du havre Chosan, Cote est de Corée)'과 '프리게이트함 비르지니호의 조선항 입항(Entrée de la frégate La Virginie au havre Chosan, Corée)'이라는 2컷의 삽화가 실렸다.
주3) 『일성록』 철종 10년 11월 13일
주4) 본래 청(淸)에서는 외국선이 표착했을 때 지방관이 중앙 정부의 지시와 현지의 전래에 바탕을 두어 구조하고 보호해 왔으나, 통일된 국가 차원의 규정이 없었다. 이 때문에 건륭제가 1737년에 "모든 외국인 표착민을 불쌍히 여겨 위로하며 의식을 제공하고 배를 수리해서 귀국시키라"라는 명령을 내렸고, 이후 이것이 표착민 대응에 관한 통일적인 지침이 되어갔다. - 『바다에서 본 역사』 하네다 마사시(조영헌·정순일 옮김), 민음사, P331~332.
주5) 박천홍, 『악령이 출몰하던 조선의 바다』, 2008, 현실문화연구, P682~683.
주6) 김재승, 『근대한영해양교류사』 인제대학교 출판부, 1997, P37.

영도해변 화약 폭발 사고

부산앞이야기

1874년 3월 15일 자정 무렵, 부산항에는 비가 부슬부슬 내렸다. 그때 절영도(영도) 앞 해상에서 갑자기 불기둥이 솟으며 뇌성과 같은 폭발음이 울렸다. 그 소리가 엄청나서 용두산 주변 일본인 집에서는 시렁 위 물건이 굴러떨어지고 문이 세차게 여닫히는 바람에 문풍지가 찢어질 정도였다. 그날 밤 많은 사람이 폭발음에 놀라 마음을 졸이며 잠을 설쳤다. 날이 밝자 비가 그친 해변에는 배 한 척이 선수를 반쯤 드리운 채 침몰해 있었다. 그리고 인근 모래사장에는 지난밤 폭발사고로 희생된 시신을 부여안고 통곡하는 소리가 울려 퍼졌다.

개항을 불과 2년 앞두고 일어난 참담한 사고였다. 더구나 일본 메이지 정부는 1년 전부터 애초 대마도주가 관리하던 초량왜관을 직접 접

1903년경 항만배후부지 조성이 한창인 부산항. 영도는 매축 당시 부족한 토사를 공급했다. (부산세관박물관)

수해 관여하던 시점이었다. 그래서인지 일본은 이 사고의 진상을 알아내기 위해 아주 민감한 반응을 보였다. 선상 폭발이 화약 때문이라면 일본에서 건너온 것이 농후했고, 수출 금지 품목을 싣고 들어오려면 일본인의 협조가 필요했을 것이라 짐작했다. 그래서 초량관어학소(草梁館語學所)에서 조선말을 배우는 일본 학생을 현장으로 파견, 이 사건을 조사토록 했다.

현장에 다녀온 학생은 "화약은 일본에서 복영환(福榮丸)에 싣고 들어 왔으며, 비밀리에 야간 하역 작업을 하던 중 횃불이 화약에 닿아 대형 폭발을 일으켰다"고 보고했다. 그래서 배는 일순간에 침몰했고 인부 12명이 익사했다는 것이었다. 사상자 대부분이 작업 인부였고, 그중에는 일본어 역관 박사원도 끼어 있었다. 역관 최재수는 사고 뒤처리를 도맡았다.

이 소식을 들은 대원군의 심복 정현덕 동래부사도 맘이 편치 않았을 것이다. 이미 1년 전에 동래성에서 단독으로 대포를 주조, 어렵사리 구한 화약으로 발포 시험을 하다가 포신이 망가져 아수라장이 된 적이 있었기 때문이다. 변방의 군비 강화를 위해서 화약은 필수 품목이었다. 그래서 조선은 오래전부터 화약의 원료인 유황을 일본에서 비밀리에 사들였다.

1666년 삼도수군통제영이 있던 지금의 통영시(당시 거제현) 용초도에서 김 씨라는 이 섬의 주민이 유황을 가득 실은 밀수선을 발견했다. 신고를 받고 달려간 경상도 관찰사 군졸들이 밀수선에 탄 일본 선원들을 문정하자, 이들은 피봉사(皮奉事)와 임주부(林主簿)를 찾는다고 했다. 성(姓) 다음에 말단 관직명을 붙여 언급한 사람은 동래상인 피기문(皮起門)과 임지죽(林之竹)이었고, 이들은 오래전부터 유황 밀수에 종사하던 사람이었다. 조정에서 동래부사와 통제사에게 명령해 이 두 상인을 내세워 밀사무역(密使貿易)을 시켰던 것이다.[주1)] 특히, 변방과 관문을 지킨 동래부사는 화약 같은 군수품목에 관심을 두고 직속 부하인 역관이나 특수 관계인 상인들과 밀사무역을 위해 연을 맺고 있었다.

어쩌다 영도해변 화약 폭발 사고 같은 본의 아닌 사건·사고가 발생하면, 변방의 목민관이자 수령으로서 깊은 한숨을 내쉬어야 했을 것이다.

주1) 有倭人密載硫黃一船, 來泊於龍草島, 尋皮奉事, 林主簿, 慶尙監司任義伯以聞. 所謂皮奉事, 林主簿, 卽商人林之竹, 皮起門, 自前與倭人潛貿硫黃者也. 備局令東萊及統制使, 分付兩人, 密使交易, 而且請自今一切禁斷潛商, 申飭于東萊府使. 從之. 『현종실록』 현종 6년 7월 9일 계사(癸巳)

대원군의 척화비와 통상수교 거부정책

대원군 하면 연상되는 단어가 쇄국(鎖國)이다. 조선 곳곳에 세운 척화비(斥和碑)는 쇄국의 징표로 대원군을 더욱 옥죈다. 문제는 쇄국이란 용어가 우리말이 아닌 일본에서 생성된 조어(造語)란 점이다. 이 용어는 에도 시대의 난학자(蘭學者, 네덜란드 중심의 서양 학문 연구 학자)인 시즈키 타다오가 쓴 『쇄국론』에서 비롯되었다. 1690년 일본을 방문한 독일인 의사 엥겔베르트 캠퍼(Engelbert Kaempfer)가 쓴 『일본지(日本誌)』를 1933년에 네덜란드어로 출간할 때, 부록에 실린 「일본에서는 내국인 출국, 외국인의 입국을 금지하고, 또 이 나라는 세계 각국과의 교통을 금지하는데 지극히 당연한 이치이다」라는 긴 논문을 1800년경에 번역하면서 압축한 용어가 '쇄국'이었다. 이때는 번역본으로 출판되지 않아 '쇄국'이란 신조어가 빛을 보지 못했다. 본격적인 정착 시기는 메이지 시대인 1868년 이후다.

이 용어가 우리 역사에 접붙이기 된 것은 1912년 일본 동경대학 역사학 교수 하야시 다이수케(林泰輔)가 저술한 『조선통사(朝鮮通史)』에서였다. 그는 대원군의 집권 시기를 조선이 수십 년간 "쇄국의 성벽"을 쌓아 외부와 단절한 쇄국주의로 설명했다. 이후 대원군은 쇄국정책의 올가미에서 벗어날 수 없었다.

오래전부터 동북아 3국인 중국, 일본, 조선은 명나라 때의 해금정책(해외와 교

개항기인 1871년에 세운 흥선대원군(興宣大院君)의 척화비 (부산시지정기념물 제35호, 부산시 강서구 성북동 소재).
비석에는 "서양 오랑캐가 침범하는데 싸우지 아니하는 것은 화친하자는 것이요, 화친하자는 것은 나라를 팔아먹는 것이니 나의 자손만대에 깨우쳐 주리(洋夷侵犯 非戰則和 主和賣國 戒我 萬年子孫)"라고 적혔다.

류. 무역을 제한하는 정책)을 유지했다. 그중 일본은 1639년 포르투갈선의 입항 금지에서부터 쇄국을 대외정책으로 강경하게 표방했다. 그러나 조선은 외국 표류민에 관해서는 유원지의(柔遠之意) 정신으로 대했다. 하지만 19세기 중반 조선해역에 서세동점의 파고가 소용돌이쳤고, 병인양요를 계기로 대원군은 위정척사 사상에 의거 전국 곳곳에 척화비를 세웠다.

최근 들어 일본학자들은 에도 시대 데지마를 통한 서양 문호 개방을 이유로 '일본의 쇄국정책'에 대한 반론이 거세다.

우리도 국립국어원이 역사 용어를 순화하는 차원에서 쇄국정책을 '통상수교 거부 정책'으로 바꾸어 사용한 지 오래되었다.

우리나라에 현존하는 척화비는 33기이다. 부산 지역은 가덕도 천가초등학교와 기장 용암초등학교의 교정, 그리고 부산박물관(본래 부산진성에 있던 것을 용두산으로 옮겼다가 다시 현 위치로 옮김)에 3기가 있다.

영도해변 화약 폭발 사고가 있던 1874년 당시, 대원군의 최고 심복인 동래부사 정현덕은 척화비에 각인된 정신을 누구보다 엄격하게 지키며 부국강병에 역점을 둔 변방의 목민관으로서 소임을 다하려 노력했다.

변화의 바람, 문화 충돌을 빚다

무관세에 거덜 난 개항

강제 개항된 1876년에 온 나라는 심한 가뭄을 겪었다. 그해 6월에 고종이 직접 사직단에서 특별기우제를 지내기도 했다. 특히, 전라도는 병자년의 큰 가뭄과 그다음 해인 정축년의 콜레라 발생으로 마을에 사람의 그림자가 끊기고 들에 곡물이 사라질 지경이었다. '병자년 까마귀 빈 뒷간 들여다보듯 한다'는 속담이 그때의 고통을 고스란히 말해준다. 당시는 우리나라뿐만 아니라 중국, 인도, 러시아, 중남미까지 전 세계가 가뭄이라는 대재앙을 겪었다.

부산항은 이 흉흉한 시절에 본의 아닌 개항을 했다. 무역상들에게 부산항 개항은 가뭄의 단비였다. 더구나 무관세 개항이었으니, 일본 상인에게는 더욱더 좋은 기회였다.

개항을 전후해 중국과 일본 상인들이 조선에 많이 들여온 것은 영국산 기계섬유면제품인 옥양목(玉洋木)이었다. 카네킨(Canequine, 金

1876년 1월 15일 부산항에 입항한 구로다(黑田) 함대 (『신편 부산대관』)

巾)이라는 상품명으로 수입되었는데, 당시 사대부가 애용하던 박래품 중 하나였다. '옥양목'은 옥처럼 하얀 서양 옷감이라는 뜻이다.

영국은 아편 전쟁 승리 후 중국을 개항시켜 자국 상품을 아시아에 수출하는 교두보로 이용했다. 상하이는 면제품을 아시아 각지로 재수출하는 대표적인 중계무역항이었다.

1860~70년대 조선으로 면제품이 들어온 통로는 의주부(義州府)와 동래부(東萊府) 두 곳이었다. 의주부에는 1830년대 후반부터 서양의 면직물이 활발하게 유입되었다. 1814년 의주의 관세청(管稅廳)주1) 은 서양목 1필(疋)에 6전 2푼의 세금을 부과하였다. 이후 면직물 수입을 통한 상세(商稅)의 확대는 조선 정부의 주요 재정 수입원이었다. 그러나 부산항이 개항하자 증기선편으로 무관세 서양목이 대량 반입되어 조선의 재정 수입은 급격히 줄었고, 의주를 통한 육로 무역도 쇠퇴했다. 이때 의주부와 수세 형평성 문제가 대두되었고, 동래부의 수세 필요성이 나타났다.

한편, 일본도 주변국의 환경 변화에 민첩하게 대처했다. 1877년 나가사키와 부산 간 정기 직항로를 개설하고 상해에서 건너온 옥양목을 조선에 독점 중계무역 했다. 그리고 중국 상인들이 앞서 누렸던 무역 기득권을 서서히 빼앗아갔다. 1878년에는 일본 국립제일은행 부산지점까지 개설하면서 드디어 해운과 금융을 조선에 침투시켜 무관세 무역을 위한 체제를 공고히 했다. 이에 힘입어 1878년 조선에 수입된 영국제 면제품은 전 수입품의 76%에 달했고, 수출품은 쌀, 대두 등 곡물이 약 60%를 차지했다.^{주2)}

일본 상인들은 옥양목 중계무역으로 폭리를 취하고, 그 이익금으로 쌀과 콩을 대량 구매하여 자국으로 반출했다. 병자년 흉년의 아픔이 채 가시기도 전에 다량의 곡류가 반출되어 곡물 가격은 뛰고 품귀현상이 생겼다. 방곡령(防穀令)은 이에 대처한 지방관의 고민 결과였다. 외국산 면제품 유입으로 삼베, 모시를 생산하는 가내공업 기반마저 흔들리며 민심은 더욱 나빠졌다.

이 상황이 그대로 드러난 곳이 당시 조선의 유일한 개항장 부산항이었다. 선착장에는 일본 상인의 중계무역 상품인 면제품과 일본으로 실고 갈 쌀가마 등이 가득 쌓였다. 이대로 두면 조선이 망하는 것은 시간문제였다.

1878년 개항장 주변을 감찰한 경상좌도 암행어사 이만직(李萬稙)은 이 정황에 관해 별단(別單)^{주3)}을 올렸다. 의정부(議政府)에서 검토한 후 고종의 윤허를 받아 동래부사 윤치화(尹治和)에게 하달된 내용은 『세목책자(稅目

冊子)』^{주4)}와 수입품에 대한 수세(收稅) 조치였다.^{주5)}

일반적으로 관세의 납세 의무자는 수입자나 화주다. 그러나 조선은 조약에서 무관세를 인정했기 때문에 일본 상인에게 관세를 물릴 수 없었다. 부득이 1878년 9월 28일, 두모진의 판찰소(辨察所, 동구 수정초등학교 부근)에서 조선(동래) 상인이 일본 무역상에게 구매한 수출입 상품에 수세의 명목으로 15~30%를 과세했다. 그러자 일본 상인들은 매매가 이루어지지 않는다며 반발이 심했고, 뒤에는 200여 명이 동래부에까지 난입하여 소란을 피웠다. 그리고 수세를 간접적인 관세로 보고 세금을 받지 말 것을 강하게 요구했다.

이에 대해 동래부사가 쉽게 물러서지 않자, 일본은 최신예 군함 비예환(比叡丸)을 부산항에 보내 무력시위를 벌이면서 사건을 비화했다. 3개월 후 조선 조정은 수세를 중지했다.[주6) 이것이 두모진 수세 사건(豆毛鎭收稅事件)이다.

개항 때의 무관세 폐단에 대항해 수세로 대처했지만, 일본의 무력을 당해낼 수 없었다. 오히려 일본은 다음 해, 조선 땅에서 일본 화폐 통용과 해안 등대·부표 설치 등 피해 대

부산시 동구 부산진세무서 옆 쌈지공원에 설치한 두모진(해관)수세 사건기념비

상 요구 7건(被害代償要求七件)^주7)을 요구하며 원산, 인천의 개항을 압박했다. 이 사건을 계기로 일본 상인의 사기는 더 높아졌고, 부산항의 무관세 시대는 그들에게 호재로 작용했다.

주1) 1814년(순조 14) 의주 부윤 오한원(吳翰源)이 창설한 무역세 수납 담당 기관이다. 처음에는 의주 상인(灣商)의 책임하에 모세(帽稅), 포삼세(包蔘稅), 후시세(後市稅) 등의 무역품에 부과하는 상세(商稅)를 거두어 시행 시 필요한 공용(公用)을 담당하였으나, 19세기 중반 탈세 행위가 만연하며 재정이 크게 악화하자 1854년(철종 5) 「만부관세청구폐절목(灣府管稅廳捄弊節目)」을 반포하여 무역세를 철저히 거두기 위해 중앙 정부에서 임명한 감세관(監稅官)을 파견하였다. 여기서 거둔 무역세는 사역원 경비는 물론 정부의 경상비, 군비 증강 재원에 이르기까지 폭넓게 활용되었다. 오늘날의 관세청(關稅廳)은 관세의 부과, 감면, 징수와 수출입 물품의 통관 및 밀수 단속에 관한 사무를 관장하는 기획재정부의 외청으로 1970년에 설치하였다.(한국민족문화대백과)

주2) 김경태『한국근대경제사연구』창작과 비평사, 1994. P268.

주3)『승정원일기』고종 15년 7월 19일 정묘조(丁卯條)

주4) 수입품목에 대한 세율표(稅率表). 오늘날『관세율표』와 같은 성질로 보이며 현존하지 않는다.

주5)『고종실록』고종 15년 8월 10일 정해조(丁亥條)

주6)「日韓交涉略史」, 加藤增雄 編, 일본 외무성, 1894년(명치 27)
- 두모진의 과세 정지의 일(1878년 9월~1879년 1월)
  1878년 9월 조선 정부가 세관을 두모진에 설치하고, 화물세를 상민에게 가혹하게 부과하여 무역이 저해되었으며, 특히 부산의 무역이 부진하여 일본 상인들이 소연(騷然)하였으므로, 11월 18일 일본 정부는 하나(花房) 대리공사와 곤도(近藤) 관리관을 부산에 파견하여 이의 정지를 요구하며, 군사적 위협을 가하는 등 조선 정부의 과세 정지를 달성하게 하였다.

주7) 두모진 수세 사건에 따른 '피해 대상 요구 7건'은 ① 일본 화폐의 통용과 조선 화폐 주조 ② 조선인의 일본 선박을 고선(雇船)하여 화물의 국내 운송에 이용 ③ 조선인의 일본 왕래 허가 ④ 개시일에는 일본인의 행상도 용인 ⑤ 본초(本草), 광산, 지질 등의 학술연구를 위한 일본인의 조선 내지 통행 ⑥ 대구 개시에 일본인의 상행위 용인 ⑦ 해안에 등대·부표 설치 (부산세관, 『사진으로 보는 釜山稅關百年』, 태화출판사, 1984, P73.)

경상좌도 암행어사 이만직

 조선 시대 암행어사는 임금 직속 비밀감찰관이었다. 조선 중종 때부터 자그마치 600여 명의 암행어사가 배출되어 임지를 누볐다. 그 가운데 박문수는 암행어사의 꽃이었다. 이에 견줄 정도는 아니지만, 1878년에 경상좌도를 감찰했던 이만직(李萬稙)도 특출했다. 조선 시대 암행어사의 대명사가 박문수였다면, 개항 격변기 개항장 주변에는 이만직이 있었다고 할까?

 암행어사 이만직은 출몰연대를 알 수 없다. 그만큼 많은 부분이 베일에 가려진 인물이다. 그렇지만 『승정원일기(承政院日記)』와 『조선왕조실록』의 암행보고서인 서계(書啓)와 부속 문서인 별단(別單)을 통해 그의 활동을 가늠할 수 있다.

그는 고종 7년(1870)에 공조참의(工曹參議), 그 이듬해에 동부승지(同副承旨), 고종 12년(1875)에 영광군수, 고종 14년(1877)에 다시 동부승지가 되었다. 이어서 고종 15년(1878)에는 경상좌도 암행어사로 조선의 유일한 해상 관문인 동래부 일원을 비롯해 영남 지역을 감찰했다.

특히 부산항은 개항 2년째라 분위기가 어수선했다. 가뭄으로 곡물 가격이 치솟고, 영국산 면직물이 무관세로 들어와서 삼베와 모시를 생산하는 가내공업이 어려워졌다. 그뿐 아니라, 중계무역으로 폭리를 취한 일본 상인들은 조선 곡물 등을 사 밀반출하기에 급급했다. 이러한 조선의 개항장 주변 분위기를 제대로 파악하고 민심을 수습하는 일이 그에게는 무엇보다 중요했을 것이다.

그는 임지로 내려와 먼저 경상좌도 내 비리 관리들을 찾아 규찰했다. 서계에 경상 좌수사 양주화, 밀양 부사 원세철 등 15명에 이르는 전·현직 탐관오리의 죄목을 적어 올렸고, 창녕 현감 등 4명에게는 은전을 베풀 것을 보고했다. 별단을 통해서는 나라 정사 가운데 가장 중요한, 이 지역 환곡(還穀)·조창(漕倉)·전정(田政)에 관한 폐단을

암행어사 이만직 영세불망비 (부산 금정구 향토문화재 제8호). 현재 금정구 선두구동 하정마을 도로변에 있다.

지적하였다. 특히 무관세로 인한 폐단을 지적하면서 '화물이 출입하는 곳에 세액을 정할 것'을 건의했다. 또, 두모포 선창(船艙)에 판찰소 관사를 짓고 있으나 공사비가 없어 중단된 것을 보고 관찰사가 철저한 공사 감독으로 조속히 마무리하도록 조치하기도 했다.

이후 이러한 조치 건의에 따라 『세목책자』가 조정에서 내려와 판찰소 내에서 수세를 받는 행정 조치가 실행됨으로써 개항 시 놓친 통상 자주권에 대해 경종을 울리는 계기가 되었다.

지금까지 부산 인근에 전해지는 암행어사 이만직의 흔적 두 가지가 있다. 우선 '수의상국이공만직영세불망비(繡衣相國李公萬稙永世不忘碑)'는 그가 동래부 내륙 관문인 소산역의 실정을 보고 민생복지를 위한 기금을 조성해준 데 대해 이 역(驛)의 감관(監官)과 색리(色吏)가 감사의 뜻으로 세

통도사 내 청류동천의 이름바위에 새겨진 이만직의 이름

운 송덕비다. 두 번째는 본인이 남긴 것으로, 현재 통도사 청류동천(靑流洞天)의 이름바위에 새긴 이름 석 자. 그도 시대의 유행을 외면하지 않고 지역 유지들이 통도사와 같은 명소를 찾을 때면 바위에 이름을 새기는 것을 놓치지 않고 따랐다. 그리고 곁에 한산(韓山) 이 씨 선대인 목은(牧隱) 이색(李穡)의 이름을 새겨 은근히 그의 후손임을 내비치기도 했다.

개항장의 불청객 콜레라

부산 앞 이야기

19세기 초 콜레라는 인류에게 공포와 시련을 안겨준 가장 무서운 괴질이었다. 1817년 인도 서북부 갠지스강 유역의 콜카타(Kolkata)에서 최초로 발생했는데, 당시 이곳은 국제무역의 중심 항구였다. 그래서 이곳을 드나드는 무역선이 세계 각국으로 전염병을 확산했다. 관문은 사람, 화물뿐만 아니라 전염병까지 드나드는 통로였다.

1821년 우리나라 최초로 발생한 콜레라는 중국에서 들어왔다. 당시 육로 관문을 거쳐 전파된 이 정체불명의 질병으로 수십만 명이 목숨을 잃었다. 다음 해 이 괴질은 해상 관문인 동래부 초량왜관을 거쳐 일본으로 옮겨갔을 것으로 추정하기도 한다.

1883년 로베르트 코흐(Robert Koch)의 콜레라균 발견으로 예방접종이 시작되었지만, 아직 치사율은 50%에 달했다. 그래서 초창기에 괴질이나 역병을 피하는 최고의 방법은 삼십육계 줄행랑이었다.

1850년대 프랑스에 콜레라가 창궐하자 화가 밀레(Jean-Francois Millet)는 가족을 이끌고 바르비종이란 농촌으로 피난한다. 그리고 이곳에 그대로 눌러앉아 농부의 일상사를 화폭에 담았다. 그의 대표작인 '이삭줍기'와 '만종'이 이렇게 탄생했다. 이쯤 되면, 밀레의 명작들은 콜레라 덕을 톡톡히 본 셈이다.

1890년 여름, 부산항에도 일본 선원에 의한 대규모 콜레라가 발생했다. 입항 선박의 검역이 강화되고, 교통이 끊겼으며, 학교까지 임시휴교했다.

분위기가 심상치 않자 당시 부산해관장 헌트는 가족과 원산으로 피난했다. 원산해관장 관사에서 며칠을 묵었을 때, 콜레라는 어느새 원산까지 따라왔다.

원산해관장은 개울에서 염(殮)을 위해 콜레라로 죽은 사람을 목욕시키는 조선 사람을 보았다. 며칠 후, 이 개울에서 일본인 여성이 채소를 씻었고, 곧 그녀의 남편이 콜레라로 죽었다. 원산해관장에게 이 이야기를 전해 들은

1907년경 작자 미상의 원산항 그림 (규장각)

헌트 해관장은 위협을 느껴 북쪽의 원산항으로 피난했지만, 보건위생이 낙후한 이곳도 콜레라 앞에 속수무책이었다.

개항은 국제간의 뱃길을 트는 일이다. 부산항은 개항 첫해부터 콜레라가 발생해 전염병 통로로 주목받았다. 앞서 개항한 일본 역시 해외로부터 전염병 침입이 잦았다.

인명 피해가 큰 콜레라 발생으로 조정에서는 해항검역(海港檢疫)의 필요성을 느끼지만, 개항 초기에는 현장에서 통제할 기관이 없었다. 1883년 개항장에 해관이 들어서고, 1885년 앨런(Horace Newton Allen)을 검역 의사로 발탁했다. 하지만 혼자 인천항을 제외한 부산항·원산항까지 넓은 지역을 담당하는 것은 무리였다.

급성 전염병을 옮길 우려가 있는 외항선 입항을 허락하지 않는 온역장정(瘟疫章程)도 개항 후 10년이 지난 1886년 5월 20일에 제정되었다. 그나마 부산은 1877년에 일본인 전관거류지역 내에 재생의원이 설치, 운영되었다.

관립 제생의원 (『부산의 가각금석(釜山の 街角今昔)』)

1879년 부산항에 다시 콜레라가 발생했을 때, 개항 후 최초로 전염병 전문 격리 치료기관인 피병원(避病院)이 지금의 영도에 생겼다. 피병원은 전염병이 사라지면 일시 폐쇄되었다가,

발생하면 설치되곤 했다.

콜레라는 대략 10년 주기로 창궐했는데, 1886년에도 부산항을 찾았다. 일본 상인 사이에도 거래가 없을 정도로 상황이 나빴다. 이에 답답해하던 일본 무역상은 동래부사의 승인도 없이 영도에 임시창고를 설치하고 무역 거래를 하다가 조선 관헌에 적발되어 철거되었다.

1892년 영도에 설치한 가무역장. 지금의 한진중공업 수리조선소 부근이다. (부산세관박물관)

당시 부산항 감리서에서 근무한 민건호는 콜레라에 대처하는 관문의 모습을 그의 일기 『해은일록』에 기록했다.

1885년 5월 2일 자 일기에는 "일본 조계에 이르니, 질병을 물리치기 위해 해관에 들어오는 사람에게 물약을 뿌리는데 관원에 이르기까지 굳게 잡아서 한없이 힐난하며 온몸에 약을 뿌렸다. 법과 규율이 멀어 미치지 못하여 서로 항거하기 어렵다는 생각을 하니 자신도 모르게 개탄스럽다"고 했다. 5월 30일 자는 "일본인이 인도하여 서관 2곳의 검역소에 도착했다. 잠시 빙표(憑票)를 검사하였다. 또 남관 소독소(消毒所)에 도착하자 해관의 해수탕에서 목욕한 후에 용무를 보았다"고 하면서 일본이 전염병 감염을 막느라 조선인의 출입을 심하게 통제해서 불편해하는 사람이 많았다고도 썼다. 하지만 특효약이 없는 괴질 앞에 누구나 두려움에 떨 수밖에 없었다.

개항기 서양인이 본 부산

기록상 부산항에 서양인이 첫발을 내디딘 것은 1797년 10월 15일 정오 무렵 입항한 영국 해군 탐사선 프로비던스호의 부속선 프린스 윌리엄 헨리호의 승무원인 듯하다.

약 80년 후인 1876년 부산항이 개항했으나 그동안 서구인의 발길은 뜸했다. 본격적으로 발길이 잦아진 것은 1883년 세관이 문을 열고부터다. 부산해관의 고용 해관원, 선교사, 그리고 여행자들이 하나둘 미지의 조선, 부산을 찾아든다.

1883년 6월에 영국인 넬슨 로바트(William Nelson Lovatt)는 묄렌도르프의 전보를 받고 초대 부산해관장으로 부임한다. 그는 부산에서 조선 기관의 공식 직함을 가진 최초의 서양인이다. 다음 해인 1884년 늦여름, 미국에 있던 부인과 딸이 태평양을 건너 일본 나가사키에서 미쓰비시 소속 증기선 쓰루가마루(敦賀丸)를 타고 부산에 왔다. 로바트 해관장 가족은

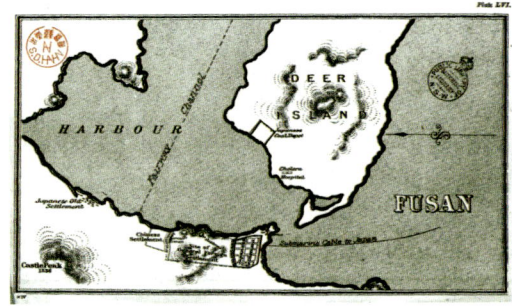

1894년 부산항 지도 (한수당자연환경연구원)
* 1895년 호주 브리즈번(Brisbane)에서 발행한 "Report of the Sixth Meeting of the Australian Association for the Advancement of Science, held at Brisbane, Queensland, January 1895"의 Gardner 발표문에 수록

부산에 거주한 최초의 서양인 가정이었다.[주1) 이어 의료 선교사 앨런이 상해에서 영국 기선 남승호를 타고 일본 나가사키를 거쳐 9월 17일 부산항에 내렸다. 다음 해인 1885년에는 아펜젤러(Henry Gerhard Appenzeller)와 언더우드(Horace Grant Underwood) 선교사도 서울로 가기 위해 부산항에 도착했다. 이들은 타고 온 증기선과 함께 하루 혹은 몇 시간을 부산항에 머물다가 목적지인 서울로 가기 위해 중간 기착지인 인천으로 향했다. 당시 조선의 대부분 기선 항로가 일본 나가사키에서 부산항을 거쳐 인천항으로 오갔기에 부산은 외국인의 첫 입항지였다. 그래서 '부산항은 조선의 관문, 인천항은 서울의 관문'이라는 말이 생겼을지도 모른다.

개항기에 배를 타고 들어온 서양인에게 부산항의 첫인상은 우호적이지 않았다. 헐벗은 산야가 무겁게 다가섰을 것이다. 하지만 멀리 언덕 곳곳에서 움직이는 하얀 점들이 무엇인지 궁금해했고, 그것이 흰옷을 입은 원주민이었다고 쓴 기록도 있다.[주2)

일본인의 전관거류지역, 외국인이 거주하는 초량, 원주민이 사는 전통마을을 비교한 여행기도 흥미롭다. 영국 외교관 칼스(William Richard Carles)는 1883년 11월부터 1885년 6월까지 조선을 여행하고 1889년에 『코리아에서의 생활』이란 책을 출판하는데, 여기에 '두 가지 모습의 부산'을 구분하여 소개했다. "부산은 순전히 일본인의 도시가 됐고, 그곳에 거주하는 조선인은 없었다. 조선인의 집은 초라하고 일본인의 집은 매력적이다"라며 일본인 전관거류지역과 초량 북쪽의 누추한 조선인 초가 마을을 비교했다.

부산을 두 개의 시선으로 바라본 사례는 그 후 부산을 찾은 많은 서양인에서 찾아볼 수 있다. 1883년 조선사절단을 미국에 안내했던 미국 과학자 로웰, 1884년 앨런, 1885년 아펜젤러와 언더우드 같은 미국 선교사도 부산의 첫인상을 유사하게 기록했다.

1894년 조선을 찾은 영국의 지리학자이자 여행가인 이사벨라 비숍(Isabella Bird Bishop)의 기록도 흥미롭다. 그녀는 일본 나가사키 항에서 일본우선 소속의 증기선 히고마루(日向丸)를 타고 15시간 걸려 대마도를 거쳐 부산항에 입항했다. 그녀에게 부산의 첫인상은 "조선이 아니라 일본"이었다. 당시 부산은 5,508명의 일본인이 거주하고, 8,000여 명의 일본 어부가 오가는 왜색도시(倭色都市)였다. 그녀는 그들이 사는 일본인 전관거류지역은 깨끗하고 아름다웠지만, 조선인 마을은 좁은 거리와 초라한 오두막집들로 비참해 보였다고 했다. 하지만 처음으로 마주친 한국인의 인상은 참신했으며, 중국인이나 일본인과 닮지 않았고, 체격이 크고 훨씬 잘 생겼다고 서술했다. 그리고 부산은 얼지 않는 항구로, 서울-부산 철도가 놓이면 상업의 중심이 되리라 전망하기도 했다.^{주3)}

이와는 달리 부산을 네 가지 시선으로 세분해서 본 서양인은 프랑스 여행가이자 지리학자인 샤를 루이 바라(Charles Louis Varat)였다. 그는 1888~1889년 최초로 한반도를 횡단한 여행가로, 저서 『조선 종단기』에서 "이 도시는 네 개의 구역으로 뚜렷이 구분되며, 네 개의 부산이 한데 모여 있다"라고 부산을 소개한다. 네 개의 구역은 용두산을 중심으로 한 '일본인 전관거류지', 전통적인 양반 문화 마을인 '동래', 해관 직원이나 선교사가 거주하던 '복병산과 영선산 부근의 유럽인 거주지', 토착 주민의 해변 마을 자성대 주변 '부산포'이다. 여기에 지금의 초량동에 있던 '청국 조계지'까지 포함하면 부산에는 다섯 가지 모습이 공존했다.

19세기 말 개항장 부산항은 다양한 민족의 문화와 세력이 공존하며 새로운 변화를 모색하고 있었다.

주1) 김재승, 「부산에 거주한 최초의 서양인 가족」, 『시민시대』(2004년 4월호) P69~76.
주2) A. H. Savage-Landor, 『고요한 아침의 나라 조선』(신복룡·장우영 역주), 집문당, 한 말 외국인의 기록, 1999, P19.
주3) 이사벨라 버드 비숍 『한국과 그 이웃 나라들』 이인화 옮김, 살림, 2014.

Fusan, Pusan, Busan

언어는 약속이며 시간의 흐름과 함께 변한다. 개항을 전후해 대외적으로 알려진 부산항의 명칭은 완전히 달랐다. 개항 전인 1797년 프로비던스호의 부속선을 몰고 온 영국 해군의 브로턴 함장은 '조선항', 1859년 부산포에 온 영국의 존 워드 함장은 항만 일대를 탐사한 후 완성한 해도에 '초량해(Tsau-Liang-Hai)'라는 명칭을 썼다. 1876년 개항 후 이곳의 지명은 부산이었고, 세월 따라 영자 표기만 달랐다.

개항 초기 영자 이름은 Fusan이었다. 일본인은 'ㅂ'과 'ㅍ' 발음이 힘들어 부(釜)가 'ふ'로 소리 나고 일본어 헵번식 로마자 표기법에서 'ふ'는 'Fu'로 표기한다. 그래서 부산의 일본인 전관거류지역은 Fusan이었다.

1900년대 부산에 거주한 사보담 목사의 부인 에피가 남긴 그림책에 흥미로운 사실이 나타난다. 당시 조선 사람이 사는 자성대 주변 전통마을을 'Old Fu-san'이라 표시한 것이다.

묄렌도르프와 알렌의 일기, 1887년 '부산항 항계도', '부산해관연보' 등 당시 모든 공식 서류에 부산은 Fusan으로 표기되었다. 이것은 일제강점기까지 이어졌다.

Pusan은 일제강점기인 1937년에 생긴 매큔-라이샤워 표기법(McCune-Reis-

chauer(MR) 표기법, 한글 로마자 표기법)에 따라 부산을 표기한 것이다.

지명 표기의 변화로 볼 때, 태평양 전쟁은 Fusan과 Pusan의 대결이었다. 해방 이후 Fusan이 사라진 곳에 Pusan이 자리 잡았기 때문이다. 미 군사 지도에 Pusan으로 표기되었고, 6·25 전쟁 시 피란수도는 Pusan으로 세계에 널리 알려졌다.

Pusan 표기와 관련하여 흥미로운 것은 1668년 출판된 『하멜 표류기』이다. 이 책 부록에 로마자로 표기된 조선의 여러 지명이 나오는데, 부산을 Pousan으로 유사하게 기록했다. 하멜이 조선에 13년간 억류되면서 조선의 지리에 관심을 가졌던 흔적인데, 어쩌면 부산을 로마자로 표기한 최초의 기록이 아닐까 생각한다.

현재 사용하는 Busan은 정부 수립 이후 한글 로마자 표기법에 의거 등장했는데, 1984년 문교부에서 MR법과 비슷한 표음식 Pusan을 공식 표기로 인정해 혼란이 가중되기도 했다. 1960년대부터 2000년까지는 Pusan과 Busan의 혼용 시대였다. 2000년 문화관광부에서 인터넷과 정보화 시대에 맞추어 공식 인정한 영문명이 현재의 Busan이다.

부산을 표기한 로마자 표기법의 변화에서 토착 세력과 침입 세력 사이의 문화 충돌, 영향력을 행사한 국가의 국력 등을 유추할 수 있다.

'Japanese Style Fusan, American style Pusan, Korean style Busan'이랄까?

부산항 전경 (김수진 사진)

선상의 우연한 만남

　부산 광복동 입구에서 자갈치 방향으로 조금 가면 도심의 작은 쌈지공원을 만난다. 이 공원 한가운데 색다른 기념비가 있다. "기독교 선교사 이곳에 첫발을 딛다"란 표제 아래 세 사람의 외국인 얼굴을 새겼는데, 이들은 우리나라 근대화에 큰 영향을 끼친 선교사 앨런, 언더우드, 아펜젤러이다. 기념비는 2013년 봄에 부산기독교총연합이 주관하고 부산 중구청의 협조로 세워졌다.
　왜 이곳에 이들의 기념비를 세웠을까? 1884, 1885년에 걸쳐 이 선교사들이 배로 조선에 올 때 첫 기착지가 부산이었다. 당시 선착장은 지금의 부산데파트 자리였지만, 현실적으로 그곳에 기념비를 설치하는 데 어려움이 있어 가까운 쌈지공원에 세운 것이다.

이들 중 제일 먼저 부산에 온 사람이 앨런이다. 의료 선교사 앨런은 1884년 9월 중순 남승호(南陞號, 660톤급)로 중국 상하이에서 출발해 일본

1880년대 말 부산해관 앞 선착장. 뒤에 보이는 산이 용두산 (부산세관박물관)

나가사키를 거쳐 9월 17일 부산항에 도착했다. 이 기선은 우리나라가 조운과 화물 운송을 위해 영국계 무역상사인 이화양행(怡和洋行)에 월 2회 정도 상하이에서 나가사키, 부산, 인천 간 국제항로를 운항토록 임차한 선박이었다. 당시 나가사키는 일본의 대표적인 중계무역항으로 부산을 오가는 선박이 많았다. 특히 대한해협을 건널 때 거센 바람과 파도에 시달렸다. 그래서 이곳에서 폭풍을 만나면 일단 대마도로 피항했다가 부산으로 건너오곤 했다.

미국 공사관부 의사로 미지의 나라 조선을 찾은 앨런도 나가사키와 부산의 중간쯤에서 태풍을 만났다.『앨런의 일기』에 자신은 처음부터 심하게 뱃멀미를 앓았고, 작은 선박들이 태풍에 휩쓸려 유실되었다고 썼다. 이런 상황에도 남승호는 대마도를 거치지 않고 곧바로 부산항에 입항한 듯하다. 앨런은 남승호는 무사하다고 적었다. 하지만 앨런을 비롯하여 많은 승객이 뱃멀미에 시달렸음이 분명하다. 남승호는 그날 저

녁 인천으로 출항하지 않고 부산항에서 하루를 묵었다.

부산에 상륙한 앨런은 일본영사관 건물을 바라보며 왜색의 도시 'FUSAN'을 거닐었다. 그리고 부산해관장 넬슨 로바트(William Nelson Lovatt, 魯富)를 비롯한 외국인 해관원과 만나기도 했지만 그의 머릿속에는 두 달 전에 출산한 아내 걱정이 떠나지 않았다. 태풍으로 고생한 테라 가족이 더욱더 그리웠을 것이다. 그의 일기에 "부산은 이미 북로전선(北路電線)과 연결되어 있다"라고 쓴 것을 보면, 일본인 전신국에서 아내에게 안부 전보를 보냈으리라 추측된다. 일본은 1884년 2월에 벌써 부산까지 해저 전선을 설치하고 전관거류지역 내 자국민과 통신했다.

『앨런의 일기』에는 없지만, 그가 남승호에서 만난 것은 태풍만이 아니었다. 한 명의 조선 청년과 만났다. 우리 근대사에서 보기 드문 업적을 이룬 기장 출신의 이하영(李夏榮)이란 인물이다.

1858년생으로 앨런과 동갑내기인 그는 처음에 동래시장에서 찹쌀떡을 팔다가 뒤에는 일본인의 점포에서 일하면서 일본어와 상술을 배웠다. 어느 정도 장사 밑천이 마련되자 1883년 거상이 되겠다는 포부를 안고 일본에 건너갔다. 하지만 나가사키에 여장을 푼 나흘 만에 평양 출신 동업자가 밑천을 몽땅 들고 도망쳐서 빈털터리가 되었다.

상심에 젖어 헤매던 그는 결국 남승호에 몸을 싣고 귀국하는데, 태풍 속 남승호 선상에서 운명처럼 앨런을 만난다. 여기서 앨런이 이하영을 자신의 조리사로 채용하면서 둘의 인연이 시작된다. 이하영은 앨런에게 영어를 배웠고, 반대로 조선어 통역비서 역할을 했다.

앨런이 서울에 도착하고 석 달 후에 갑신정변이 일어났다. 이때 앨런은 상처를 입은 명성황후의 조카 민영익의 생명을 구하여 곧 왕실 의사와 고종의 정치고문이 된다. 앨런의 승승장구는 이하영의 인생에도 천군만마(千軍萬馬)였다. 양반도 과거급제자도 아닌 그가 영어 통역 능력 하나만으로 1886년에 외아문주사가 되고, 고종의 통역관이 된다. 이 모든 것이 태풍 속 선상에서 만난 인연에서 시작되었다.

그뿐 아니었다. 1887년 9월 앨런이 미국 전권대사 박정양(朴定陽)의 수행원으로 미국에 갔을 때, 이하영도 주미공사 대리로 함께 갔다. 점차 영어 실력도 늘어 미국인과 소통에 어려움이 없었고, 파티에서 '상투댄디'라는 별명으로 불리며 금발 미녀들의 관심을 모았다. 이후에도 이하영의 일취월장은 계속되었다.

찹쌀떡 장수가 훗날 외무와 법무 대신(지금의 장관급)까지 올랐으니, 이를 두고 어찌 '인간만사 새옹지마'라 하지 않겠는가.

부산항 매립의 선구자

제3대 부산해관장 헌트는 1888년 7월부터 1898년 2월까지 10년간 재임한 부산항의 터줏대감이었다. 낯설고 덜 문명화한 조선에서 생활하며 어려움도 많았겠지만, 그는 남달랐다. 청나라에서 해관원으로 근무할 때부터 이익세라는 조선 사람에게 조선말을 배우기 시작해, 부산에 와서도 가정교사를 두고 어학 공부를 계속했다. 그의 조선말 실력은 현지인과 거리를 좁히고, 부산을 찾은 외국인을 안내하는 데도 큰 도움이 되었다.

우리말로 하문덕(何文德)이라 불린 그는 1850년 6월 영국 말버러에서 태어났다. 아편 전쟁 이후 청나라는 해관 업무에 유럽인을 대대적으로 초빙했는데, 그 일원으로 중국 땅을 밟았다.

1882년 미국과 수호통상조약을 체결한 우리나라는 다음 해 해관을 설치하면서 청나라 해관에 근무하던 유럽인을 초빙해 우리의 해관 업무를 맡겼다.

1885년 10월 4일 미국인 매릴(Henry F. Merill)이 묄렌도르프에 이어 제2대 조선해관 총세무사(總稅務司, 지금의 관세청장)로 임명되자, 헌트는 그를 따라 청나라 해관 감시선을 타고 제물포로 입국했다.

매릴의 수석비서 겸 재무 담당이던 헌트는 총세무사의 업무를 대리할 정도로 매릴에게 신임받았고, 조선해관의 실태도 잘 알았다. 그리고 조선해관의 총세무사가 되리라는 꿈이 있었다. 조선에 애착이 컸던 헌트는 2년여의 비서직을 마치고 부산해관장으로 발령받았다.

그러나 임지에 와보니 개항 10여 년이 지난 부산항은 항만시설이 열

1890년대 부산해관 청사 앞에서 전 직원 기념 촬영 (국사편찬위원회)

악했다. 특히 하역시설 미비와 화물 장치 공간 부족은 개항장을 운영하는 데 큰 애로점이었다.

그는 용미산 기슭(현 부산데파트 부근)을 깎아 주변 바다를 메우는 해관 부지 조성사업부터 시도했다. 조선 조정은 외국인이 우리 국토를 마음대로 형질 변경하고 매립하는 데는 비협조적이었다. 그러나 그는 물러서지 않았고, 조정을 설득해 매립허가와 함께 1,000냥(兩)의 공사비를 받아 다음 해인 1889년에 해관 부지 조성사업을 준공했다. 이것이 부산항 최초의 매립공사였다. 추가로 공사비 2,546냥을 지원받아 이곳에 보세창고와 해관 부속 건물도 지었다.^{주1)}

이후로 조선 조정과 밀접한 관계를 유지하던 그는, 일본이 해관장 관사가 있는 복병산 일대를 사들이려는 계획을 조정에 알려서 그 땅이 일본인에게 넘어가는 것을 막기도 했다.^{주2)}

그는 부산해관장이란 직책에 걸맞게 조선인의 의견을 수렴하고 이익을 대변하려 노력했다. 하지만, 영국 국경일에는 어김없이 휴무했

1903년 부산시가 및 부근 지도 부분. 해관부지조성 공사로 선창 일대가 변했다.

1896년경 부산해관과 물양장. 현재 중구 부산데파트 부근 (부산세관박물관)

을 만큼 그의 가슴 속에는 조국 영국이 항상 숨 쉬고 있었다. 1894년 영국 여행가 비숍이 그의 여행기에 부산항의 무역 실태를 설명하며 "조선의 대표적 개항장을 헌트 부산해관장 같은 성실한 사람이 지키는 것만으로도 영국의 통상을 위해 호의적이며 중요하다."고 높이 평가했다.

헌트는 1897년 부산 주재 영국 부영사까지 역임했다. 마침 그해는 빅토리아 여왕의 즉위 60주년이었고, 이틀(6월 20, 21일)간의 기념 축하 행사를 열었다. 첫째 날은 해관장 관사에 부산 지역의 유지와 외국인을 초대해 가든파티를 했고, 둘째 날은 외국인만 참가한 요트대회를 했다. 특히, 가든파티에서 선보인 해관장 부인의 피아노 연주는 땅거미 내려앉은 복병산 자락을 아름다운 선율에 잠기게 했다고 한다.

이렇게 분주한 나날을 보내며 총세무사의 꿈을 키웠던 헌트 해관장에게 청천벽력 같은 일이 벌어졌다. 외동딸이 관사의 정원사인 조선 청년과 눈이 맞아 불륜을 저질렀다. 충격을 받은 해관장은 곧 사표를 내고, 1898년 2월 19일 아내와 외동딸을 데리고 부산항을 떠났다.[주3)]

주1) 『港都釜山』 제2호, 김용욱 「부산축항지」 1963, 부산광역시사편찬위원회
주2) 카르네프 외 『내가 본 조선, 조선인』 A. 이르계바예브·김정화 옮김, 가야넷, 2003, P16.
주3) 청나라 해관에 복귀한 헌트는 곧 한커우(漢口)해관, 우저우(梧州)해관 등에서 근무하다 1900년 6월, 1년 10개월의 장기휴가를 얻어 영국으로 돌아갔다. 그러나 1903년 9월 휴가 기간이 지나도 귀임하지 않자, 그해 11월 13일 자로 사직 처리되어 28년간의 청나라해관 생활을 마감했다. 54세에 퇴임한 정확한 사유는 알 수 없으나, 그의 아내가 난치병을 앓아 그 치료를 위해 영국행을 선택한 것으로 보인다. 결국, 그의 아내 애니(Annie Loomis Hunt)는 장기간 투병 끝에 1909년 6월 14일 53세로 삶을 마감하고 평소 다니던 교회(All Saints' Church) 묘지에 묻혔다. 이와 달리 헌트는 100세까지 장수하다 1949년 3월에 세상을 떠나 사랑하던 아내 곁에 묻혔다.(『개항과 함께한 구한말 해관 직원들』 관세청, 2017, P197~200.)

해관원 사냥개 실종사건

19세기 말 부산해관원이던 덴마크인 린홀름(K. H. Von Lindholm, 林德厚) 보좌관이 애지중지 키우던 사냥개 두 마리가 실종되어 부산항이 한동안 시끌시끌했다.[주1] 린홀름은 1888년 9월 청나라 해관에 입사하여 근무하다가, 1893년 11월 1일 부산해관원으로 고용되었다. 그가 조선에 온 지 6개월쯤 되었을 때, 적적한 마음을 달래려 덴마크에서 순종 사냥개 아이리시 세터(Irish setter) 적갈색 한 쌍을 분양받았다.

덴마크 마을 사냥개 전시 대회에서 수상할 정도로 훈련이 아주 잘 된 사냥개였다. 그래서인지 부산에 와서도 질병 한 번 걸리지 않고 현지 적응에도 뛰어나 주인과 함께 사냥하면서 지난겨울을 즐겁게 보낸 참이었다.

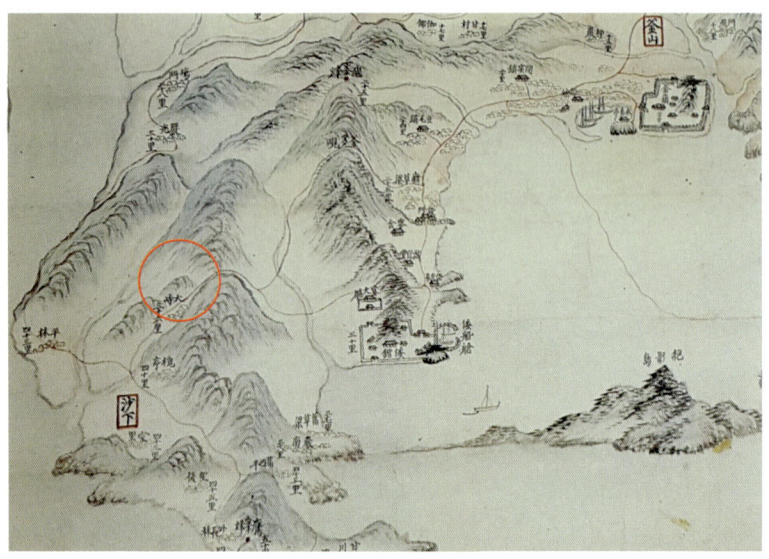

19세기 말 동래부산고지도 속의 부산포 부분, 원 내는 대치마을 (국립중앙도서관)

그런데 봄기운을 실은 바닷바람이 새띠벌(초량의 옛 이름)을 에워싼 1895년 3월 30일 정오 무렵, 잠시 풀어둔 개가 실종되었다. 이국땅에서 가족처럼 생활하던 애견이 돌아오지 않자 린홀름은 하던 일을 멈추고 개를 찾아 나섰다. 밤새 헤매다 드디어 새벽 동이 틀 무렵, 부산항에서 멀지 않은 산촌에서 사냥개의 흔적을 발견했다.

그의 보고서에는 이렇게 적혀 있었다.

"대치마을과 괴정마을 주민이 신나게 본인의 개들을 도살하여 잡아먹었음을 알게 되었다."

3월 하순은 보릿고개가 한창일 때고, 산골 마을도 예외는 아니었다.

그리고 이들이 사냥개를 잡아먹은 이유가 보릿고개의 굶주림이었는지, 모양이 다른 외국 개에 관한 호기심이었는지는 알 수 없다. 다만, 외국인의 눈에 너무나 황당한 일이었을 것임은 쉽게 짐작할 수 있다. '대치마을'은 지금의 대티고개 부근이고 '괴정마을'은 대티고개 아래로, 두 마을은 지척에 있었다.

린홀름 해관원은 슬픔보다 이 억울함을 누군가에게 하소연해야만 했다. 그래서 당시 개항장 부산항에서 사법경찰권을 가진 부산항 감리서를 찾아갔다.

그는 자초지종을 이야기하고, 개를 잡아먹은 마을 주민에게 마리당 150달러씩 모두 300달러의 금전적 배상을 요구했다. 감리서 직원은 마을 사람들을 기꺼이 처벌할 용의는 있지만, 금전적 보상에는 어려움이 많다고 실토했다.

그러자 린홀름 보좌관은 "조사 결과 만약 그들이 금전 배상의 능력이 없다면 흠씬 두들겨 패주었으면 좋겠다."며 울분을 삭이지 못했다. 이 말은 곤장(棍杖)을 쳐달라는 뜻이었다. 그날 오후 냉정함을 되찾은 린홀름 보좌관은 이 사건의 원만한 해결을 위해 해관 동료, 지역 유지 등으로부터 조언을 들었다.

다음날 부산항 감리서를 다시 찾은 린홀름은 주변의 조언을 참고하여 본래 요구한대로 피해 배상액 300달러를 요청했다. 그리고 가난한 주민들에게 배상금을 받으면 부산의 조선인을 위한 미국 병원과 보육원에 기증하겠다고 했다. 또, 주민의 형편을 생각해 50달러 정도는 깎아 줄 수 있으나 범인에게 내리는 태형에는 관심이 없고, 이들에게 수백 푼의 벌금 처분도 수용할 수 없음을 강하게 주장하기도 했다.

그러나 부산항 감리서는 이에 대한 적절한 대책을 내놓지 못했다. 결국, 린홀름 보좌관은 부산해관의 상부 관청인 서울의 총세무사(지금의 관세청장) 앞으로 피해배상 요청 관련 공문을 띄우며 조선 정부를 상대로 배상을 요구한다. 1년 반 동안 조선 정부 공직자의 한 사람으로 봉직했으므로 조선국이 현재 본인이 입은 손해를 보고만 있지 않을 것을 확신하며 300달러의 국고 보조를 기대한다는 내용이었다. 하지만 여기서도 끝내 배상이 이루어지지 않았다. 그는 부산에 오면서 중국보다 급료를 더

부산항 감리서 (부산세관박물관)

많이 받았지만, 환율 차로 생활이 점점 어려워진 처지에 사냥개 실종 사건까지 겹쳐 무척 괴로웠던 것 같다. 상실감에 빠져 있던 그는 1895년 9월 1일부터 만 2년의 장기 연가를 신청했고, 승인이 나자 곧 상해해관의 대기 발령자 신분으로 조선을 떠났다.[주2]

주1) 『DESPATCHES from FUSAN CUSTOMS』 영인본, No.42(1895.4.10), 관세청, 2013.
주2) 린홀름은 사냥개 실종사건 이후 고국 덴마크에서 휴가를 끝내고 1898년 중국 상해해관에 배치되었다. 이듬해 12월 8일, 33살에 상해에서 메리(Mary Annette Stade)와 결혼해 가정을 이루었다. 이후 훈춘(琿春)과 용정촌(龍井村) 지역의 해관장을 비롯하여 1923년에는 중국 국경 도시 안동(현재 丹東)해관세무사로 최종 임명되었다. 1925년 퇴임 후 중국과 오지를 여행하며 많은 글을 남겼다. 1911년에 영국 왕립지리학회 회원이 되었고, 중국과 조선에 관한 몇 권의 책을 저술했다. 1932년 12월 66세로 세상을 떠났으며 그 유해는 코펜하겐에 묻혔다. (『개항과 함께한 구한말 해관직원들』 관세청, 2018, P310~312.)

1880년대 부산항의 설날

임진왜란의 생생한 진중 기록으로 이순신 장군의 『난중일기(亂中日記)』가 있다면, 개항 이후 부산항의 현장감 넘치는 이야기로는 민건호의 『해은일록』이 있다.

그는 조사시찰단(朝士視察團) 수행원으로 일본을 다녀온 개화 인물로, 1883년부터 1894년까지 부산항 감리서 서기관, 다대첨사 등을 거치며 부산항이 조선의 관문으로 발돋움하는 과정과 생활상을 『해은일록』에 하루도 빠짐없이 스케치했다.

그의 일기 가운데 섣달 그믐날 밤, 7년이나 고향에도 못 간 객지 생활의 정감을 읊은 시가 있다. 이 시는 개항장을 지키는 글로벌 관리답게 통상의 의미까지 담고 있어 더욱더 가치가 있다.

才過一宵又一春 (재파일소우일춘) / 겨우 하룻밤을 지내면 또 일 년이 가는데
七年尙作未歸人 (칠년상작미귀인) / 7년을 지내고도 여태 고향 못 가는 사람이라네
千家守燭明漁戶 (천가수촉명어호) / 집집이 수세(守歲)하니 어촌이 환하게 밝고
四海通商慣水隣 (사해통상관수린) / 온 세계 나라들과 통상하니 바다 건너 이웃이네

민건호의 고향은 전남 해남이었다. 당시는 육로 교통이 발달하지 않아 돛단배로 영암까지 가는 데만 최소 일주일이 걸렸다. 어쩌다 폭풍을 만나거나 바람이 전혀 없는 날에는 포구에서 기다려야만 했다. 그러면 오가는 데만 20여 일이 걸렸으니, 공직자로서 그렇게 장기간 자리를 비울 수 없었을 것이다. 그러기를 수년, 어디 공직 팔자가 좋다고만 할 수 있을까.

하지만 감리서가 개항장에서 외교, 통상 등을 관장하는 중앙행정관서여서 자리를 쉽게 비울 수 없었다. 그는 수시로 부산해관을 드나들며 부산항의 동정을 살피고, 내·외국인의 관심사를 해결하는 등 발품 행정을 펼쳐온 관리였다. 이 덕분에 설날에는 여러 곳에서 그에게 선물을 보냈다. 서구인은 주로 연하장과 양주·양담배·만년필·설탕 등을, 일본인은 과자·감귤을 보냈는데, 요즘 같으면 김영란법에 걸렸을지 모른다.

반면, 주변 지인들의 선물이 대부분 각련(刻煙)으로 흡연이 만연한 당시 생활상을 엿보게 한다. 이 밖에 쇠고기와 마른 수산물도 등장하는데,

그도 지인에게 쇠고기 정육을 선물했다.

설날에 민건호는 동료들과 이웃에서 보낸 떡국을 먹으며 새해 아침을 맞았고, 점심과 저녁은 지인들과 함께 "취하게 마시고 배불리 먹으면서 회포를 풀었다"고 썼다. 눈에 띄는 것은, 설 연휴가 짧아지는 것에 관한 우려 섞인 기록이다.

"1885년 설을 앞두고 일본 부영사가 해관에 와서 상인들이 원하므로 새해 설 연휴를 2일로 줄이자고 의논하니, 영국인 해관장이 승낙했다. 이 말을 들은 직원들은 지난해 4일간 세관이 문을 닫았는데, 인제 와서 2일로 하자니 모두 싫어했다."

부산항 물동량이 늘어나자 일본 상인의 요청으로 설 연휴가 이틀 짧

부산항 통상사무서 서기관 민건호의 「해은일록」. 1883년부터 1914년까지 일기체로 기록했으며, 원본은 총 29권이다. (부산근대역사관)

아졌고, 이에 관한 직원들의 원망이 컸다.

　당시 부산항에는 일본 증기선 천세환(千歲丸), 돈하환(敦賀丸) 등이 부정기적으로 취항했다. 일본 상인들은 이 화물선을 이용해 나가사키에서 면포·비단·염료·철제류 등을 구매해서 동래상인에 팔고, 나가면서 쌀·콩·우피·해초 등을 가져갔다. 이미 양력 새해가 정착된 일본인들은 조선의 설날보다 자신들의 일상 업무가 더 중요했을 것이다.

　오늘날 공항만은 명절이라고 쉴 수 없다. 연휴에는 무역과 여행 관련 업무가 더욱 늘어나서 세관원을 비롯한 공항만 관계자는 비상근무 체제에 돌입할 정도다. 그렇지만 관문의 지킴이로 7년간 고향 못 간 민건호에 비할까!

부산항의 갑오개혁

"문패도 번지수도 없는 주막에 궂은비 내리는 그 밤이 애절구려." 1960년대 국민가요 '번지 없는 주막'의 첫 구절이다. 일제강점기 암울한 시절, 동포의 삶을 유랑민에 비유한 노래여서 더욱 가슴에 와 닿는다. 실제로 사람이 사는 집이 어디 이 노랫말처럼 문패와 번지수가 없겠는가. 그렇지만 이 노래가 불리기 70여 년 전으로 거슬러 올라가면 상황은 달라진다.

1895년 갑오개혁 바람이 부산항에도 한창 불어닥칠 때 일이다. 한 해관원이 문패를 달지 않았다는 이유로 갑자기 조선 경찰에 체포, 투옥됐다. 이 사건이 터지자 부산해관장은 해관총세무사(현 관세청장) 앞으로 부산항의 동향보고서[주1]를 올렸는데, 보고서에 드러난 사건의 진상은 이

1880년대 T. Piry 해관장과 부산항 관리들. 부산해관장 관사에서 촬영했다. (부산세관박물관)

랬다.

1895년 5월 13일 오후 3시께였다. 부산해관의 행정보조 외근 직원 박수오(朴壽伍)가 신설된 조선 경찰에게 길거리에서 불시에 체포돼 관아로 끌려가 하루 밤낮을 엄지손가락이 결박된 상태로 칼을 뒤집어쓰고 구금되었다가 저녁 늦게 풀려났다. 혐의는 자신의 오두막집 대문에 이름 등을 기재한 문패를 달아야 하는 새로운 규칙을 지키지 않아서였다.

박수오는 "큰 집을 소유한 사람들은 개별적으로 필요한 정보를 담은 통지서를 받아 대문에 문패를 달라는 지시를 알았겠지만, 본인은 관헌에게서 '그렇게 하라'는 아무런 지시를 받지 못했다"고 항변했다.

뒤에 자기 직원이 억울하게 구금당한 소식을 들은 부산해관장 헌트는

"본인의 권위와 해관 및 공공의 편익은 완전히 무시한 처사"라고 비난하면서 "신설 경찰이 취한 이런 무례, 무단, 고압적인 업무 방식에 우려가 크며, 앞으로 이런 일이 없도록 경찰권 남용에 제동을 걸어야 한다"고 의견을 표명했다.

그 당시 헌트 해관장은 영국 명예영사였고, 7년 차 부산해관장으로 유창한 우리말 실력에 조선의 문화와 역사를 꿰뚫는 부산의 유지급 인사였다. 그리고 당시 부산항 경찰관으로 이 개혁의 채찍을 휘두른 사람은 부산의 근대 선각자인 일본어 역관 출신 박기종(朴琪淙)이었다. 이 사건이 파문을 일으키자 당시 통리교섭통상사무아문(統理交涉通商事務衙門)[주2]의 감찰로 부산항에 내려왔던 조중응(趙重應)은 직접 박기종을 조사하고 격려하기도 했다.

이 사건은 근대적 우편제도인 우체사가 설치된 제3차 갑오개혁(을미개혁)기에 일어났는데, 문패 달기가 빨리 제자리를 잡으려면 약간 무리가 따르더라도 박수오와 같은 공직자를 구금시킴으로써 더 큰 파급효과를 노렸는지 모른다.

이어서 1895년 6월 3일 자 동향보고도 관심을 끈다. 여기에는 조선 내 모든 계층에서 사용하던 긴 담뱃대(장죽)를 6월 1일 자로 금지하고, 1피트(30㎝) 길이의 짧은 것(곰방대)만 허용했다.

부산항 경찰의 복장도 변한다. 순찰 코트와 바지로 이뤄진 반(半)유럽풍에 조선인 가마꾼 모자와 같은 것을 쓰고 짚신을 신었으며 무겁고 긴

기병 칼로 무장했다. 또, 흰옷 착용이 금지되면서 향후 검은색 계통의 옷을 착용토록 하는 포고문이 나붙었다고 한다.

갑오개혁은 봉건사회의 문제를 해결하려는 조선 사회 내부의 자율적 개혁이긴 했지만, 일본의 영향력이 우리나라에 미친 최초의 개혁이었다.

주1) 『DESPATCHES from FUSAN CUSTOMS』 영인본, No.62(1895.5.27), 관세청, 2013.
주2) 1882년(고종 19) 12월 4일 외교통상 사무를 관장할 목적으로 통리아문을 확충 개편하여 만든 중앙 관청. 그러나 갑신정변을 계기로 1885년 4월 25일 의정부(議政府)로 그 기능이 이관되었다.

외국인과의 부산 로맨스

개항 이후 부산항에 불었던 개화 바람에 국경을 초월한 사랑도 있었다. 영국인 해관장의 딸과 의료 선교사로 왔던 미국인 어을빈이 각각 조선 사람과 나눈 사랑은 예전에 없던, 국경과 인종, 신분과 나이를 초월한 것이어서 지금까지도 부산항의 이야깃거리로 전해온다.

헌트 해관장의 딸은 꽃다운 나이 18세에 양산 대석리 출신의 권순도(權順度)와 사랑을 나누었고, 어을빈은 20대 초반의 양유식과 역시 깊은 관계를 맺었다. 공교롭게도 남성 둘은 유부남이었고, 이들의 상대는 모두 미혼 여성이었다.

3대 부산해관장인 헌트는 부인, 외동딸과 가정부 한 사람이 더부살이하는 가정을 이루었다. 부산항이 내려다보이는 관사에는 아늑한 정원이

정원과 온실이 있는 해관장 관사. 부산항이 한눈에 들어오는 전망 좋은 곳이었다. (부산세관박물관)

있었고, 양산 대석리에서 온 권순도[주1]라는 정원사로 이곳을 관리했다. 그는 활달한 성격에 미남형의 건장한 사내였고, 신문물을 접하고자 부산해관장 관사 일을 지원했다.

평소 해관장이 출근하면 관사에는 여자들만 남았던 터라 적적했다. 권순도가 들어오고부터 모처럼 집안에는 활기가 넘치기 시작했다. 더욱이 갓 사춘기에 접어든 해관장의 딸에게는 권순도야말로 둘도 없는 이성의 말벗이었다. 권순도가 잔디와 나무를 가꿀 때면 항상 곁에는 파란 눈의 그녀가 자리를 지켰다. 이렇게 수년간 함께 생활하며 자연스럽게 둘은 정이 깊어졌고, 어느새 권순도가 이성으로 보이기 시작했다.

시간이 흐를수록 아가씨의 눈빛은 달라졌고 그럴수록 권순도의 고민은 깊어졌다. 권순도는 유교 집안 출신으로, 이제는 두 자녀의 아버지인

부산항 이야기 151

영화 「리즈 헌트」의 한 장면 (파란미디어)

지라 반드시 그녀의 뜨거운 유혹을 물리쳐야만 했다. 그러나 육탄으로 달려드는 그녀를 막을 수 없었다.

어느 날 아내로부터 외동딸이 정원사의 아이를 가졌다는 청천벽력과 같은 소식을 접한 헌트 해관장은 권순도에게 권총을 겨누려 했다. 위기를 느낀 이들은 어둠을 틈타 양산 대석리로 도피했다. 화가 난 해관장은 외교관의 특권으로 동래 감리서에 수색을 요구했고, 다음날 권순도는 구치소에 갇힌다. 그러나 헌트의 딸은 식음을 전폐하고 권순도를 그리워했다. 결국 헌트 해관장은 이 사건으로 해관장 업무를 접고, 가족과 함께 1898년 2월 정든 부산항을 떠났다.

이 이야기를 소재로 만든 영화가 『리즈 헌트(Liz Hunt)』[주2]이다. 2009년 부산 영화인들이 만들었는데 일반 상영은 되지 않았다.

1911년경, 또 하나의 러브 스토리가 부산항을 강타했다. 어을빈과 양유식의 사랑이었다. 북미 장로회 소속의 어을빈은 1893년 의료 선교사로 부인과 함께 부산에 건너왔다. 5년 전에 왔던 헌트 해관장의 도움으로 해관 관사를 구입해 자기 병원을 열었고, 자체 개발한 만병통치약으로 명의 이름을 떨쳤다. 그 사이 어을빈은 자기 병원에 영어를 배우기 위해 간호부 수습생으로 들어온 좌천동 출신 미모의 신여성 양유식과 사랑에 빠졌다가 탄로가 났다. 이 바람에 선교사 자격을 박탈당했고, 부산 최초로 여성교육기관인 규범학교(閨範學校)를 설립하여 여성 교육가로 명망을 얻던 그의 부인 베타(Bertha K. Irvin)와도 이혼한다. 이후 양유식과 재혼하지만, 26살이라는 나이와 문화 차이 때문인지 결혼생활은 행복하지 못했다.

 양유식도 결혼 후에 폐결핵을 앓다 홀로 요양하는 신세가 된다. 외로움과 고통 속에 일본인 요시하시와 동거하기도 하지만 결국 세상을 떠난다. 그녀의 주검은 어릴 적 고향 뒷동산 증산 언덕배기에 묻혔고, 이 소식을 들은 어을빈은 하루도 거르지 않고 그녀의 무덤에 꽃을 바치며 식지 않은 사랑을 보여준다.

해관원과 선교사 등 외국인 거주지로 유명했던 복병산 북편 기슭 (부산세관박물관)

무용극 「부산 아리랑」 공연 장면 (부산문화회관)

어을빈도 1935년 세상을 떠나 40여 년 동안 생활하던 병원 뒤 복병산 자락에 묻혔다. 그들의 사랑 이야기가 춤극으로 만들어진 것이 '부산 아리랑'이다. 지난 2005년 부산 APEC 정상회의 때 공연되었다.

주1) 1893년 12월 7일 기준 『부산세관 급여 대장』의 직원 명부에는 권순도(權順度)가 세무사의 정원사이다. 당시 세무사(해관장)가 헌트이므로 그가 관사 정원사로 일했음이 분명하다. 월 급여는 6$로, 당시 조선인 일반 서기의 20$에 비하면 적은 금액이었다. (『DESPATCHES from FUSAN CUSTOMS』 영인본, No. 117(1893. 12. 27), 관세청, 2013.)

주2) 2004년 부산의 아마추어 영화인들이 『Liz Hunt』라는 43분짜리 영화를 만들어 그해 말에 시사회를 했다. 감독은 전 부산시영화인협회 부회장인 허종식, 시나리오는 '가마골 극단' 단장인 박현철, 촬영감독은 '파란 미디어' 대표 김유영, 출연진은 헌트 해관장 역에 전 부산국제외국어학교장인 스티븐 파머, 권순도 역엔 현 부산미영사관 고문인 변정환, 해관장 딸 '리즈' 역은 호주인 영어 강사였던 조슬린, 부산항 매축 회사 직원 '아야코' 역은 한때 방송인으로 활동했던 일본인 쓰에마쯔 노리코, 청국 이사청 직원인 '가령' 역은 경성대학교 연극영화과 출신인 이지혜 등이 열연했다.

일본식 혼탕

개항 이후 부산을 찾아온 외국인들은 바닷가 인근에 펼쳐진 도심을 보고 '왜색의 도시'라고 표현했다. 밤새워 일본 나가사키에서 증기선을 타고 미지의 나라로 달려왔지만, 부산은 일본과 다름없는 형태의 도시였다. 용두산을 중심으로 펼쳐진 일본인 전관거류지역은 이들에게 의아심을 주기에 충분했다.

그러니까 이 지역은 오래전부터 대마도 사람들이 선점한 초량왜관이 자리한 곳으로 '부산 속의 일본'을 싹틔운 중심 공간이었다. 이 땅에 병원·전기·수도·우편·전신 등 근대 개화시설이 일찍이 상륙한 곳이 바로 이곳이다. 여기에 일본 문화도 하나둘 건너와 접목되는데, 그 가운데 목욕 문화를 빠뜨릴 수 없다.

1887년경 용두산 서쪽 일본인 거주지 (부산세관박물관)

　일본은 덥고 습한 섬나라다. 조금만 움직여도 땀이 흐르고 쉽게 체력이 소모된다. 그래서 오래전부터 일본인들은 이런 환경에 적응하기 위해 목욕을 통해 피로를 풀고 원기를 찾곤 했다. 에도 시대 이후 열도 곳곳에 사우나 방식의 후로(風呂)와 목욕탕의 원조인 유(湯), 즉 탕집이 생기면서 대중 목욕 시설이 서서히 갖춰졌다. 당시 공중목욕탕은 상반신은 뜨거운 증기로 데우고 허리 아래는 뜨거운 욕조에 담그는 형태였다. 여기에 남녀가 함께 목욕하는 혼탕이 유행했다.

　1719년, 조선통신사의 제술관으로 일본에 갔던 신유한은 여정 견문을 『해유록』에 남겼는데 그 부록 편인 『문견잡록』에 일본의 풍습을 언급하며 "집집이 반드시 목욕탕 설비가 있는데, 남녀가 함께 벗고 목욕을 한다"며 음탕하고 더러운 행실이라고 덧붙였다.

　혼탕 문화에 대한 부정적 시각은 서구인이라고 예외가 아니었다. 일본을 개항시킨 미국 페리 제독도 혼탕 문화를 접하고 큰 충격에 빠졌던 모양이다. 그는 귀국 후에 쓴 『일본 원정기』에 "도덕적으로 앞선 일본 국민인 줄 알았는데, 혼욕하는 것을 보고 놀랐다"고 남겼다.

메이지 정부는 1858년 혼욕금지령을 발포하고 변화를 모색했지만, 지방 온천지 등에서 혼욕은 쉽게 사라지지 않았다. 오히려 1876년 부산항이 개항되자 혼욕 문화는 바다 건너 일본인 거류지가 있는 부산에 뿌리내렸다. 탕집에 대해 1880년 일본영사관에서는 나체 풍습 때문에 조선인에게 경멸 어린 시선을 받지 않도록 주의를 환기할 정도였다.

그런데 목욕하려고 이곳에 들렀다가 충격적인 경험을 한 사람은 1887년 부산항 감리서에서 감리서기로 근무하던 민건호였다. 정초에 고향 못 간 동료와 찾았던 곳이 일본인이 운영하는 탕집이었다. 그의 일기 『해은일록』에 이렇게 기록했다.

"오후에 일행과 걸어서 서관의 욕실에서 목욕했다. 일본 여자들은 부끄러움을 모르고 옷을 벗고 함께 목욕하니 대단히 해괴한 풍속이다. 그러나 외국인의 법으로 보면 상심할 것은 아니다."

유교 사상의 영향 안에 있던 조선 사람에게 엄청난 문화 충격이었을 것이다. 하지만 그나마 세상이 많이 바뀌었던 모양이다. 민건호가 개항장의 글로벌 인물답게 일본의 혼욕 문화를 수긍하고 있으니 말이다.

상여로 옮긴 피아노

구한말 부산의 영선현교회(현 초량교회)를 비롯한 여러 교회에서 순회목사로 시무했던 미국인 사이드 보텀(Richard H. Sidebotham, 한국명 사보담, 史保淡) 목사는 부산 교계에 큰 발자취를 남긴 사람이다.

1899년 결혼한 그는 그해 10월 부인과 함께 샌프란시스코에서 배를 타고 일본 요코하마를 거쳐 11월 20일 부산에 도착했다. 그리고 12월 말 대구로 발령받았다. 이 부부가 대구로 갈 때는 부산에서 의료 선교사로 근무하던 어을빈의 도움으로 영남대로를 따라 3일 만에 목적지에 도착한다. 다음 해 3월에는 사보담의 부인 에피(Effie)가 사용할 피아노 한 대가 선박 편으로 부산항에 도착했다.

지금도 이사 화물 중 특별대우를 받는 것이 피아노인데, 그 당시 낙후된 교통으로 이 '귀신통이'를 대구까지 옮기는 일은 큰 고민거리였다. 피아노의 무게와 이동 중 충격을 고려해 육로보다 안전하고 편리한 수로를 이용하기로 했다.

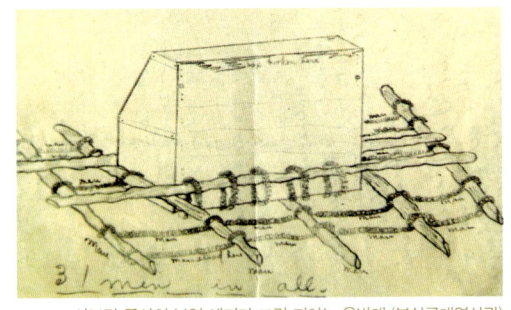
사보담 목사의 부인 에피가 그린 피아노 운반대 (부산근대역사관)

개항 이후 부산항에서 수심이 대체로 깊은 삼랑진까지는 기선을 운항했다. 부산의 선각자 박기종이 1890년 해운업에 손을 댄 항로가 바로 이곳이다. 부산항에 내린 화물이 낙동강을 따라 경상도 내륙으로 가려면 먼저 기선을 이용해 삼랑진까지 가서 이곳에서 거룻배에 옮겨 싣고 목적지까지 가야 했다. 이렇게 가면 대구 사문진까지 2주 남짓 걸렸다. 그러나 갈수기에는 한 달 넘게 걸리기도 했다. 반대로 하행은 5일이면 족했다.

에피의 피아노도 낙동강을 이용해 경상감영(慶尙監營)의 중심 포구인 사문진까지 갔다. 그런데 문제는 나루터에서 거주지인 대구 종로까지 약 16㎞를 어떻게 옮기느냐였다. 경사지고 폭이 좁은 시골 고부랑길을 따라 무거운 피아노를 무사히 옮기는 것은 쉬운 일이 아니었다.

사문진 나루터에 내린 피아노를 옮기려면 많은 인부와 운반 도구가 필요했다. 그런데 이때 짐꾼들이 가져온 운반 도구가 정말 기발했다. 사람의 주검을 옮기는 상여 막대기 7개였다. 첫날 모인 짐꾼은 20명이었는데, 현장에서 둥글게 모여 앉아 짚으로 밧줄 3개를 꼬았다. 그리고는 세로용 긴 막대와 가로 막대를 일정 간격으로 배치하고 밧줄로 고정한 다음, 그 가운데 피아노를 올리고 양쪽으로 두 개의 밧줄을 엮어서 좌우 각 9명의 짐꾼이 어깨에 메도록 만들었다. 피아노를 옮기기 위해 예전의 나무 상여 구조를 최대한 활용한 것이다. 이 방법으로 목적지까지 사흘이 걸렸고, 70명의 짐꾼이 동원됐다.

장시간 여러 사람이 교대로 운반한 탓에 목적지에 도착한 피아노의 모습은 문제가 많았다. 제자리에 남은 건반이 하나도 없었다. 케이스도 여기저기 흠이 났다. 오랜 시간 정성껏 조립하여 피아노가 제 모습을 찾았을 때, 드디어 해맑은 선율이 달구벌에 울려 퍼졌다.

오늘날 달성군은 피아노의 고장이다. 사문진을 통해 에피 여사의 피아노가 도착한 이야기가 이곳에 아름다운 축제 문화를 꽃피웠기 때문이다.

2012년 10월, 달성군 화원읍 사문진 나루터에서 '100대 피아노 콘서트'라는 이름의 축제가 있었다. 피아노 선율이 가을 나루터의 저녁을 에워싸는 모습을 상상해 보라. 피아노에

1900년 대구에서 내려온 피아노를 상여에 싣고 옮기는 모습
(부산세관박물관)

관한 스토리가 아름다운 선율로 변해 사람들에게 감동을 준다면, 그것만으로도 지역 특유의 스토리텔링에 성공한 것이 아닐까? 그러나 아쉬움도 남는다. 나루터 어디에도 피아노를 옮겼던 이야기가 없기 때문이다. 이곳에 피아노가 도착한 것 못지않게, 피아노를 옮기는 데도 잊지 말아야 할 많은 이야기가 깃들어 있다.

100년 만에 돌아온 유물

1983년 7월, 대한해협을 건너는 부관페리에 외국인 부부가 탔다. 이들은 부산항이 한눈에 들어오자 연신 카메라 플래시를 터트리며 흥분을 감추지 못했다. 처음으로 동아시아를 여행하는 부부에게 부산은 오랫동안 꿈에 그리던 도시였다.

부산세관박물관 방명록에 서명하는 그린필드 박사 부부

미국 애리조나주 피닉스시에서 온 그린필드(Sarah C. Greenfield) 박사는 남편 제임스(James D. Greenfield)와 함께 자신의 어머니가 태어난 고향을 찾아오는 길이었다.

그녀의 외할아버지 사이드 보텀 목사는 미국 미시간주 라피어시 출신으로 1899년 프린스턴 신학대학 졸업 후 에피와 결혼하고 그해 9월 6일 한국 선교사로 임명되어 11월 20일 부산에 온 북장로교 선교사이다. 그의 자녀 알프레드(Alfred)와 마그리트(Margaret, 그린필드 여사의 어머니)는 부산에서 1900년, 1906년에 각각 태어났다.

대구에서 1년간 근무 후 1900년에 부산에 전보된 사보담 목사는 영선현교회(현 초량교회), 절영도교회(현 영도제일교회), 자갈치교회(현 항서교회)의 순회목사로 시무하며 부산교계에 큰 업적을 남겼다. 그는 한국어가 능통하고 사진 기술도 뛰어나 최초로 부산항 전경을 파노라마로 촬영하기도 했다.

1907년 안식년을 맞아 미국 고향에서 휴가를 보내던 사보담 목사는 한국 복귀를 얼마 앞둔 1908년 12월 3일, 땔감용 나무에 석유로 불을 붙이다 발생한 폭발 사고로 34세의 젊은 나이에 요절했다. 8세, 2세의 어린 남매와 사랑하던 아내를 남겨둔 채였다.

2007년 그린필드(당시 73세) 박사 부부는 다시 부산을 찾았다. 사보담 목사가 부산을 떠난 지 꼭 100년이 되는 해였다. 노부부는 외할아버지와 외할머니가 부산에서 썼던 옷가지와 생활용품 등 50여 점의 유품을 가져왔다. 외할머니의 손길이 느껴지는 편지, 자수, 수집품 등이 특히 눈길을 끌었다. 이 유물은 부산박물관에 기증되었고, 이를 바탕으로 2009년 부산근대역사관에서 「사보담의 100년의 약속」이라는 특별기획전을 열기도 했다.

한국을 사랑한 사보담 목사 부부의 유물은 외손녀에게 건네져 100년 만에 "다시 돌아오겠다"던 부산의 품에 영원히 안겼다. 상여로 옮긴 에피의 피아노 이야기도 이 노부부가 가져온 유물 중의 하나인 가족에게 보낸 편지에 담겨 있었다.

2009년 부산근대역사관의 특별기획전 '사보담의 100년의 약속' 책자 (부산근대역사관)

켄카이마루 선상 소동과
경판정 주정 사건

최근 우리나라에 몇 차례 큰 지진이 나고부터 자연 현상이나 생물체의 움직임을 지진과 관련한 전조현상(前兆現象)으로 받아들이는 경향이 커졌다. 이 전조현상은 자연의 천재지변에서만 아니라 가까운 인류 역사 속에도 종종 나타난다.

청·일 전쟁과 러·일 전쟁은 조선의 지배권을 둘러싼 해양 세력과 내륙 세력 간의 다툼이었다. 흥미로운 것은, 이 큰 전쟁을 앞둔 부산항에서 이들 양 민족 간에 미묘한 감정적 전초전이 있었다는 점이다.

먼저 청·일 전쟁 직전 부산항에서 청국인과 일본인 사이에 벌어진 선상 소동이다. 이 소동을 예사로 여기지 않고 기록으로 남긴 이는, 이 배에 탔던 오스트리아 여행가 에른스트 폰 헤세 바르텍(Ernst Von Hesse-wartegg)

이었다. 그의 여행기 『조선 1894년 여름』에 소개된 내용은 이렇다.

"1894년 6월 말, 부산항에서 인천으로 가는 일본우선회사 소속 화객선 켄카이마루(玄海丸, 1,427톤급) 선상에서 소동이 일어났다. 이 배에는 애초 일본에서 출발할 때부터 인천행 일본인 짐꾼 150여 명이 타고 있었다. 수용 공간이 부족한 배에 300여 명의 중국인이 승선하면서 양측이 자리를 두고 승강이가 벌어졌다. 단검이 번쩍이고 비명이 터지며 선내는 한순간에 아수라장으로 변했다. 선장은 선내 질서를 잡기 위해 선원들에게 단호히 대처토록 하고, 일단 중국인을 선수부에 배치해 두 무리를 어렵게 갈라놓았다. 이후에도 이들은 감정을 삭이지 못했지만, 출항과 동시에 닥친 기상 악화가 전화위복이 됐다. 하나둘 뱃멀미를 시작하면서 선내는 다행히 평온을 찾았다. 중국인들은 러시아 극동해역에서

1887년 9월 해관장 관사에서 촬영한 부산항에 정박한 영국 군함. 개항 이후 부산항은 무력시위의 격전장처럼 외국 군함의 출현이 잦았다. (부산세관박물관)

경판정이 있던 용두산 계단 중간 부근 (부산일보사)   경판정의 2층 계단 (부산일보사)

우뭇가사리와 같은 해조류를 채취하던 산동 출신 노동자였다. 채취가 끝나자 러시아 블라디보스토크에서 화객선 블라디미르호로 부산항에 온 이들은 고향인 산동으로 돌아가기 위해 때마침 인천으로 가던 이 배에 타면서 충돌을 일으켰다."

청·일 전쟁이 끝나고 일본의 기득 세력이 조선에 영향을 뻗칠 무렵, 부동항을 찾아 호시탐탐 남쪽으로 뱃머리를 돌리던 러시아 군함이 부산항에 자주 출몰했다.

1899년 7월 11일 오후 2시경, 일본인이 운영한 서양 요릿집 '경판정(京坂亭)'에서 부산항에 정박한 러시아 군함의 사관 고리우바키스가 일본 기생과 술을 마시고 있었다. 경판정은 지금의 광복동 1가 용두산공원으로 오르는 계단 중간쯤에 있었다. 러시아 사관은 술 시중드는 기생의 매너가 좋지 않다는 이유로 얼굴을 몇 차례 때렸고, 이를 말리던 남자 종업

원까지 손찌검했다. 이후 그 사관은 군복 휘장과 모자를 떨어뜨리고 군함으로 돌아갔다.

다음날, 이 주정 사건(酒酊事件)은 일본의 여러 신문에 "러시아 사관이 정조의 요구가 거부되자 이를 트집 잡아 폭력을 행사했다"는 과장된 내용으로 보도되었다. 이를 본 러시아 요오래츠 함장은 부산 주재 일본영사를 맹렬히 비난했고, 서울의 자국 공사에게는 사실과 다르다고 보고했다. 결국, 나가무라 일본영사 직무대리가 사건의 경위를 설명하고 신문 기사가 과장 보도됐다는 것을 밝혀 이 문제는 더 악화되지 않았다. 그러나 이 사건으로 러·일 양국 간 감정의 골이 더 깊어졌으며, 몇 년 후에 일어날 러·일 전쟁의 격랑이 이미 부산항에서 예고되었던 것이다.

포산항견취도, 1880년 초, 일본인 전관거류지역을 그린 그림 (작가 미상, 대전 아드리아호텔 소장)

부산항 홍등가 미도리 마치

개항과 함께 많은 일본인이 부산으로 몰려들었다. 목수, 미장이 등 단순 노동자에서부터 무역상, 잡화상, 세탁업, 숙박업 등에 종사하는 남성들이 가족을 일본에 두고 홀몸으로 건너왔다. 그러자 이들을 상대로 성을 파는 여성들도 뒤따랐다.

그래서 가장 먼저 집창촌이 생긴 곳이 부산이었다. 1879년 일본 신문에 나가사키현 상인이 부산에서 운영하는 유곽의 창기(娼妓)를 오사카에서 모집한다는 기사가 실렸다. 조선의 유곽은 처음부터 호황이었다. 1876년 개항 당시 부산에 거주한 일본인은 82명에 불과했다. 그러나 7년 후인 1883년에는 1,780명으로 20배 넘게 증가했고 그중 남자는

1905년경 일본인 거류지역인 부평정(町)에는 2층 형태의 일본 고급 음식점 요정이 산재했다. (부산세관박물관)

997명이었다. 당시 유곽은 9곳, 창기와 유녀가 94명이었다.

1885년경 작자 미상의 일본인이 그린 '포산항견취도(浦山港見取圖)'에서도 그런 분위기를 읽을 수 있다. 이것은 지금의 용두산을 중심으로 한 전관거류지 내 일본인들의 공공기관과 상가 위치가 표시된 채색화다. 특히 눈에 띄는 것은 예전의 자갈치 해변인 지금의 남포동 2~5가를 중심으로 요릿집 6곳과 기루(妓樓)라는 기생집 9곳을 빨간색으로 표시했다는 점이다. 그 곁으로 화장품 등을 판매하는 잡화점, 목욕탕, 매독병원(梅毒病院)을 그렸다. 그리고 북항에는 군함 천성함을 비롯한 5척의 대형 선박이 일장기를 휘날리고 있어 일본의 한 항구로 착각할 지경이다.

미도리 마치(綠町) 유곽 (부산세관박물관)

이 기생 요릿집들이 성매매하는 홍등가로 바뀐 것은 1900년 이후이다. 1902년 7월 24일 우에노 야스타로(上野安太郎)가 부산 부평정 1정목에 성매매를 하는 특별 요릿집 안락정(安樂亭)을 설립했고, 이어 제일루, 국복루, 국수루 등 요릿집 7개소가 들어섰다. 이들 업소에서 일하는 여성이 자그마치 280여 명에 달했다고 한다.

지금의 중구 부평동에 있던 이 유곽은 장소가 협소해 지옥 골목으로도 불렸다. 이 난제를 해결하려 마땅한 자리를 물색하던 일본 이사청은 마침 1890년 영도로 목마장이 옮겨가고 난 뒤 억새가 무성했던 아미산 아래 빈터를 발견했다. 1907년 8월 성병과 풍기 문란 예방이란 정책적 명목 아래 윤락 업소를 한곳으로 이주시켰다.

집창촌 미도리 마치(綠町)는 이렇게 처음으로 우리나라에 탄생했고, 해방 후 이곳은 사창으로 바뀌며 한동안 명성을 얻었던 부산의 대표적인 윤락가 완월동이 되었다.

수탈의 현장, 아픔을 새기다

큰 바위 얼굴

부산항에는 미국 소설가 너대니얼 호손(Nathaniel Hawthorne)의 단편소설 「큰 바위 얼굴」에 못지않은 바위 얼굴이 있었다. 비록 사람이 아닌 동물 얼굴이지만, 지명으로 불릴 만큼 유명했다. 오래전부터 우리 농가에서 가족처럼 여겼던 소의 얼굴이 그 주인공이다. 사람들은 이 바위를 우암(牛岩)[주1]이라 불렀고, 우암이 있던 포구를 우암포라 했다. 소설의 주인공 어니스트가 '큰 바위 얼굴'을 일생의 스승으로 가슴에 품었다면, '소 바위 얼굴'의 우암포는 소 수출의 현장으로 유명했다.

중국과 일본은 우리나라 소의 우수성을 일찍이 알고 수입해 갔다. 중국과는 17세기 중반부터 소를 거래했는데, 그때는 농기구인 쟁기와 함께 수출했다. 1760년 전후 매년 회령·경원 마시장(會寧慶源馬市場)에서 특

별히 중국산 말과 맞바꾸기도 했는데, 종마 1필에 소 3마리 비율이었다.[주2)]

일본 수출의 시작은 개항 직후인 1877년으로, 대마도 상인에 의해서였다. 그러나

1909년 검역을 마친 소들이 우암포 선착장에 정박한 범선에 실리는 장면 (농림축산검역본부)

본격적인 수출은 청·일 전쟁 전후로, 일본군의 군수와 사역 목적으로 대량 수출이 이뤄져 폐단이 컸다. 1890년 부산 주재 일본 영사가 본국에 보고한 내용에 "농사에 지장이 생겨 농가가 어려워지므로 지방관리가 소 매매를 금지하는 사태까지 발생했다"고 할 정도였다.

그 이후 일본으로 소 수출이 늘어나자, 일본은 통감부 주도로 자국 내 전염병 유입을 막으려 방역 대책을 세웠다. 그 결과물이 순종의 재가로 1909년 발표된 '수출우검역법(輸出牛檢疫法)'이었다. 이에 따라 우암포에는 소 막사와 검역소가 들어섰다. 법정전염병인 우역(牛疫)을 방지하고자 전국에서 끌려온 소를 열흘 정도 이곳에서 보호 관리하면서 이상이 없는 소는 반출하고, 병든 소는 검역소 화장터에서 소각하였다. 설립 초기 검역시설의 관리 주체는 부산세관이었으나 일제강점기에는 부산경찰서로 바뀌었다. 부산항에서 검역을 마친 소는 배편으로 일본, 철도로 만주 등지에 반출되었다. 초기에 일본으로 가는 해상운송은 범선이나 기선을 이용했으나, 1919년부터는 운송의 효율성을 높이려고 일본운수기선주

1938년 부산항 검역소 (임시수도기념관)

식회사를 창립, 가축 전용 화물선인 540톤급 닛조마루(日朝丸)를 건조하여 한 번에 400~500마리를 실어 날랐다. 1910년 부산검역소를 통해 일본으로 이출(移出)^{주3)}된 한우는 1,312마리였지만, 10년 후인 1920년에는 3만 6,208마리, 일제 말기인 1939년에는 5만2,586마리로 폭증했다. 전국 소의 70% 정도가 부산항을 통해 반출되었고, 부산진 우시장을 비롯한 부산 지역 우시장의 규모와 거래량은 전국 최고 수준에 달했다.

소 수탈의 현장이었던 우암포는 1934년 구호사업의 하나로 적기만 매축 사업이 시작되면서 소 바위와 함께 포구도 물 속으로 사라졌다. 대신, 포구 입구의 붉은 언덕배기인 적기(赤崎), 즉 아카사키(あかさき)라는 지명이 더 유명했다. 그리고 해방되면서 예전의 소 막사는 오갈 데 없는 귀환 동포의 주거지가 되기도 했다.

정부 수립 이후인 1949년 2월, 소의 수급이 필요했던 일본은 '한우 1만 마리를 수출하면 김 500만 속(束) 수입도 고려하겠다'는 조건을 제시해 왔다. 그 당시 김을 식용하는 나라는 일본과 우리나라뿐이었고 일본은 우리의 최대 김 수출국이었으나, 자국 김 생산 어민의 반대가 심해 마음대로 수입할 수 없었다. 우리 또한 소 수출에 대해서는 농민의 반대가 심했다. 그렇지만 두 나라는 절충을 통해 한우 5,000마리 수출을 합의했다. 기대에 들뜬 정부는 소 수출 재개를 위해 그동안 방치했던 소 막사를 새롭게 단장했다. 그러나 소 수출 소식이 농민들에게 전해지면서 전국적으로 강한 반발에 휩싸이고, 결국 이승만 대통령은 소 수출을 중지시켰다. 수개월 후 6·25 전쟁이 발발하면서, 소 막사는 갑자기 밀어닥친 피란민 수용 공간이 되었다. 대부분 이북 피란민이 수용된 이곳 적기 수용소는 당시 부산에서 가장 큰 구호시설의 하나였다. 전쟁이 끝나면서 이곳은 피란민의 애환이 스민 우암동 디아스포라(Diaspora) 마을이 되었다.

주1) 문헌에 우암포라는 이름이 등장한 시기는 1678년 이후로 조선과 일본 양국의 외교문서인 『대마도문서』, 『조선사무서』, 『동문휘고』 등에서다. 소 바위가 있다는 기록은 1894년 일본인이 쓴 『십이봉외사(十二峰外史)』의 '우암포'라는 시(詩)에서다. "부산에 수십 정(町, 1정은 109m) 떨어진 곳에 큰 바위가 바다로 굽어져 모양이 철우(鐵牛) 같다(巨岩府 海形如鐵牛)."라는 구절. 철우는 『중화고금주(中華古今注)』에서 옛날 우왕이 황하(黃河)의 물을 다스리기 위해 무쇠로 만든 소를 수호신처럼 모시고 제사를 올렸다는 이야기에서 비롯된다. 협부철우(俠府鐵牛)라는 말도 여기서 유래됐다. 우암포도 동천이 끝나고 바다가 시작되는 곳이라 항상 수재의 위험이 있어 우암이란 명칭이 살갑게 다가섰는지 모른다. 1894년 당시에 우암이 바닷가에 있었는데 1934년 우암포 일대를 본격적으로 매축하면서 사라지고 말았다.
주2) 『근대한중무역사』, 張存武, 김택중 외 옮김, 교문사, 1978, P259~276.
주3) 일제강점기에는 자원의 이동이라는 차원에서 수출은 이출(移出), 수입은 이입(移入)이라는 용어를 사용했다.

바다의 미아, 조남해

부산항 이야기

'무식하면 용감하다'는 말이 있다. 2015년 7월, 경북 경산의 한 중학생이 성적표를 위조하다 들켜 부모에게 야단맞을 것이 두려워 무작정 부산항에 왔다. 그리고 어떻게든 섬으로 가는 배를 타려고 중앙동 연안부두를 찾았다. 하지만, 뱃길은 없고 주머니 사정도 여의치 않자 몰래 찾아든 곳이 건너편 국제여객터미널이었다. 그는 보안 철책을 넘어 시모노세키(下關)로 가는 여객선에 몰래 몸을 싣는 것까지 성공했으나, 일본 근해에서 이 배의 선원에게 발각되었다. 밀항이 뭔지도 몰랐던 그는 자기가 시도한 행위가 큰 착각이었다는 것을 그제야 뼈저리게 느꼈으리라. 이처럼 부산항은 자신에게 어려움이 닥치면 마치 구원과 희망을 안겨주는 피안의 공간으로 인식되곤 한다. 그래서 탈출구를 찾는 이들이 종종 부둣가로 찾아드는 것 같다.

　1907년, 경북 청송에 살던 12살 소년도 굶주림을 피해 무작정 찾아온 곳이 부산항이었다. 며칠간 부둣가를 헤매다가 겨우 입에 풀칠할 만한 일자리를 찾았으니, 예인선의 화부(火夫)였다. 화부는 기술이 필요하지는 않지만, 계속해서 석탄을 날라야 하는 힘든 일자리여서 아무나 섣불리 뛰어들 수 없었다. 그렇지만 그는 나이에 비해 기골이 장대하여 그 정도 일은 거뜬히 해낼 수 있었다.

1910년경 부산항 제1잔교 앞 북빈물양장. 많은 범선과 바지선이 계류 중이다. (부산세관박물관)

한국 최초 해외 선원이 된 조남해 (세동양행)

4년이 흐른 1911년, 그는 일본우선(日本郵船) 소속 화물선의 기관부 수습 선원으로 발탁되어, 꿈에 그리던 뱃사람이 되었다. 그리고 22살에는 영국으로 가는 긴 항해 길에 올랐다. 일본 고베항에서 출항한 화물선은 석 달 후에 런던항에 닻을 내렸다. 10여 일간 하역작업을 마치고 본선이 막 출항을 앞두었을 무렵, 그가 선장실을 찾았다. 그동안 세계 여러 항구를 돌며 세상 보는 안목을 넓힌 그는, 자기 봉급이 너무 적은 것이 불만이었다. 당시 갓 들어온 일본 선원의 봉급이 5원인데, 자기는 6년 경력직임에도 2원이었다. 아무리 생각해도 임금을 착취당하는 것 같았다. 그래서 일본인 선장에게 급료 인상을 강력히 요구했다. 하지만 선장은 식민지 조선 출신 하급 선원의 요구를 한마디로 거절한 후 관심을 보이지 않았다. 화가 난 그는 젊은 혈기에 무단 하선을 했고, 일본 선장은 때를 기다렸다는 듯 그를 영국 부두에 홀로 남겨둔 채 출항해버렸다.

화물선에 승선한 조남해 일가족 (세동양행)

10년 전, 낯선 땅 부산 부둣가에 나타났던 산골 소년의 모습이 이제는 이국땅 런던 부둣가에서 그보다 비참한 모습으로 재현되었다. 부산항과 달리, 런던항에선 말조차 통하지 않았다.

낯선 영국에 홀로 떨어진 조선 청년은 다행히 선

원 일자리를 얻었다. 1917년 당시 유럽은 제1차 세계대전 중이었기에 일자리를 찾는 것이 어렵지 않았다. 그는 영국의 기선회사 등에서 30여 년을 뱃사람으로 일하면서 국적을 취득해 떳떳한 영국 시민이 되었다. 1950년 55세에 영국인 여인과 결혼해 딸까지 낳았다. 하지만, 딸을 일찍 여의는 바람에 아픔 또한 컸다.

이후 그는 두 번 조국을 찾았다. 한 번은 휴전 직후에 결혼식을 하기 위해, 또 한 번은 1960년 아예 부산에서 살기 위해 동래 온천장으로 이사하면서였다. 그러나 1년여 만에 부인의 지병이 심해져 치료를 위해 영국으로 되돌아가야 했다.

1970년 부인을 사별하고 다시 외톨이가 된 그는, 런던의 빅토리아 시영아파트로 옮겨 생활하다가 100수를 넘어 파란만장한 생을 마감했다.

그를 연고도 없는 나라에서 세기의 풍운아로 살게 한 동기는 한순간의 무단 하선이었다. 그가 바로 부산 부둣가에서 잔뼈가 굵은 조남해(趙南海)[주1]였고, 본의 아니게 해외로 송출된 우리나라 최초의 마도로스였다.

주1) 김재승, 『韓國海事 100年史話』 (12), 한진해운

우리나라 최초 여성 마도로스

외국과 달리 우리나라는 여성이 배에 타는 것을 금기시했다. 그래서 한동안 마도로스는 마치 남성만의 전유물인 양 인식되었다.

구 선원법은 "선박 소유자는 15세 미만과 여자를 선원으로 고용 못 한다."고 명문화했다. 1984년 정부가 성 평등에 근거해 선원법을 개정하면서 이 조항을 삭제하여 여성도 선원이 될 수 있게 되었다.

1985년 11월 19일 부산지방해운항만청은 부산과 일본 시모노세키를 오가는 부관페리호에 근문 중이던 정해심(丁海心, 26세)에게 처음으로 선원수첩을 발급했다. 한국 해운 역사상 첫 여성 선원이 탄생한 것이다.

동료 김기연(金起延, 24세), 김유경(金有慶, 22세)과 함께 선원수첩을 발급받은 정해심은 1983년 4월 22일부터 이미 페리의 승무원이었지만, 일반 여권으로 승선했기 때문에 입출국 때마다 일반 여행자처럼 수속을 받는 번거로움이 있었다.

여객선의 조리사나 안내원이 아닌, 일반 상선의 첫 여성 선원은 범양상선 펜

오륙도 앞을 지나는 부관페리호 (부산광역시청)

야드호에 수습통신사로 승선한 함지수(23세)였다. 1986년 2월, 삼천포화력발전소에 호주에서 온 석탄을 공급한 선박에 승선했는데, 그녀가 진정한 의미의 여성 마도로스 제1호가 아닐까?

그러면 개항 이후 근대식 항해 교육을 받은 우리나라 최초의 근대 선장은 누구였을까? 신순성(愼順晟, 1878~1944). 그는 일본 동경상선학교에서 4년간 근대식 항해 교육을 받고 항해사 자격증을 취득, 우리나라 최초의 항해사가 되었다. 귀국 후 대한제국 최초의 근대식 군함인 양무호 함장, 최초의 신조 기선 광제호 선장, 조선우선(주) 최초의 조선인 선장(회령환)으로 승무하는 등 항상 최초라는 수식어가 따라다녔다. 그는 2012년 태종대 유원지 해기사 명예의 전당에 헌정되었다.

1960년대 근로자 인력 수출은 실업 해소와 외화 획득이란 일거양득의 기회를 제공했는데 그중에 선원의 해외 취업은 외화 가득률(外貨稼得率)에서 단연 최고였다. 우리나라 최초로 해외에 취항한 선원은 김강웅(金康雄)이었다. 1960년 6월 그리스 국적의 라밀레프스(7천 톤급)호가 부산항에 정박했을 때, 이 배의 통신장이 갑자기 몸이 아파 하선했다. 이때 대한해운공사 소속 1급 무선통신사인 김 씨가 임시 승선하여 임무를 수행하게 되었다. 본래는 미국까지 한 항차만 근무하기로 계약했지만, 태평양 항해 중 고장 난 무전기를 수리하여 본국과 교신을 성공시키면서 정직원으로 채용되었다. 김강웅 통신사의 사례로 한국 선원의 우수성을 인정받아 이후 해외로부터 선원 취업 요청이 뒤따르는 계기가 되었다.

선박 단위 첫 선원 해외 송출은 1964년 2월 10일 시작되었다. 홍콩에 있는 파나마계 선사인 '퐁싱시핑'의 룽화(2천700톤급)호에 1년 고용계약으로 김기현(한국해양대 4기) 선장, 이상래(한국해양대 4기) 기관장 등 선원 28명이 승선하면서부터였다.

관부연락선과 3·1운동의 불씨

부산앞의 후기

20세기 초 러·일 전쟁을 승리로 이끈 일본은 동아시아의 패권 국가임을 자임하듯 대국주의와 팽창주의의 길로 들어섰다. 1905년 경부선이 개통되자 일본은 최초로 대한해협에 국제 정기항로를 개설했다. 일본 시모노세키와 부산을 잇는 관부연락선(關釜連絡船)이었다. 즉 일본 열도 산양선(山陽線)과 조선의 경부선을 연결하기 위해 중간에 선박을 띄워 대륙 진출을 위한 물적·인적 수송 수단을 독단적으로 구축해갔다.

물론 개항 이후 일본은 부산을 비롯해 인천, 원산 등지에 일본인 거류지역을 설치, 상해-나가사키-부산-인천(원산) 간 부정기 항로를 개설해 자국민의 편의와 무역 증진에 힘썼다. 이후 인원과 물동량이 증가하자 1893년 인천-오사카-모지, 1902년 원산-오사카-모지를 잇는 민간 정기항로를 개설해 관부연락선이 쉽게 취항할 수 있게 했다.

관부연락선은 양국 철도를 이용한 수송의 극대화에 초점이 맞춰져 있어서 관부철도연락선이란 말이 더 정확할지 모른다. 1930년 12월, 광주-여수 간 광주선이 개통되면서 시모노세키-여수 간에도 관여(關麗)연락선을 띄웠다. 이후 부산-하카타, 울산-야마구치 등 다양한 항로가 열렸다.

한때 여수항이 연락선 승객과 화물로 홍역을 치른 적이 있다. 1934년 7월 중순 삼남 지방의 폭우로 낙동강이 범람해 경부선이 불시에 끊어졌다. 이런 상황을 모르고 부산항에 입항했던 관부연락선 신라환(新羅丸)은 뱃머리를 여수항으로 돌려야 했다. 경성과 신의주, 만주 등지로 가야 할 철도 승객을 위해서였다. 이처럼 연락선은 일본 철도성 소속의 해상철도였다.

1905년 9월 11일 일기환(壹岐丸)을 시작으로 부산항에 취항한 관부연락선은 1945년 6월 운항이 중지될 때까지 40년 동안 모두 13척이었다. 수송 인원만 해도 3,000만 명이 넘는다. 조선총독부의 식민지 지배자, 이주 농민, 활동 범위를 넓혀 한몫 챙기려는 상공인, 여행자, 수학여행 학생 등 다양했다. 우리나라에서는 신학문을 배우려는 유학생과 노동자, 전시 체제가

관부연락선 신라환(新羅丸) (한국항만연구회)

부산항 관부연락선 부두 (한국항만연구회)

한창인 1930년대 말에는 징용이나 징병에 의한 강제 도항자가 많았다.

많은 사람이 드나드는 관문에는 전염병이 따라오기 마련이다. 콜레라가 대표적 불청객이었다.

1919년 2월 15일에는 이보다도 강한 것이 관부연락선을 타고 비밀리에 들어왔다. 당시 미국 윌슨(Thomas Woodrow Wilson) 대통령의 민족자결주의 원칙 발표에 자극받은 일본 유학생들이 동경에서 2·8 독립선언을 했다. 이 독립선언서를 유학생 김마리아가 몸에 지니고 관부연락선으로 귀국한 것이다.

남학생의 검문이 까다로울 것을 예상한 김마리아는 미농지 10매에 독립선언서를 복사해 처음 입은 기모노 속에 숨겼다. 요코하마 유학생 대표 차경신이 부친의 부음을 듣고 귀국하는 것을 구실 삼아 함께 입국한 것으로 쉽게 빠져나올 수 있었다. 국내 전파를 위해 먼저 백산상회에 들러 안희제 선생과 활동 계획을 논의했다. 이것이 3·1운동의 불씨가 되어 전국으로 들불처럼 번져나갔다.

관부연락선 이름에 감춰진 비밀

관부연락선은 총 13척이었으나 이중 여객선과 화객선(貨客船)은 11척이었다. 그 이름을 취항 일자로 나열하면 섬뜩한 사실을 발견하게 된다. 단순히 친근한 이름을 붙인 것 같지만, 일본 군국주의의 대륙 진출 정책에 편승한 사회 분위기가 고스란히 담겼기 때문이다.

관부연락선의 이름은 먼저 일본 근해 일기도와 대마도에서 출발한다. 이후 조선을 식민지화하고부터는 옛 왕조와 고궁, 금강산에서 이름을 따왔다. 그리고 만주에서 경제 수탈을 본격화한 시기에는 그곳의 산맥 흥안령을, 중국 침략이 확대되고 태평양 전쟁의 참전 의욕에 불타 있을 때는 중국 변방의 명산인 곤륜산과 천산에서 선명을 가져왔다.

일본에서 시작된 이름이 대한해협을 건너 한반도에 상륙하고, 만주를 거쳐 중국 전체를 포괄하는 것으로 변했다. 관부연락선의 이름 변화에서 일본의 정복 야욕을 읽었다면, 과장된 해석일까?

그러나 세상사가 의욕만으로 해결되지는 않는다. 결국 이름을 따라 관부연락선은 산으로 올라갔으니, 좌초되거나 침몰하는 것은 시간문제요, 숙명이었다.

이전 관부연락선보다 크기, 속력, 시설 등이 월등해 '현해의 여왕(玄海의 女王)'이라 불렸던 관부연락선 흥안환의 자매선 금강환. 7,104톤급, 승선 인원 1,746명 (한국항만연구회)

❏ **시대별 관부연락선**

　1. 일본 근해의 섬 이름

　　　- 제1·2차선(1905년) : 일기환(壹岐丸), 대마환(對馬丸) ⋯▶ 객선

　2. 한국과 관련된 이름(왕조 ⋯▶ 왕궁 ⋯▶ 산)

　　　- 제3·4차선(1913년) : 신라환(新羅丸), 고려환(高麗丸) ⋯▶ 화객선
　　　- 제5·6·7차선(1922년) : 경복환(慶福丸), 덕수환(德壽丸), 창경환(昌慶丸) ⋯▶ 객선
　　　- 제8차선(1936년) : 금강환(金剛丸) ⋯▶ 화객선

　3. 만주와 관련된 산악 이름

　　　- 제9차선(1937년) : 흥안환(興安丸) ⋯▶ 화객선

　4. 중국과 관련된 산악 이름

　　　- 제10·11차선(1942년) : 곤륜환(崑崙丸), 천산환(天山丸) ⋯▶ 화객선

※ 관부연락선 중 순수 화물선은 1940년 일기환(壹岐丸)과 1941년 대마환(對馬丸) 2척이다. 이 2척의 선명은 1905년 1차 선명과 같다.

1935년 부산항으로 출항하기 위해 일본 시모노세키항 부두에 정박한 관부연락선 (『사진으로 보는 재일 코리안의 백 년』, 재일한인역사자료관)

송도 랑하도호텔

부산, 인천, 원산항은 우리나라의 대표적인 개항장이다. 일본은 이곳에 조계조약에 의거, 전관거류지역을 설정하고 자국민 거주를 위한 기반을 마련했다. 일제강점기에는 많은 일본인이 식민 조선으로 건너왔다. 일본인 천하가 되자 부산, 인천, 원산, 포항에 그들의 이상향을 표현한 공간이 생겼다. 마쓰시마, 곧 송도(松島, 원산은 松濤)였다.

송도는 일본 삼경(日本三景)의 하나로 2011년 원전 사고가 났던 후쿠시마현(福島縣) 바로 위쪽 미야기현(宮城縣)의 명승지다. 태평양 연안의 푸른 바다, 파란 하늘, 소나무 숲이 조화를 이루어 일본인들이 동경한 이상향 같은 곳이다.

부산 송도도 일본인의 향수가 표현된 대표적인 유원지였다. 개항 당

1953년 송도해수욕장 (두모문화산업, Clifford L. Strovers 사진)

시 이곳은 사람이 살지 않는 한적한 해변이라 인근의 울창한 소나무 숲, 푸른 바다, 새하얀 모래밭이 어울려 경치가 아름다웠다. 일본인의 마음을 달래는 도심 곁의 안식처로 일본인들의 별장, 여관, 호텔과 같은 숙박 시설과 요정이나 놀이시설이 들어서기에 안성맞춤이었다.

1935년 7월 28일 자 동아일보 기사는 마치 이 사실을 증명하는 듯하다. "제6대 우카키 카즈시케(宇垣一成) 총독은 관부연락선을 타고 부산에 내려 즉시 자동차 편으로 송도로 이동해 이곳의 별장 후보지를 둘러보고는 부산역 철도회관에서 만찬을 한 후 송도에서의 일정을 변경한 오후 8시 열차로 귀임했다." 이후 8월 10일 자에도 "우카키 카즈시케 총독이 부산 송도 해안 명치옥(明治屋) 별장에서 피서 후 열차 편으로 경성역에 도착했다"라는 기사가 실렸다. 이렇게 부산 송도는 조선총독부의 수장이 별장 후보지로 생각해 자주 찾았던 곳으로, 누구나 한 번쯤 가보고 싶어 했던 곳이다.

이곳에는 아무나 쉽게 출입 할 수 없는, 고급 요정 같은 호텔이 있었다. '랑하도호텔'이다. 호텔의 정확한 규모는 알 수 없지만, 송도 입구의 전망 좋은 해안절벽 위에 있었다. 정원에는 기묘한 탑과 꽃들이 아름다웠고, 실내는 최고급 장식품으로 호화로웠다. 호텔 지하에는 4개의 밀실이 있었는데, 가끔 이곳에서 비밀 수뇌회의가 열리기도 했다. 이 때문에 출입자 통제가 심했고, 건물 전체에 방음장치가 되어 외부와는 완전히 차단되었다. 특히 일본 총독이 부산에 오면 제일 먼저 찾았던 곳으로 유명했고, 회의 후에는 기생들의 춤 속에 송도의 밤이 깊어갔다고 한다.

김 씨라는 조선 사람은 랑하도호텔과 유별난 인연이 있었다. 진주 기생 곱단이가 문밖에서 울던 한 고아를 데려와 키웠는데 그가 김 씨였다. 성은 그녀의 애인 비단장수 김 씨에서 빌렸다고 한다. 어머니 곱단이가 죽자 김 씨는 어마어마한 재산을 물려받았다. 때마침 관동대지진이 일어났고, 이를 기회로 전투기 구매에 거금을 출연해 일본 정부의 신임과 명예 벼슬까지 얻었다. 나들이 때 일본 경찰의 호위를 받을 만큼 위세 등등했다. 그가 송도 랑하도호텔에 나타날 때도 그랬다.

해방 이후 랑하도호텔은 적산 건물이 되었고, 곧 연합군이 사용하게 될 참이었다. 주인 기미노우에는 몇몇 관리인과 자기 부친을 남겨두고

1929년 부산부 '명소교통도회(名所交通圖繪)'의 송도 부근, 관광지 소개를 목적으로 예술적으로 표현한 작품 (부경근대사료연구소)

먼저 일본으로 돌아갔다. 1945년 12월 27일, 기미노우에의 부친은 주변의 냉대를 이기지 못하고 연료통을 뒤집어쓴 채 호텔에서 자폭했다. 그래서 호텔은 순식간에 불타고 뼈대만 앙상하게 남았다. 부친의 사망 소식을 듣고 일본에서 급히 돌아온 기미노우에는 조그만 트렁크에 부친의 유해를 담고 송도를 떠났다.

폐허로 변한 건물 주변 400여 평의 빈터는 이전에 잡부로 근무한 한

모 씨에게 관리토록 했다. 이후, 한 씨가 세상을 떠나자 그의 며느리 이 씨가 대신했다.

어느 날 낯선 남자가 찾아왔다. 그는 곱단이의 손자, 즉 김 씨의 아들이었다. 그는 부산시장이 허가한 건축허가서와 설계도를 보여주며, 이곳에 대규모 호텔을 지을 계획이라고 했다. 해방 후 어수선한 상황에서, 자신이 예전에 부친에게 들은 이야기를 근거로 전망 좋은 이 공유지에서 한몫을 챙기려는 참이었다.

하지만 얼마 후 뜻하지 않은 6·25 전쟁이 일어나 서울맹아학교가 부산으로 피란했고, 1951년 10월 이곳 호텔 자리에 임시가교를 짓고 터를 잡았다. 이어서 임시가교 주변에 20여 세대의 판잣집이 생기며 마을이 형성됐다. 이곳을 찾은 김 씨는 이에 분개해 경찰까지 동원해 철거 소동을 벌였다. 그러나 법원에서 그의 손을 들어주지 않자, 김 씨는 행방을 감추었다.

한때, 부산항 적기만에 일본군이 두고 간 보물 동굴을 찾는다고 부산이 떠들썩했던 적이 있다. 조선총독부의 고위 간부가 드나들고 밀실 회의가 열렸던 이 호텔에 대한 관심도 그 못지않았다. 지하에 금은보화가 묻혔다는 괴소문이 나돌면서 지나는 사람마다 이 앞에서 발길을 멈추고 엘도라도의 꿈을 꾸었다.

그래서 최초의 관리인이던 한 씨가 지하실을 파보았는데, 사기그릇 몇 점뿐 별다른 것이 없었다고 한다. 그런데도 소문은 사라지지 않고 한

동안 꼬리에 꼬리를 물며 많은 사람의 관심을 불러일으켰다고 한다.

이제 송도 랑하도호텔의 흔적을 찾아보기 힘들다. 하지만 이 호텔에 얽힌 전설 같은 이야기는 아직도 긴 여운으로 남아서, 지난날 우리 역사의 단면을 보여 준다고나 할까.

디아스포라 6·25, 애환에 울다

6·25 전쟁과 '미스 코리아'

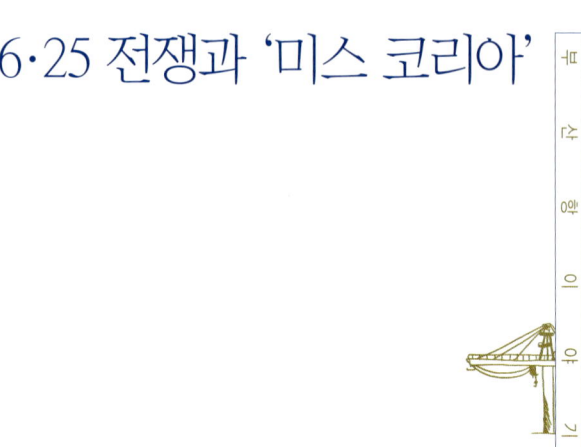

6·25 전쟁은 부산을 피란도시로 만들었다. 곧 수도까지 피란하니 부산은 피란수도(避亂首都)^{주1)}가 됐다. 1950년 8월 18일부터 1953년 8월 14일까지 3년이라 '임시수도 1000일'이란 말도 생겼다.

갑작스러운 전쟁은 온 국민에게 인명, 재산 피해와 고통을 안겨 주었다. 어수선하고 암울한 분위기로 모두가 지칠 무렵, 국민에게 활기와 희망을 주는 범국가적인 행사가 있었다.

그 가운데 하나가 1952년 10월 21일 11시 부산항 제1부두에서 있었던 1만 톤급 화물선 고려호(高麗號) 취항식이다. 전쟁에서 나온 고철 1,678톤을 미국으로 수출하고자 최초로 태극기를 달고 태평양을 횡단하는 감동적인 출항이었다. 큰 화물선은 미국, 영국 같은 몇몇 선진국만 보유하던 때이므로 전쟁으로 힘든 우리나라가 이런 배를 취항한 것 자체가 자랑거리이자 국민에게 꿈과 희망을 준 사건이었다.

미스 코리아호란 닉네임을 가진 고려호 (부산세관박물관)

취항식 날 아침, 이승만 대통령은 식에는 참석하지 못했으나, 앞서 배에 올라 취항을 축하하고 선장인 박옥규 해군 준장을 격려하기도 했다.

고려호는 본명보다 '미스 코리아(MISS KOREA)호'라는 별칭이 더 유명했다. 이 배는 태평양 전쟁 당시인 1945년 7월 20일 부산항 입구에서 미군의 기뢰에 맞아 좌초된 일본 국적의 화물선 가쓰우라마루(和浦丸)이다. 전쟁이 끝나고 남궁련(南宮鍊)이 설립한 극동해운(주)에서 1949년에 인양하여 일본 나가사키 조선소에서 수리했다. 수리를 마친 고려호는 부산항으로 귀항하려 했지만, 6·25 전쟁이 발발한 데다 70만 불의 수리비를 지급하지 못해 어려운 상황이었다. 결국, 선주 측은 정부 자금 지원을 요청했고, 이것을 결재하던 이승만 대통령은 'M.S. KOREA'를 'MISS KOREA'로 잘못 읽고 말았다. M.S.는 Motor Ship의 약자로 내연기선(內燃機船)이란 뜻이다. '내연기선 고려호'가 '미스 코리아호'로 바뀐 것은 당시 사람들에게 오랫동안 가십거리였다. 그래서 지금도 국가기록원을 비롯한 여러 자료에서 '미스 코리아호'라는 선명을 쉽게 만날 수 있다.

7개월 뒤인 1953년 5월, 전쟁의 암울한 분위기를 바꾸는 색다른 행사가 열렸다. 우리나라 최초 미스 코리아 대회라 할 수 있는 '여성 경염 대회'(주2)로, 당시 피란수도 부산에서 창간된 중앙일보(주3)가 주최했다.

시대 상황 때문인지 대외적 관심도나 심사 방법이 특이했다. 미혼녀만을 대상으로 한 예선 선발 기준을 보면, 몸은 신장 기준(다섯 자, 약 150㎝)에 맞춰 깡마르거나 뚱뚱하지 않고, 얼굴은 둥그스름하고 복스러워야 했다. 또 옷을 입었을 때 등이 반듯하고, 걸을 때 다리가 휘어지지 않으며, 웃을 때 치아가 하얗고 반듯해야 하는 겉모습 외에도 현모양처의 기품이 필수 조건이었다.

당시에도 미인 대회의 하이라이트는 수영복 심사였다. 전쟁이라는 시대적 분위기를 고려하여 비공개로 예선 심사를 했다. 그런데 본선 심사는 개회식조차 못하고 취소되었다. 소문을 듣고 몰려든 사람들로 심사장이 아수라장이었기 때문이다. 결국, 며칠 뒤 예선 통과 미인과 심사위원만 따로 모여 심사했고, 당시 숙명여대 영문과에 재학

1952년 12월 9일 샌프란시스코 스톡턴(Stockton)항에 입항한 고려호 환영 행사 (한국해기사협회)

중이던 강귀희가 1등의 영예를 차지했다. 이렇게 우리나라 최초의 '미스 코리아'는 피란수도 부산에서 탄생했다.

  우연이었을까? 전쟁의 와중에 분위기 쇄신을 위해 바다와 뭍에서 성격이 다른 행사가 펼쳐졌지만, '미스 코리아'란 점에서 서로 의미가 통한다. 결과적으로 이승만 대통령은 피란수도 부산에서 탄생할 '미스 코리아' 대회를 예견하듯 고려호 자금 지원 결재선상에서 '미스 코리아'라는 말을 유행시킨 셈이다. 당시 '미스 코리아'란 말은 어쩌면 긴장 가득한 시대상을 뚫고 피어난 희망의 왕관이었는지 모른다.

주1) 부산을 '임시수도(臨時首都)'에서 '피란수도(避亂首都)'로 부르게 된 동기는 2015년 부산발전연구원이 펴낸 『피란수도 : 부산 건축·문화자산의 유네스코 세계유산 등재를 위한 기초연구』에서 '피란수도'의 개념을 정의하면서다. 부산은 6·25 전쟁 중 1,023일(1950년 8월 18일~10월 26일, 1951년 1월 4일~1953년 8월 14일) 동안 대한민국의 수도 기능을 했다. 이처럼 장기간 수도 기능을 했음에도 부산은 현재까지 '임시수도(Provisional Capital)'라는 명칭이 관례로 사용되었다. '임시수도' 개념은 중앙 집중적 사고를 내포한 표현이며 기간의 장기성, 기능의 완전성, 체제의 안전성 등을 고려할 때 적절한 표현이 아니기에 '피란수도'라 명명하면서 이후 부산 지역을 중심으로 명칭 사용이 확산되었다.

주2) 당시는 '여성의 아리따움을 겨룬다'는 뜻의 경염(競艶)이란 용어를 사용했다.

주3) 피란수도 부산에서 창간한 타블로이드(Tabloid) 신문으로, 지금의 『중앙일보』와는 다르다.

부산항 마카오 신사

부산항 이야기

해방 이후 한 시대를 풍미하던 마카오 신사가 6·25 전쟁 후반기에 부산의 최고 번화가인 광복동을 활보했다면 쉽게 이해되지 않을 것이다. 더구나 미군을 대상으로 하는 직업여성들이 입술과 손톱을 빨갛게 칠하고 화려한 옷에 '삐딱구두'라고 불린 하이힐을 신고 보란 듯이 거리를 활보하며 '유엔 사모님'이란 유행어를 만들었다. 이에 질세라 일부 부유층 사내들은 밀수품 외제 양복에 삐걱삐걱 소리가 나는 속칭 '제비구두'를 신고 날라리처럼 행세하던 모습이 피란수도 부산의 진풍경이었다. 가장 암울했던 시기에 사치와 유행의 대명사 마카오 신사까지 등장해 거리를 누빈 것은 아이러니다.

해방은 우리에게 자유와 독립의 가치를 안겨주었지만, 서구식 유행도 몰고 왔다. 당시 남자라면 한 번쯤 '양복 입은 신사'가 되고 싶었다. 그것도 영국제 옷감으로 양복을 맞춰 입고 맥고모자(麥藁帽子)나 파나마모자(Panama 帽子)를 쓰고 스프링코트(Spring coat)에 조끼, 재킷, 와이셔츠, 넥타이까지 한 신사였다.

마카오 신사란 말이 첫선을 보인 것은 해방 이후다. 1947년 3월 중순, 인천항에 영국 국적의 페리오드(Period, 4,500톤급)호가 입항했는데, 마카오에서 생고무 45톤, 식염 2,100톤, 그리고 캐나다지(紙) 40톤을 싣고 들어온 무역선이었다. 이 배가 입항하고부터 마카오 무역, 마카오 신사란 말이 유행했다. 1950년 이후에는 마카오나 홍콩 등지에서 밀수입한 양복감으로 양복을 지어 입은 사람을 흔히 마카오 신사라 불렀다.

그런데 왜 마카오 신사만 유행의 모델이 되었을까? 당시 홍콩도 마카오 못지않은 무역도시였다. 해답을 찾기 위해 역사를 거슬러 올라가면, 마카오는 홍콩보다 무역뿐 아니라 도박, 사치, 환락 면에서 앞선 역사 문화 도시였다.

1951년 피란수도 부산의 광복동 거리. 도로변에 군용 지프가 늘어섰고 정장 차림의 시민들이 활보한다. (부산세관박물관)

그 당시 유행한 '마카오 신사의 8대 특징'[주1]이 있었다. 이에 따르면 정통 마카오 신사는 여덟 가지 외제 명품으로 치장해야 했다.

먼저 영국산 양복감으로 맞춘 양복에, 역시 영국산 와이셔츠를 받쳐 입고, 발에는 이탈리아제 발리 구두, 손목에는 스위스제 롤렉스 시계, 허리에는 이탈리아제 악어가죽 벨트, 손에는 프랑스제 크리스티앙 디오르 또는 루이뷔통 가방, 머리에는 필그램 파나마모자를 슬쩍 걸친 다음, 마지막으로 샘소나이트 여행용 트렁크를 끌어야 정통 마카오 신사였다.

이 정도의 외국산으로 감싸려면 비용이 만만찮은 데다 구색을 갖추는 것도 여간 힘든 일이 아니었다. 그래서 실상은 밀수입된 명품으로 부분적으로 치장하기에 급급했다.

흥미로운 것은, 1952년 피란수도 부산에는 두 종류의 마카오 신사가 있었다는 점이다. 어느 나라 관문을 지키는 세관원은 그 나라의 얼굴이므로 깔끔한 제복을 입었다. 당시 부산항에는 외교사절, 외신기자 등이 수시로 드나들었다. 정부 수립 이후 세관원들은 미군의 바지를 염색해서 입는 등 제대로 된 제복이 없었다. 그래서 정부는 전시예산을 긴급 편성해서 홍콩에서 영국제 양복감을 수입, 해군 장교복 같이 단추 8개 달린 양복으로 세관원 제복을 지급했다. 그래서 세관원들은 하루아침에 마카오 신사가 되어 버렸다.[주2] 일부 직원은 이것이 출퇴근 복장이었으니, 국가가 공인한 마카오 신사가 부산항 주변을 누빈 셈이다.

밀수꾼들도 밀수입한 양복감으로 옷을 맞춰 입고 당시 유행한 마카오 신사의 대열에 합류했다. 그러나 세관원과 밀수꾼은 같이 마카오 신사로 불렸어도, 서로 쫓고 쫓기는 앙숙 관계였다.

주1) 남상수 「남기고 싶은 이야기 -고쟁이를 란제리로-」 중앙일보(2002. 6. 25.)
주2) 관세청·한국관세무역연구원, 『120년 역사 속에서 찾은 '세관야화'』, 한국관세무역연구원, 2000, P132~133.

부산항 제1부두

부산항이야기

1905년 경부선이 개통되자, 일본은 시모노세키와 부산 사이에 관부연락선을 띄웠다. 밤새워 대한해협을 내달린 관부연락선이지만, 부산항에 와서는 부두 접안시설이 부족해 항 내에 머물러야 했다.

조선 내륙을 관통하는 경부선의 시발점인 부산역도 지금의 초량 부근에 있어서 해륙운송에 어려움이 많았다. 관부연락선이 철도 운송과 연계된 해상 운송수단 역할을 제대로 하려면 접안 가능한 부두까지 철도가 놓여야만 했다. 두 교통수단의 연결 접점을 찾는 공사가 1906년에 시작된 부산해관공사였다.

일본은 조선 정부에 압력을 가해, 용두산 앞 해변에 있던 부산해관을 지금의 중앙동 해변으로 이전하려 했다. 이 공사로 제1부두의 토대인 해관잔교 즉 부산잔교가 생겼고, 북항의 부두 기점이 되었다. 일본 주도로 진행된 해관 공사는 1912년 완공되었으며, 관부연락선은 물론 일반 화물선이 접안하는 부산항의 대표 부두가 되었다. 그리고 우리 민족 자본의 수탈과 대륙 침략의 거점 공간으로 역할을 하였다.

뒤돌아보면, 부산항 제1부두는 강제노역과 학병으로 끌려가며 '울며 헤진 부산항'이란 이별의 노래를 불렀던 곳이고, 김마리아가 일본에서 3·1운동의 불씨를 가지고 첫발을 내디딘 곳이며, 눈물로 떠났던 140만 명의 동포가 해방을 맞아 환희의 물결처럼 귀국한 현장이었다. 또, 6·25 전쟁 때는 후방 군수기지로 이 나라의 버팀목이었다. 1960년대 이후로는 계속 부두 확장 공사를 하며 우리나라 경제 성장을 이끈 물류 산업 현장으로 변했다. 1963년에는 제1부두 남측에 부산종합어시장이 들어섰고, 1973년에 공동어시장이 지금의 충무동 쪽으로 옮겨가

대한제국 시대 부산세관 건축 직전 모습. 좌측 부산역은 1910년 10월 준공 (부산세관박물관)

며 그 자리에는 국제여객터미널이 들어서 한·일간 페리와 쾌속정 시대를 열었다.

부산항 제1부두는 한국의 해양과 원양수산업 개척의 역사적인 현장이기도 하다. 1952년 10월 21일, 1만 톤급 한국 국적 화물선 고려호가 최초로 태평양을 건너는 취항식이 열렸다. 1957년 6월 26일 한국 최초의 원양어선 지남호(指南號, 230톤급)가 인도양으로 참치잡이에 나서기 위해 출항식을 했다.[주1] 2008년 4월 2일에는 한국 최초로 부산을 모항으로 하는 연안 크루즈선 팬스타 허니호의 출항식도 이곳에서 열려 해양관광의 품격 있는 크루즈 시대를 열었다.

부산항 제1부두는 화물을 하역하고 장치하는 부두 본래의 기능에 더해 우리 민족의 애환과 함께하고, 이 나라 해양인의 개척정신이 서린 상징적인 부두다.

1970년대 부산항 제1부두. 창고 건립 및 부두 확장 공사가 진행 중이다.
(부산세관박물관)

그러나 제1부두 어디에도 역사적인 사실을 기억할 만한 유물이나 기념비 하나 없다. 해양수도로서 최소한의 힘을 가지려면 부산항만이

1981년 초 부산항 국제여객부두와 제1부두. 뒤편으로 부산세관이 보인다. (부산세관박물관)

가진 역사적 가치와 정체성을 찾아 가꾸고 그 정신을 기려야 한다.

늦게나마 2017년 부산시는 피란수도 유산 지정 대상으로 제1부두 보존을 정부에 건의했다. 그 결과, 문화재청에서 타당성 검토가 이루어져 갑자기 보존설이 급부상했다.

북항재개발사업이 개발 논리에서 보존 차원으로 새로 검토되는 것은 매우 다행스러운 일이다. 부산항이 조화와 상생을 통해 역사성을 온전하게 후세에 물려줄 수 있다면, 이곳은 살아있는 부산항의 이야기 현장으로 그 가치를 더할 것이다.

주1) 『통계로 본 원양어업 50년』 한국원양어업협회, 2007, P54~55.

부산항 제2부두

부산항 이야기

　가수 고봉산이 1961년도에 불러 크게 히트한 '아메리카 마도로스'[주1)]는 부산항을 노래한 대중가요의 하나다. "무역선 오고 가는 부산 항구 제2부두"로 시작된 노랫말에서 제2부두는 아메리칸 마도로스의 주 무대이면서, 동시에 부산항을 대표하는 부두였음을 알려준다. 6·25 전쟁 당시 제2부두는 제1부두와 함께 부산항의 핵심 후방 군수기지였다. 제1부두가 병사를 수송하는 기능을, 제2부두와 나머지 부두는 전쟁 물자와 군 장비를 수송하는 기능을 했다.

　특히, 제2부두는 미군과 유엔군의 군복, 생활 도구, 먹을거리 등을 전선으로 운반하는 병참기지 역할을 했다. 6·25 전쟁 발발과 동시에 미군에 징발됐던 제2부두는 전쟁 후반기인 1952년 10월 25일에 유엔군 당국으로부터 우리 정부에 반환됐다. 이후 휴전되면서 전후 구호원조물자를 실은 미국 화물선이 부산항을 드나들기 시작했고, 밀가루나 옥수숫가루 같은 화물은 주로 제2부두에서 하역됐다. 그러다 보니 자연스레 제2부두는 미국 선원들의 발길이 잦아지면서 '아메리칸 부두'로 불리며 햄버거 냄새를 풍기는 장소가 됐다.

1910년 중반 부산항 제1, 2부두 (부산세관박물관)

6·25 전쟁 당시 군수 물품 하역의 대표 부두였던 부산항 제2부두 (부산세관박물관)

1962년 초 제1차 경제개발 5개년 계획이 펼쳐지면서 부산항은 물류산업의 현장으로 생기가 돌기 시작했다. 같은 해 6월 10일에 단행된 제3차 통화개혁을 앞두고 부산항은 또 다른 긴장감에 에워싸이면서 분주해졌다. 영국에서 비밀리에 제조된 신 은행권이 그해 5월 18일 부산항 제2부두에 도착했기 때문이다. 신 은행권의 하역작업은 당시 중앙정보부 차장의 진두지휘 아래 공수단까지 경비에 참여할 정도로 극비리에 진행되었다. 디데이(D-day)를 하루 앞두고 신 은행권이 각 한국은행 지

부산항 이야기

점으로 모두 수송됨으로써 작전은 끝났다.

이렇게 부산항 제2부두는 군수기지뿐 아니라 물류 산업의 현장이었고, 대한해협을 오가는 화객선 취항식이 열린 역사적인 공간이기도 했다. 먼저 1964년 1월 13일에는 해방 후 우리나라 최초의 한·일간 정기 여객선인 아리랑(969톤급)호의 명명 및 취항식이 제2부두에서 열렸다.

대한해운공사 소속의 이 여객선은 1962년 해운사업 5개년 계획의 하나로 일본 토좌조선소에서 발주했다. 총 승객 278명을 싣고 부산에서 일본의 시모노세키, 고구라(小倉), 오사카를 연결하는 항로를 운항했으며, 1970년경 중단됐다. 아리랑호의 국제항로 바통을 이어받은 것이 부관페리호였다. 1970년 6월 17일 제2부두에서 열린 취항식은 1965년 한·일 국교 정상화 이후 양국을 잇는 상징적인 행사였다. 당시 백선엽

부산항 제2부두에서 열린 부관페리호 취항식 (주식회사 부관페리)

(白善燁) 교통부 장관과 기시 노부스케(岸信介) 전 일본 총리 등 한일 양국 대표를 비롯한 2천여 명의 시민이 모일 만큼 관심이 대단했다.

이제 부산항 제2부두는 북항재개발사업으로 우리 시야에서 사라진다. 제2부두는 1911년 일제강점기와 함께 시작한 부산항 제1기 축항공사에서 비롯되었다. 당시 400만 원의 예산으로 4년에 걸쳐 선박 2만 톤급 2척, 7천 톤급 1척이 동시에 접안하는 부두시설을 만들었는데 계획보다 4년이 연장되어 1918년에야 완공되었다.

이후 제2부두는 일제의 대륙 침략 교두보 역할을 했다. 그러나 해방 이후 군수기지 또는 우리 경제를 이끌어온 물류의 현장으로 탈바꿈하면서 우리 근현대사와 함께했다.

주1) 본래 노래 제목은 '아메리카 마도로스'이고, 노랫말 가운데 마지막 구절에는 '아메리칸 마도로스'가 쓰였다. 미국 선원은 아메리칸 마도로스(American Matroos)가 무난한 표기지만, 1960년대 외래어 표기가 불완전했음을 보여준다. 이후 많은 가수가 이 노래를 리바이벌하면서 '아메리칸 마도로스'로 점차 표기하였다.

메리켄 부두

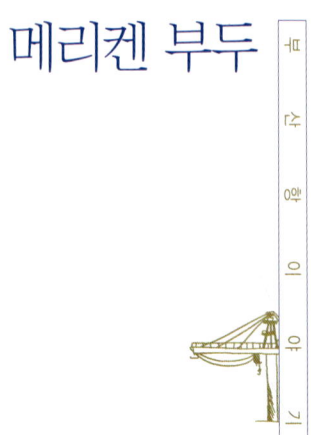

우뚝 선 영도다리 갈매기들 놀이터
물에 뜬 네온 불도 부산항구다
메리켄 부둣가에서 내일 다시 만나주세요
파자마 입은 아가씨들의 인사가 좋다.

1956년 가수 방운아가 부른 '부산 행진곡'의 2절 노랫말이다. 6·25 전쟁 이후 부산항의 분위기를 경쾌한 리듬에 담은 가요로 유명했는데, 가사 중에 '메리켄 부두'라는 낯선 명칭이 있다. 이것은 부산항의 어떤 부두를 가리키는 것일까?

일본 고베항, 요코하마항에 가면 '메리켄 파크', '메리켄 부두' 등

'메리켄(メリケン)'이라는 용어를 쉽게 접한다. 메리켄(Merican)이란 말은 아메리칸(American)에서 비롯됐다. American의 me에 강세가 있어 메리켄으로 들렸다. 19세기 중엽부터 동아시아 내 서세동점이 본격화되면서 일본에서 외래어를 지명에 사용하는 현상이 나타났다. 고베항 개항 후 미국 영사관이 있는 부두를 '메리켄 하도바(メリケン はとば)'[주1]라 했고, 그곳은 미국 무역선이 드나드는 주요 부두가 되었다. 미국 화물선이 싣고 온 정제 밀가루를 메리켄분(メリケン粉)이라 했다. 마치 우리가 외국산 박래품 앞에 양(洋)자를 붙여 양복, 양화점으로 말하는 것과 같다.

일본의 메리켄 부두는 서양 문물의 통로이자, 항만 성장의 중심축이었다. 하지만 일본에 의해 강제 개항된 부산항은 일본 독점 항로 개설 등 '왜색화'에 급급했다. 그래서 '메리켄'이 우리나라에 접목된 것

1954년 부산항 제1, 2부두 (두모문화산업, Clifford L. Strovers 사진)

은 미국 화물선이 본격적으로 부산항을 드나들던 1950년대 이후다.

부산항 제1, 2부두는 정부 수립 이후 우리나라에서 무역선이 가장 많이 드나든 부두였다. 특히 전후 구호원조물자를 실은 미국 화물선이 자주 접안돼 밀가루, 옥수숫가루 등을 하역했다. 그래서 부두 주변에는 미국 선원의 발길이 잦았다.

이 모습을 보고 1961년 가수 고봉산은 '아메리카 마도로스'라는 가요를 발표했다.

무역선 오고 가는 부산 항구 제2부두
죄 많은 마도로스 이별이 야속터라.
닻줄을 감으면- 기적이 울고
뱃머리 돌리면- 사랑이 운다.
아~ 아~ 항구의 아가씨
울리고 떠나가는 버리고 떠나가는
마도로스 아메리칸 마도로스

'아메리카 마도로스'라는 이름으로 발매된 레코드 앨범 (박명규)

첫 소절부터 부산항 제2부두가 무역선 오가는 '메리켄 부두'라는 의미를 담았다.

주1) 하도바(はとば, 波止場, 부두)

부산항 제3부두

부산항 제3부두는 파월장병들의 애환이 서린 공간이다. 1964년 이후 이곳에서 환송·환영식이 열릴 때면 태극기 물결 속에 오색 꽃가루가 바람에 휘날리고, 목메어 부르는 이름 석 자에 부산항도 울고 웃었다. 그래서 부산항 제3부두는 한동안 국방부 전용부두로 알려졌다. 현재는 북항 재개발사업에 따라 제3, 4부두가 국제여객터미널로 바뀌어 부산항의 새로운 관문으로 탈바꿈했다.

부산항 제3부두는 일제강점기인 1936년 조선총독부의 부산항 축항공사에서 시작된다. 제4부두와 함께 만들어져 1941년에 완공되었고 이후 태평양 전쟁을 맞았다. 해방 후 6·25 전쟁이 일어나자 수심이 깊고 창고시설까지 갖춘 제3부두에 군수물자를 실은 화물선이 자주 접안했다. 그런데 가끔 이 화물선이 밀수에 가담해 관계자를 혼란에 빠뜨리곤 했다.

피란수도 말기인 1953년 5월 8일 오전 11시, 제3부두에는 위기감이 감돌았다. 평소 같으면 하역작업으로 부두가 한창 바쁠 시간이었다. 부두에는 일본에서 영국군 군수물자를 가득 실은 영국 국적의 4,000톤급 화물선 화생호가 접안했다. 이 배에는 선장을 비롯한 영국인 고급 선원과 60여 명의 중국(현 타이완 국적)인 선원이 승선했다.

부산세관 심리과에 한 시민이 찾아와 특급 밀수 제보를 한 것은 전날 오후였다. 영도 바닷가 움막집에 산다는 제보자는 밤에 소변을 보러 나갔다가 눈앞에서 펼쳐지는 금괴 밀거래 상황을 목격했다는 것.

그러잖아도 시중의 금괴 밀수 풍문에 골머리를 앓던 세관은 이 제보에 사활을 걸었다. 그날 오후 즉시 수사반을 편성한 세관은 전쟁이라는 어수선함 속에서도 호경기를 누린다는 광복동의 금은방 몇 군데를 급습해 현품을 확보했다. 저녁 무렵에는 금괴 운반책을 제3부두 근처에서 검거하고, 화생호에 금괴가 은닉된 정보까지 얻었다. 수사 요원들이 화생호를 수색하려 했지만, 쉽지 않았다. 중국 선원들은 망치 같은 둔기를 들고 완강

부산항 제3부두는 1960년대 파월 장병의 환송·환영식이 있던 부두로 유명했다. 사진은 환송식의 모습이다.
(한국향토문화전자대전)

히 저항했다. 키 2m가 넘는 갑판장은 마치 해적단 두목처럼 선원들을 규합, 대치했다.

부두에는 세관 및 경찰 수사관 30여 명과 경찰대원 150여 명이 무장한 채 집결했다. 영국도 자국의 선장 등을 보호하기 위해 영국군 2개 중대를 완전무장하여 출동시켰고, 부두 질서 유지를 위해 미국 헌병까지 현장에 출동해 상황을 지켜보았다. 그야말로 전쟁 와중에 한·중·영·미 4개국이 부두에서 대치하는 돌발 상황이었다. 사태의 심각성을 알고 제일 먼저 달려온 사람은 주한영국공사관의 비어치 일등서기관이었다. 이어서 우리 정부의 외무부 담당 과장, 치안국 담당 부국장까지 나와 직접 경찰대를 지휘했다. 결국, 우리 측에서 사건의 경위를 영국 측에 이해시킨 후 선내 수색이 이뤄졌다.

맥주 상자 속에서 금괴와 시계를 발견했고, 밀수 주범은 덩치 큰 갑판장 일행이었다. 이들은 군수화물 수송선이 세관검사를 생략하는 것을 알고, 노무자와 짜고 영국 선장 몰래 밀수를 강행했다.[주1]

1995년경의 부산항 제3, 4부두 (부산광역시청)

주1) 한국관세협회, 『관세』 제76호 「밀수 수사 실화 시리즈(25)」 1976.

조도의 또 다른 얼굴

자연의 퇴적작용으로 육지화한 섬이 해운대 동백섬이다. 이런 섬을 육계도(陸繫島)라 한다. 반면, 부산항 입구의 조도는 인공적으로 뭍이 된 섬이다. 본래의 섬 특성을 잃었기에 이들 섬은 통계에 잡히지 않는다. 그렇지만 오륙도와 쌍벽을 이루는 조도는 멀리서 보면 여전히 섬의 형태를 잃지 않고 부산항의 이면 역사를 품고 있다.

조도는 1967년 방파제 공사로 육지와 이어지고, 1974년 6월에는 한국해양대학교가 이곳으로 이전하면서 캠퍼스 단지로 주목받았다. 하지만 이 섬이 1950년대 말에는 우리나라에서 둘도 없는 밀수 소굴로 악명을 떨쳤다면 놀랄 것이다.

6·25 전쟁 후, 사회가 불안하고 생필품이 부족해지자 극성을 부린

1953년경 조도 (부경근대사료연구소)

것이 대마도 이즈하라항에 거점을 둔 해상 특공대 밀수였다. 이름 그대로 특공대 밀수는 일부 권력기관과 폭력조직이 관여하면서 악랄하기로 유명했다. 1959년 조도는 90여 호에 약 550명의 주민이 사는 한적한 어촌이었다. 이 마을이 갑자기 밀수조직의 주목을 받은 것은 1950년대 중반이었다. 조도는 시내와 가깝고 교통이 편리한 데다 인근에 부산항의 외항선 묘박지(錨泊地)가 있어 밀수품을 육지로 운반하는 데 그만이었다.

이것을 알았던 밀수조직들은 세력 확장을 선점하려고 섬 주민을 포섭하는 등 물밑 경쟁이 뜨거웠다. 주민들도 생업보다 고생을 덜 하고 수입이 짭짤한 밀수에 끌려들어 나중에는 주민 80~90%가 발을 들여

놓았다. 고기잡이배는 밀수품 운반선으로, 어구 창고는 밀수품 창고로 둔갑하면서 남편이 양륙 밀수품을 창고에 숨기면, 아내는 이것을 세분해서 국제시장 등으로 반출하는 운반책 역할을 맡았다. 노부모까지 망을 보는 보초 역할을 하면서 가족 모두가 밀수라는 생업에 참여해 살아가는 처지가 되었다.

그러나 이것도 잠시였다. 외곽에서 관망하던 조직폭력배가 직접 이곳 섬에 발을 뻗치면서 분위기는 확 달라졌다. 폭력으로 주위를 제압한 이들은 대부분 집에 지하 비밀창고를 설치하는 등 섬 전체를 흉악한 밀수 소굴로 변모시켰다.[주1] 더욱이 섬 주민마저도 이들과 일심동체가 되어 좀처럼 흔들리지 않았다. 그래서 정보가 새어 나오지 않아

1991년경 조도. 방파제로 뭍과 연결된 조도에는 한국해양대학교 캠퍼스가 있다. (부산광역시청)

세관을 비롯한 관계기관에서 첩보 활동을 펼치는 데 어려움이 많았다.

그렇지만 호랑이를 잡으려면 호랑이굴에 들어가야 하듯, 더 강력한 밀수 단속을 펼치는 것만이 이들의 철옹성을 허무는 방법이었다. 1960년 2월 2일 이곳에 세관 초소[주2]를 설치하면서 분위기는 급변했다. 처음에는 흉기를 들고 대항하는 등 저항이 심했지만, 시간이 흐를수록 공권력 앞에 밀수조직은 서서히 무너졌다. 결국, 이들이 하나둘 꼬리를 내리면서 섬에는 서서히 평화가 찾아왔다.

오늘날 조도에서는 예전 흔적을 읽을 수 없다. 이곳이 우리나라 미래의 해양 일꾼을 키우는 산실로 바뀐 지 오래되었기 때문이다. 상전벽해(桑田碧海)란 이를 두고 한 말이 아니겠는가.

주1) 『釜山稅關報』 1959년 11월 25일 자
주2) 세관 초소에는 직원 4명과 감시선 1척이 배치되었다.

밀수 영화

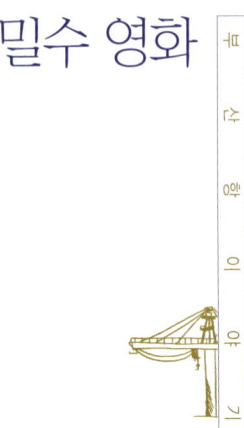

부산항 이야기

    밀수범은 정상 무역의 궤도를 벗어난 무법자로 무역질서를 어지럽히는 존재다. 부산항은 우리나라의 대표적인 해상 관문이지만, 밀수 본산이라는 아름답지 못한 기록을 가졌다. 밀수는 사회가 혼란스럽고 경제가 어려울수록 더욱 활개를 치는데, 해방과 6·25 전쟁 시기에 더욱 성행해 나라 경제를 어렵게 했다.

    밀수 형태는 시대에 따라 변했다. 해방 후에는 중국 정크(Junk) 선을 이용한 밀수, 6·25 전쟁 이후는 대마도 특공대 밀수, 1970년대는 대일 활어선 및 냉동운반선을 이용한 밀수, 1990년 전후에는 컨테이너를 이용한 합법 가장 밀수 등이 부산항을 중심으로 남해안 일대에 극성이었다. 그래서 정부는 밀수를 사회악으로 범죄시하며 단속에 사활을 걸었다.

세관 등 관계 기관의 직접 단속 외에 밀수 근절을 위한 사회 계몽 운동도 있었다. 농촌 계몽을 위해 심훈의 『상록수』 같은 소설이 나온 것처럼, 밀수 근절을 위해 밀수 계몽 영화가 필요했다. 이런 목적으로 제작된 영화가 1948년에 개봉한 안진상 감독의 『여명(黎明)』이었다.

어느 어촌지서에 권영팔, 이금용 두 순경이 근무했다. 권영팔은 모범 순경이었지만, 이금용은 아니었다. 어느 날 이한종이란 밀수범이 이 순경을 포섭해 밀수품을 배에서 내리고 라이터를 뇌물로 준다. 이 일로 심경의 갈등을 겪던 이 순경이 마침내 양심의 가책을 느끼고 지서 주임에게 사실을 자백함으로써 밀수배 일당을 일망타진하고 밀수품도 압수한다는 것이 영화의 줄거리다.

민주 경찰과 밀수 근절을 주제로 한 35㎜ 흑백 계몽 영화 『여명』은 경상남도 경찰국 소속 제7관구 경찰청 공보실이 후원하고, 건설영화사가 제작했다. 이민자, 권영팔, 이금룡, 황남 등

영화 『여명』의 한 장면 (한국영화자료연구원)

이 출연했고, 당시 제작비는 450만 원이었다. 밀수 근절이라는 계몽성을 너무 강조한 탓인지 흥행에는 실패했다.

이 영화에 이어, 1949년 재무부 관세국에서도 밀수의 해악을 국민에게 알리고 협조를 구하고자 제2탄 밀수 계몽 영화 제작을 계획했다. 그러나 6·25 전쟁으로 끝내 무산되었다.

이후 제작된 밀수 관련 영화는 정경준 감독의 『밀수선』이다. 남보영화제작소가 1955년 8월, 부산의 영화인을 중심으로 제작했는데, 해양경찰대의 후원으로 평화선(平和線) 근해에서 촬영하였다. 제작 2년 후인 1957년 12월에 상영했고, 출연진은 신동훈, 황순덕, 이두한, 이월호, 이유화, 나종범, 장식준 등이었다. 이 영화 광고에 "한국 최초의 해양 대활극"이라는 문구가 쓰였는데, 당시 부산을 중심으로 남해안에서 극성을 부리던 대마도 특공대 밀수를 지칭한 말이었다.

1975년 8월, 여수세관에서 세관 수사 직원이 밀수선 선장 아들의 칼에 질려 사망한 사건이 있었다. 정부는 이 사건을 공권

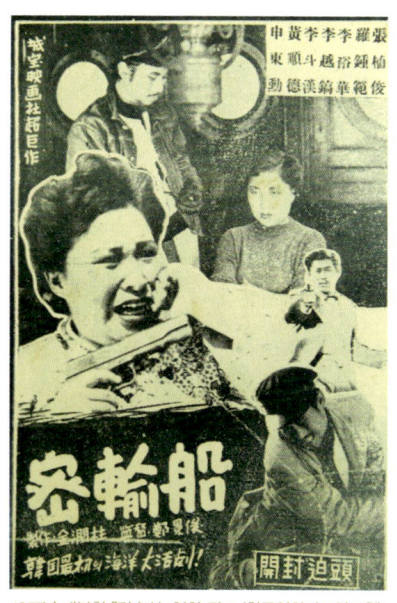

1957년 개봉한 『밀수선』 영화 광고 (한국영화자료연구원)

력에 대한 도전으로 보고, 여수와 부산에 초점을 맞추어 강력한 밀수 조직 소탕 작전을 펼쳤다. 그 외 남해안의 여러 항만 도시들도 밀수 소문이 자자했던 터라 어디로 수사의 손길이 번져갈지 전전긍긍했다. 특히 여름에 시작한 밀수 수사가 12월 연말까지 이어지자 이 사건으로 지역 경제에 찬 바람이 분다는 여론이 일었다. 결국 이 밀수사건은 그해 '10대 뉴스'에 들어갔고, '여수·부산 밀수 사건'이란 이름으로 종지부를 찍었다.

이 시대를 배경으로 제작된 영화가 여인광 감독의 『아이스케키』이다. 2006년에 개봉했고, 여수에서 아이스케키 장사로 돈을 벌어 얼굴도 모르는 아빠를 찾아가려는 소년 영래(박지빈) 어머니(신애라)의 직업이 밀수 화장품 장수였다.

최근 부산을 배경으로 한 대표적인 밀수 관련 영화는 2012년 개봉한 윤종빈 감독의 『범죄와의 전쟁』이다. 1980~1990년 초반 부산을 배경으로 한 이 영화에는 폭력 조직과 연계된 마약 밀반출이 등장한다. 영화의 부제인 '나쁜

영화 『아이스케키』 포스터
(한국영화자료연구원)

영화 『범죄와의 전쟁』 포스터
(한국영화자료연구원)

놈들 전성시대'가 의미하듯 1990년 정부의 '범죄와의 전쟁' 선포에 따라 건달 조직에 금이 가고 나쁜 놈들 사이의 배신이 시작되는 것을 그렸다.

이처럼 초창기 밀수 영화에 계몽성이 짙었다면, 최근 영화는 밀수의 실상을 흥미 있게 고발하는 형태로 변했다.

오늘날은 이야기의 시대다. 예전 부산항 주변에 있었던 무수한 밀수 이야기가 이제는 그 시대를 설명하는 버릴 수 없는 문화 콘텐츠다. 부산항을 배경으로 흥미진진한 밀수 영화가 만들어져서 부산 영화의 바다가 더 풍성해졌으면 한다.

구두 수선 노인과 애국복권

스웨덴의 수도 스톡홀름, 그곳의 원도심 감라스탄에는 관광 명물이 있다. 크기 14㎝(휴대폰 크기)의 '아이언 보이(Iron Boy, Järnpojke)'다. 세계에서 가장 작은 동상이라, 모르고 지나치는 경우가 많다. 그리고 가이드의 도움으로 막상 이 동상과 마주쳐도 한순간 허탈감에 빠진다. 너무 작고 보잘것없는 형상이기 때문이다. 하지만 이에 얽힌 이야기를 듣고 나면 상황은 달라진다.

아이언 보이(Iron Boy) 동상

옛날 스톡홀름항 부둣가에서 짐을 나르며 살아가던 고아가 있었다. 평소 이 소년은 자기보다 어리거나 또래의 고아들을 잘 보살폈다. 하지만 어느 날 감라스탄의 한적한 골목에서 고된 노동과 배고

1954년 영도다리. 6·25 전쟁을 거치면서 우리 민족의 애환이 서린 다리이다.
(두모문화산업, Clifford L. Strovers 사진)

픔에 시달리다 끝내 숨졌다.

 이 사연을 바탕으로 1954년 스웨덴의 아티스트 리스 에릭손(Liss Erisson)은 '달을 바라보는 소년'이라는 작은 동상을 제작하고, 1967년 현재 위치에 공공 미술품으로 세운 것이 아이언 보이다. 그리고 동전을 던지며 동상 머리를 쓰다듬으면 행운과 지혜를 안겨준다는 스토리를 입혔다. 지금까지 수많은 관광객이 아이언 보이의 이마를 매만졌고, 지금은 동상의 머리가 대머리처럼 빛난다. 겨울이면 추울까 봐 목도리에 털모자까지 씌워지고, 모인 동전은 동상이 있는 뜰의 소유주인 핀란드 교회가 수거해 고아를 돕는 데 사용한다고 한다.

항만도시 부산에 이와 견줄만한 감동적인 스토리가 없을까. 영도다리와 함께 세월 속에 감춰진 애환의 이야기 하나를 들춰보자.

1950년대 후반 즈음 영도다리 옆에 구두 수선공 노인이 살았다. 어느 날, 모처럼 샀던 애국복권이 당첨되는 횡재를 만났다. 이제 가난에서 벗어나리라는 기쁨에 도취한 노인은, 평생 자기 밥벌이 밑천이던 구두 수선통마저 영도다리 밑 바닷물에 시원하게 던져버렸다. 그런데 이것이 운명의 장난이 될 줄이야! 당첨금을 찾으려고 애지중지 감춰둔 애국복권을 찾는데, 구두 수선통 틈에 끼워둔 사실이 뒤늦게 생각난 것이다. 가슴을 치며 통탄했지만, 버스는 이미 떠난 상태였다.

송충이는 솔잎을 먹고 살아야 한다지만 애국복권이 당첨됐는데도 부자가 되기는커녕 구두 수선 장비까지 없어진 참담한 지경이 되었으니, 이게 바로 인간만사 새옹지마가 아니겠는가.

부산항에도 사람의 향기가 스민 스토리를 담은 형상물을 설치해 볼거리를 제공하면 어떨까? 영도다리 인근에 구두 수선공 '할배 동상'을 세워 행운과 재기의 힘이 실린 사랑의 동전을 던지게 하자는 것이다. 스톡홀름항에 '아이언 보이'가 있다면 부산항에는 '아이언 그랜드 파더(Iron Grandfather)'가 있도록 말이다.

부산항에는 6·25 전쟁으로 많은 피란민이 내려왔고, 이산가족의 대표적 만남의 장소가 영도다리였다. 하지만 많은 사람이 만남의 꿈을 갖고 영도다리를 찾았지만 대부분 만나지 못해 아픔을 가슴에 품고

1966년 영도다리 도개 모습 (부경근대사료연구소)

살았다. 어떻게 보면 애국복권으로 허탈감에 빠진 구두 수선공 노인의 이야기는 당시 우리 이산가족들의 애절한 처지를 대변한 이야기였을지도 모른다.

역동의 파노라마, 바다를 노래하다

'잘 있거라 부산항'

부산항의 활황기는 1962년 '경제개발 5개년 계획'이 본격적으로 시작되면서다. 수출 주도의 경제 성장에는 물류 산업 전진기지가 필요했고, 부산항이 그 역할을 도맡았다.

당시 수출 주종 품목은 우리 국토의 살점인 중석, 대리석, 고령토 등이었다. 우리네 어머니들이 머리카락을 잘라 가발로 수출하던 때였다. 국민의 호응 때문인지 한 해 9.9%라는 고도 수출 신장을 보였던 때다.

수출품에는 물질적인 것뿐 아니라, 인력도 있었다. 선원 송출, 월남 파병, 브라질 이민선도 부산항에서 떠났다. 부산항은 이별의 항구였고 눈물의 항구였다. 그래서 부둣가의 뱃고동과 갈매기 소리는 마냥

구슬프게 들렸다. 이 정감을 담은 노래가 '잘 있거라 부산항'이었다.

아~아~ 잘 있거라 부산 항구야
미스 김도 잘 있고요 미스 리도 안녕히
온다는 기약이야 잊으랴 마는
기다리는 순정만은 버리지 마라 버리지 마라
아~ 아~ 또다시 찾아오마 부산 항구야

백야성의 '잘 있거나 부산항'
레코드판 (박명규)

비록 이 노래가 오가는 술잔 속에 정든 아가씨와 나누었던 마도로스의 이별가이긴 하지만, 정든 사람을 떠나보내고 허리띠를 졸라매며 일하면서도 그 아픔과 피로를 풀기 위해 술잔을 나누며 서로의 마음을 다독이던 노래이기도 했다. 그리고 파월 장병 수송선이 제3부두를 출항할 때 이별의 배경음악으로 눈물의 카타르시스를 자아냈던 노래다. 우리는 이런 노래를 위안 삼아 1964년에 드디어 1억 달러 수출 금자탑을 쌓았다.

'잘 있거라 부산항'은 1958년 여름에 탄생했다. 당시 극장 쇼의 명사회 콤비였던 코미디언 서영춘과 배삼룡, 백금녀, 가수 김용만 등이 부산역 앞 송옥여관에 머물렀다. 마침 그날이 백금녀의 생일이라 파티에서 축하의 뜻으로 부산 노래를 한 곡 만들었다. 배삼룡이 가사를 흥얼거리고, 서영춘이 술기운에 횡설수설 내용을 보탰으며, 김용만이

기타로 곡을 만든 것이다. 다음날 노래는 잘하지만, 히트곡이 없던 신인가수 백야성에게 이 곡을 부르게 해 그날 저녁 극장 무대에 올렸다. 노래가 끝나자 관객이 모두 일어나 앙코르를 외쳤다. 결국 네 번을 부르고 무대를 내려왔다. 이것이 바로 백야성의 히트곡 '잘 있거라 부산항'이다.

외항 선원의 인기가 날로 치솟을 때라 마도로스의 심정을 표현한 가사도 인기 요인이었다. 젊은이들이 백야성의 마도로스 노래에 현혹되어 배를 탈 정도였다.

그런데 극장가를 누비며 인기 절정을 누리던 백야성에게 뜻하지 않은 날벼락이 닥쳤다. 그가 부른 노래가 왜색풍이란 이유로 방송 금지곡이 된 것이다.

해상 화물 증가로 활기가 넘치는 1970년대 부산항 전경 (국가기록원)

1966년 가요계를 떠난 그는 포마이카 판매상, 당구장 주인, 건설업자 등 다양한 업종을 전전했다. 그러다 주변의 권유로 일본 연예 활동을 계획했다. 카메라 등을 팔아 30만 원을 마련한 후, 일본으로 가려고 부산 송도에서 밀항을 시도했다. 그런데 알선업자의 "곧 설날이니, 설은 쇠고 가자"는 이야기에 끌려 상경 열차에 몸을 실었다. 그는 차장 밖 풍경을 바라보며 많은 고민을 했고, 결국 마음을 바꾸었다. 이 바람에 애지중지하던 독일산 카메라만 잃었다.

 그가 신인가수처럼 TV에 얼굴을 내민 것은 20여 년이 흐른 1986년 KBS '가요무대'에서였다. 이 방송을 보고 누구보다 기뻐한 사람은 당시 말기 늑막암을 앓았던 그의 아내였

마도로스 복장으로 열창하는 백야성 (박명규)

다. 극장 쇼 가수로 유명했던 남편이 TV에서 노래하는 모습을 보는 것이 일생의 간절한 소원이던 그녀였다. 늦게나마 TV에서 새하얀 마도로스 옷을 입고 '잘 있거라 부산항'을 열창하는 그 모습은 아내에게 처음이자 마지막 선물이었다.

 부산 항구와 마도로스 노래를 누구보다 많이 불렀던 가수 백야성. 2016년 10월 초 그마저 세상을 떠났다.

마도로스 노래 어떤 게 있나?

네이버(Naver)가 1980년대 이전까지 주요 대중가요 앨범을 담은 지식백과 콘텐츠 '한국 대중가요 앨범 6000'의 노랫말을 분석한 결과(한국 대중가요 가사로 엿본 시대상, 2016.12.16), 가사에 가장 많이 등장한 직업은 '마도로스'였다. '마도로스'는 총 437회 등장했는데, 이 중 절반은 1960년대에 유행한 대중가요 속에 나타났다. 이 시기 '항구'라는 단어도 총 1천 21회로 가장 많이 언급되었는데, 이 가운데 65.7%(671회)가 역시 1960년대에 유행한 노래에서다. 마도로스와 항구는 실과 바늘 관계로 1960년대 마도로스의 인기를 가늠해 볼 수 있다. 우리나라 마도로스 노래는 1930~40년대에 등장하여 1960년대에 절정을 이루었다.

선박에서 물건 하역 모습 (한국무역협회)

대중가요에 마도로스란 이름이 들어간 가요는 100여 곡에 이른다. 노랫말에 들어간 것은 더욱더 많다. 제목에 사람과 지명 등이 들어간 마도로스 노래는 다음과 같다.

- 마도로스 꾿빠이(박경원, 1955)
- 마도로스 굿바이(엄석영, 1964, '검은 머리' 영화 주제가)
- 마도로스의 꿈(이난영, 1936)
- 마도로스 기타(백야성)
- 마도로스 걸(백야성/신화자)
- 마도로스의 노래(강석연, 1933)
- 마도로스 딸(비둘기 자매)
- 마도로스 도돔바(백야성, 1962)
- 마도로스 뜬 사랑(김길순, 1963)
- 마도로스 룸바(백야성)
- 마도로스 림보락(백야성, 1962)

- 마도로스 맘보(백야성, 1964)
- 마도로스 무정해(이순애, 1969)
- 마도로스 미스 박(박광자, 1966)
- 마도로스 박(백년설, 1941)
- 마도로스 박(오기택, 1964)
- 마도로스의 발길(최규엽, 1940)
- 마도로스 부기(백야성, 1960)
- 마도로스 부루스(안다성, 1959)
- 마도로스 사나이(이해수)
- 마도로스 사랑(남인수)
- 마도로스 삼총사(백야성, 1963)
- 마도로스 센터(백야성, 1964)
- 마도로스 수기(백년설, 1939)
- 마도로스 수기(쟈니부라더스 1968)
- 마도로스 순정(최갑석, 1959)
- 마도로스 스윙(백야성)
- 마도로스 아가씨(이명자, 1967)
- 마도로스 아낙네(최숙자, 1963)
- 마도로스 아홉 살(오은주)
- 마도로스 와이프(정화, 1958)
- 마도로스 여 선장(비둘기 자매)
- 마도로스 역사(고봉산, 1965)
- 마도로스 연가(미미성 자매, 한우)
- 마도로스 연인(최란, 1960)
- 마도로스 연정(고봉산)
- 마도로스 일기(이규남, 1940)
- 마도로스 잘 가세요(최숙자)
- 마도로스 정든 항구(구월성)
- 마도로스 정자(황정자, 1957)
- 마도로스 주장(김선영, 1961)
- 마도로스 차차차(백야성)
- 마도로스 첫사랑(백야성)
- 마도로스 청춘(신해성, 1962)
- 마도로스 초년병(명국환)
- 마도로스 파이프(현정남, 1940)
- 마도로스 팔자(황국성, 1963)
- 마도로스 풀카(백야성)
- 마도로스 풋사랑(김용만)
- 마도로스 항구(명국환)
- 마도로스 형제
  (1958, 영화 '夜女'의 주제가)
- 무정한 마도로스(이미성 자매, 1968)
- 기타 치는 마도로스(오은주, 1971)
- 굿빠이 마도로스(차유진, 1968)
- 군산 마도로스(이상열)
- 그님은 마도로스(송춘희, 1971)
- 그대는 마도로스(박은미)
- 나는 마도로스 백(백야성, 1963)
- 나는야 마도로스(고봉산 1969)
- 남포동 마도로스(원희영, 1950년대)
- 내 이름은 마도로스(이정민)
- 따이한 마도로스(신화자)
- 멋쟁이 마도로스(오은주, 비둘기 자매)
- 무정한 마도로스(하춘화, 1975)

- 미남 마도로스(최숙자, 1967)
- 번지 없는 마도로스(양현일)
- 부라보 마도로스(백야성, 1966)
- 부산 마도로스(김용만, 1962))
- 술 취한 마도로스(고대원)
- 아메리칸 마도로스(고봉산, 1961)
- 아빠는 마도로스
  (하춘화/오은주, 1964)
- 애련의 마도로스(미미성 자매)
- 애상의 마도로스(이규남, 1939)
- 오빠는 마도로스(박은미)
- 오빠는 미남의 마도로스(오은주)
- 외로운 마도로스(유성진)
- 우리 애인 마도로스(옥금옥)
- 인천항 마도로스(장계현)
- 정열의 마도로스(백석정, 1936)
- 죄 많은 마도로스(백야성)
- 즐거운 마도로스(김용만)
- 첫사랑 마도로스(남일해, 1964)
- 청운의 마도로스(김철, 1968)
- 청춘 마도로스(한복남, 1965)
- 청춘은 마도로스(성일, 1959)
- 코리안 마도로스(문주란, 1972)

- 태평양 마도로스(최갑석)
- 휘파람 마도로스(백야성, 1962))
- 마도로스 걸(백야성/신화자)
- 마도로스 딸(비둘기 자매)
- 마도로스 미스 박(박광자, 1966)
- 마도로스 박(오기택, 1964)
- 마도로스 사나이(이해수)
- 마도로스 삼총사(백야성, 1963)
- 마도로스 아가씨(이명자, 1967)
- 마도로스 아낙네(최숙자, 1963)
- 마도로스 여 선장(비둘기 자매)
- 마도로스 연인(최란, 1960)
- 마도로스 초년병(명국환)
- 마도로스 형제
  (1958, 영화 '야녀(夜女)'의 주제가)
- 군산 마도로스(이상열)
- 남포동 마도로스(원희영, 1950년대)
- 따이한 마도로스(신화자)
- 부산 마도로스(김용만, 1962))
- 아메리칸 마도로스(고봉산, 1961)
- 인천항 마도로스(장계현)
- 코리안 마도로스(문주란, 1972)
- 태평양 마도로스(최갑석)

바다의 욘사마

선원은 영어 씨맨(Seaman)보다 네덜란드어 마도로스(Matroos)가 익숙하다. 마도로스는 일본을 거쳐 전해진 대표적인 외래어로 흔히 외항 선원을 일컫는다.

마도로스가 '바다의 욘사마'로 인기 상한가를 찍었던 때가 있었다. 1989년 해외여행이 자유화되기까지 마도로스는 오대양 육대주를 누비는 글로벌 맨의 상징이었다.

우리나라 선원 인력 수출이 본격 시작된 것은 1960년대 중반이다. 초창기인 1965년의 경우 총 21척의 외국적 선박에 781명의 선원이 해외 취업을 하였고, 전성기인 1987년 무렵에는 총 2,496척에 무려 4만 2,514명의 선원이 취업하여 세계 1위 선원국이 되었다.[주1] 해외 송출 바람을 타고 해기사의 몸값이 치솟을수록 마도로스의 이미지는 의협심이 강한 남성의 표상이자 외화를 벌어들이는 산업 일꾼이었다. 또, 관문을 드나드는 낭만파 멋쟁이의 대명사로까지 군림하니 그 당시 여성들이 한 번쯤 순정을 보낼 만한 대상이었다. 그리고 남성들에게 하얀 제복과 금테 선명한 캡틴 모자를 쓴 마도로스는 선망의 직업이었다.

1950년대부터 1970년대 중반까지 그 시대를 반영하듯 수백 곡이 넘는 마도로스 노래가 만들어졌다. 당시 내로라하는 남녀 가수 중 한 번쯤 마도로스 노래를 부르지 않은 이가 없었다. 이것은 60년대 초 선원 송출이 우리나라 경제개발 계획에 일조하면서 부산항을 떠나야 하는 이들이 많을 수밖에 없었던 시대적 정서와 맞물려 있었다.

1962년 백야성의 대표곡 '잘 있거라 부산항' 역시 이 시대 부산항의 분위기를 담아 인기 가도를 달렸다. 1963년 남일해의 '첫사랑 마도로

1964년 부산항 (부산세관박물관)

스', 1964년 고봉산의 '아메리카 마도로스'가 연이어 그해의 히트곡이 됨으로써 부산항은 그야말로 마도로스의 정든 항구로 자리 잡았다. 여기에 1964년 개봉한 영화 『마도로스 박』은 부산에서 촬영된 액션물로 관심을 끌었고, 이 영화 주제가는 부둣가 술집에서 심심찮게 불리는 애창곡의 하나가 되었다.

이렇게 한 시대를 풍미한 마도로스가 오늘날에는 빛바랜 유물처럼 우리 기억에서 점차 사라졌다. 흔히 '마도로스 생활은 창살 없는 감옥과 같다'고 한다. 가족과 떨어져 정처 없이 떠돌며 거친 파도와 싸우는 동안 심신은 외로움과 그리움에 지친다. 닻(Anchor)은 해저에 박혀 선박의 안전을 유지한다. 마도로스들은 어려운 환경에서 일하면서 '앵커 스피릿(Anchor spirit)'으로 가족과 조국을 위해 버틴다고 한다.

부산항은 해풍에 그은 마도로스의 이야기가 녹아있는 해항도시다. 그래서 누군가 부산항 어딘가에 마도로스 카페라도 하나 열어주기를 기대해본다. 또 그 카페의 LP판에서 추억의 마도로스 노래를 들을 수 있다면 금상첨화이리라. 너무 낭만적인가?

주1) 강상혁 『續 海運·海運人』 海友會, 1993, P155~156.

청어 수입 소동

지금은 수산물 수출입이 개방되었지만, 정부 수립 이후 한동안 수산물은 수입 금지 품목이었다. 그 대표적인 어종이 청어였다. 1910년만 해도 부산 앞바다에서 청어가 많이 잡혔다. 그러나 세월이 흐를수록 온난화 등의 영향으로 희귀 어종으로 바뀌고 수입 규제까지 되어 그야말로 귀한 몸이 되어 버렸다. 이런 사실을 몰랐는지, 1960년대 중반 청어를 부산항에 들여오다 세관에 적발되어 온 나라를 술렁이게 한 사건이 있었다.

1964년 2월 10일 '수입 금지된 청어 2,000상자가 부산세관에 들어왔다'는 라디오 뉴스가 전국으로 퍼져 나갔다. 며칠 후면 설날이라 대목 시장을 노린 것으로 오해하기에 충분한 이야깃거리였다. 더구나 오랫동안 청어 맛에 굶주린 사람들에게는 관심이 가는 뉴스였다. 며칠 후에는 '금지된 청어 수입 배후에 정치 세력이 개입되었다', '이미 통관되어 전주에서 팔리고 있

1964년 수입 금지된 청어가 입고됐던 대한수산 냉동 보세창고. 창고 뒤로 옛 부산시청과 부산경찰청 건물이 보인다. 현재 롯데백화점 광복점이 있다. (대한수산)

다' 등 헛소문이 꼬리를 물고 퍼지기 시작했다. 청와대는 세관에 긴급현황보고 지시를 내렸다.

사안의 중요성을 인식한 부산세관장은 당장 소문을 종식하기 위해 청어가 압류된 보세창고 현장으로 가서 부산시경 국장과 함께 밤새 청어 상자를 파악했다. 몇 번을 확인해도 청어 2,000상자는 아무런 이상이 없었다. 이어서 세관은 청어 수입 경위를 조사하고 화주에게 일본으로 반송 조치하도록 했다. 그러나 화주는 행방불명 상태였다. 수입 대행업체의 협조를 받아 화주가 사는 경남 마산시에 세관 수사진을 급파해 수소문한 끝에 월남동에서 당시 58세 김 모 여인을 찾았다.

김 여인의 본남편은 일본에서 자수성가한 재일 동포였다. 일본 동경 부근에서 운수업을 하면서 새 가정을 꾸려 자식을 낳고 잘 살았다고 한

다. 그런데 본남편이 몇 년 전 숨지기 직전 "마산 부인에게 1,300만 엔을 주라"는 유언을 남겼다는 것이다. 이 소식을 듣고 김 여인은 친동생과 즉시 일본으로 건너갔다. 그리고 유산을 한국으로 가져갈 방법을 생각한 끝에 청어를 수입해 가면 일거양득이라 생각했다. 일본에서는 청어가 식용보다는 기름을 짜는 데 이용되어 가격이 저렴했다. 김 씨 남매는 큰 기대를 걸고 주일 한국대표부에 청어 수입에 대해 문의했고, 국내 사정에 어두웠던 담당자는 청어가 금지품목이라는 사실을 모르고 국내 반입이 가능하다고 설명했던 모양이다.

하지만 청어가 도착하자 세관에서는 "전에도 청어가 목포항에 들어와 통관이 불허된 사례가 있었다"며 반송을 요구했다. 그러나 김 씨는 일본에서 반송품을 받을 인수자가 없음을 들어 거부했고, 오히려 통관을 위해 동분서주했다. 그러는 사이 시간이 흘러 창고 보관료도 껑충 뛰었다. 김 씨는 할 수 없이 동생의 공장까지 팔아야만 했다. 결국, 청어는 제과 회사의 요청에 따라 과자를 만드는 원재료 청어 살(Fillet)로 변형시키는 보세 작업을 마치고 통관되었다.

예나 지금이나 금지품목은 통관이 힘들다. 화주의 딱한 처지가 많이 반영되어 어렵게 통관됐지만, 사전에 청어 수입에 대한 정확한 정보나 지식을 가졌더라면 사정은 달랐을 것이다.

눈앞의 이익만 추구하다 보니 남편 유산도 제대로 돌려받지 못하고, 고생만 잔뜩 하고 손해까지 본 딱한 처지가 되고 말았다.

부산항 연안부두

부산항이야기

　현재 부산항에서 가장 쇠락한 곳은 어디일까? 아무래도 연안여객터미널 부근일 것이다. 얼마 전까지 이곳에는 제주행 여객선이 오갔지만, 이마저 예전 국제여객터미널로 옮겨져 한산한 모습이다. 과자 맛에 길든 요즈음 갈매기는 사람이 없는 곳에는 먹을거리가 없음을 알고 날아들지 않는다. 이제는 갈매기도 없어 더 적막하다. 그나마 터미널 건물에 부산항만공사가 입주하여 앞으로 기대치를 높이고 있지만, 지난날 연안 관문 시절에 비할까?

　1960~70년대 이곳은 부산항에서 가장 활기찬 공간이었다. 거제, 충무(통영), 삼천포(사천), 남해, 여수, 제주 등지로 오가는 여객선은 모두 이곳에서 입출항했다.

1976년 명절 귀성객으로 붐비는 연안부두 (한국항만연구회)

연안부두는 황금 노선을 가진 남해안 해상교통의 거점으로, 항상 사람과 화물이 넘쳐났다. 이따금 부두에 배를 대거나 출항할 때는 이미자의 '동백 아가씨'나 조미미의 '바다가 육지라면' 같은 유행가가 울려 퍼지며 분위기를 돋우었다. 명성·금성·금양·경복·갑성·한양·원양·신진·영복·광신·해금강·새마을·비너스호 등이 당시 한 시대를 풍미했던 여객선이다. 여기에 군계일학(群鷄一鶴)처럼 바다 위를 잽싸게 달리는 수중익선 엔젤호가 등장해 기존 여객선과 구별되면서 한동안 '한려수도의 천사'가 되었다.

1980년대 들어 출현한 부산-거제도 항로의 쾌속 공기부양선도 거제 조선산업의 호경기와 맞물려 전성기를 누렸다. 그러나 승용차의 보편화와 1973년 말 남해안고속도로의 개통은 곧 부산-충무-삼천포-남해-여수를 잇는 연안여객선의 경쟁력에 영향을 미치기 시작했고, 그나마 명맥을 지키던 거제 항로마저 거가대교의 개통으로 직격탄을 맞았다. 그뿐 아니다. 저가 항공사의 등장은 부산-제주 항로 운항마저 어렵게 만들었다. 이처럼 육상과 항공을 이용한 교통 환경 변화는 부산항 연안여객 운송 사업을 사양길로 내모는 주원인이 되었다.

부산항 연안부두의 태동은 일제강점기인 1931년 9월 30일 준공한 북빈(北濱)의 연안 무역을 위한 부두설비공사에서 비롯된다.^{주1)} 1925년 연안 무역을 위해 부산항을 오갔던 기선·범선은 연간 7,700여 척으로, 화물은 60만 톤, 승하선 인원은 20만 명에 달했다. 그러나 부두시설이 없어 주로 부선을 이용해 화물을 물양장에 올리고 내려야 했는데, 이 불편을 해소하기 위해 구축된 것이 연안부두였다. 1970년대 초만 해도 지금의 부산세관에서 영도다리 아래까지 해안을 북빈부두라 불렀다. 그러니까 연안부두는 북빈부두에 있던 유일한 부두였던 셈이다. 해방 후 늘어나는 일부 연안 화물과 여객 운송은 남항의 자갈치 해변에서 이루어졌다. 그러다가 1970년대 중반 부산항 제1단계 개발사업이 진행되면서 1978년에 연안부두를 새롭게 구축, 11척의 여객선 동시 접안 시설을 갖

1990년대 초 부산항 연안부두. 당시 11개 항로, 20여 척의 여객선이 취항했다. (부산광역시청)

추었다. 이렇게 완공된 부두가 연안여객부두였고, 현재 부산항만공사가 입주한 종전의 연안여객터미널 건물은 1998년 본래 터미널을 헐고 새로 지은 것이다.

  연안 여객 운송도 항만을 움직이는 하나의 축이다. 그렇다면 사양화된 축이 다시 원활하게 돌아가게 할 방법은 없을까? 조속히 항 내 크루즈라도 새롭게 개발해 뱃길 따라, 관광객 따라 연안여객터미널의 부산갈매기를 힘차게 날게 할 일이다.

주1) 김용욱, 「부산축항지」, 『항도 부산』 제2호, 1963, P.268.

부산항 발전함 레지스턴스호

부산항이야기

　해방 직후 국내 전력은 거의 북한 쪽의 수력발전에 의지했다. 북한 측의 예고 없는 단전은 남한이 전력 기근에 빠지는 계기가 되었고, 급기야 미 군정청은 미군용 발전함인 자코나(Jacona, 출력 2만㎾)호를 부산항에, 엘렉트라(Electra, 6,900㎾)호는 인천항에 띄워 전력 수급을 겨우 버티는 상황이었다.

　여기에 뜻하지 않은 6·25 전쟁이 덮치면서 그나마 실오라기 같은 발전시설 대부분이 파괴되고 말았다. 이러한 비상상황에 대처하기 위해 미군은 부산·마산·목포·장생포·인천항에 5척의 군용 발전함을 띄워 전란 중의 어둠을 밝혔다. 서민 생활까지 밝히기에는 부족했지만, 선박에 설치된 발전시설은 격변기 우리나라 비상전력 도우미 역할을 톡톡히 했다.

부산항 발전함 레지스턴스호. 전력 사정이 어려웠던 1960년대 부산항에서 전력을 생산했다. (국가기록원)

경제 건설을 위해선 에너지 산업이 필수다. 1960년 말 한국전력이 발족하면서 발전소 건설도 한층 가속도가 붙었다. 그러나 그 이전에 우리 정부가 선택한 월동 전력 긴급 대책은 발전함의 도입이었다.

1961년 3월 14일, 정부 수립 이후 첫 예산 중 외화 399만 8천 달러로 미국의 퍼블릭 서비스(Public Service)사와 출력 3만㎾급의 발전함 매매계약을 체결했다. 이 발전함이 이후 8년에 걸쳐 부산항 제4부두에서 국내 경제 성장에 불을 지핀 레지스턴스(Resistance)호다. 미국 뉴햄프셔주 포츠머스에서 가동 중이던 것을 구매했고, 인근 조선소에서 최종 점검, 수리를 마친 후 그해 7월 26일 뉴욕항을 출발했다. 500톤급 M.모렌호에 예인돼 태평양을 건너오던 중 기상이 나빠 애초 계획보다 한 달 늦은 12월 25일에야 부산항 제4부두에 도착했다.

마침 성탄절이라 레지스턴스호의 입항 환영식에는 크리스마스트리가 화려하게 장식되었고, 6·25 전쟁 당시 피란수도에 전력을 공급했던 발전함 임피던스(Impedance, 3만㎾)호가 계류되었던 자리에 둥지를 틀었다.

한국전력부두발전소라는 간판을 달고 열린 개소식도 1962년 1월 19일 오전 11시 제4부두에서 성대하게 거행됐다. 오색찬란한 테이프로 장식된 발전함의 가동 스위치를 누르는 순간, 힘찬 엔진 소리와 함께 부산을 비롯한 영남지방에 전력이 공급되기 시작했다.

이렇게 부산항 발전함에서 전력이 본격 생산될 무렵, 감천항에는 부산화력발전소가 건설되고 있었다. 이 전력화 사업의 첫 결실로 1964년 4월 1일부로 제한 송전에서 벗어날 수 있었다. 1969년 부산화력 제3, 4호기가 완공되면서 부산 지역의 전력 사정은 더 좋아졌고, 보조 발전함 레지스턴스호의 가치는 점차 빛을 잃었다.

레지스턴스호는 1969년 1월, 아직 전력 수급이 어려운 호남지방을 위해 여수항 호남정유부두에서 발전을 시작했지만, 이곳마저 전력 사정이 나아져 더는 필요 없게 되었다. 그래서 눈을 돌린 곳이 국외였다. 처음에는 베트남을 고려하다 결국

부산 지역의 전력 사정을 한층 밝게 한 1970년 부산화력발전소 (국가기록원)

부산항 발전함 레지스턴스호 (국가기록원)

1971년 2월 3일 필리핀의 아틀라스 미닝(Atlas Mining) 광산회사에 157만 달러에 팔렸다.

여수항에서 주민들의 아쉬운 배웅 속에 부산항으로 되돌아온 발전함 선상에는 떠나야 할 운명 앞에 무거운 침묵만 가득했다. 한 언론은 회자정리(會者定離)란 말을 인용해 '팔려가는 발전함'에 관한 감회를 피력했다.[주1]

득어망전(得魚忘筌). 사람은 바라던 바를 이루고 나면 수단으로 이용하던 물건을 잊어버린다고 했다. 그로부터 한 달 후 레지스턴스호는 오륙도 곁을 지나 또 다른 둥지를 찾아 남쪽을 향해 서서히 멀어져 갔다.

주1) 매일경제 1971년 2월 21일 자

부산항 제4부두

북항재개발사업은 부산항의 지도만이 아니라, 북항의 기존 재래부두 기능까지 바꾸었다. 그 가운데 가장 먼저 변한 곳이 부산항 제4부두다. 화물을 장치하던 곳이 이제는 국제여객터미널로 바뀌어 상전벽해의 현장이 되었다.

부산항 제4부두가 탄생한 것은 일제강점기인 1943년이다. 당시 일본은 태평양 전쟁을 앞둔 급한 상황 때문인지 창고시설 하나 없는 부두를 완공했다. 부두 전체가 하나의 널따란 야적장이었다. 이 부두 특성을 제대로 살려 활용하기 시작한 것은 6·25 전쟁 이후였다.

그때는 이 땅에 첨단 수출품이란 게 없었다. 대리석·고령토·활석·중석 등 국토의 살점인 광석류가 주요 수출품이었고, 이것을 선적하기에

제4부두가 제격이었다. 광석류 전용 부두로 명성이 쌓일수록 부두 야적장에는 숱한 광석이 경쟁하듯 산처럼 솟아올랐다. 그러나 본래 부두가 매축지인 까닭에 지반이 약했고, 부두 곳곳에서 균열과 요철 현상이 나타나 계속 가다가는 내려앉을 우려가 컸다. 이때 나온 대안이 광석 화물의 야적 높이를 2m로 제한하는 것이었다.

중량 화물 처리가 힘들었던 부두에 새로운 변화를 몰고 온 것은 컨테이너였다. 1970년 3월 2일 미국 시랜드사의 피츠버그(Pittsburgh, 1만톤급)호가 제4부두에 접안했다. 태평양을 건너온 컨테이너 화물의 첫선은 앞으로 물류 운송의 획기적인 변화를 예고한 것이어서 정부, 화주, 노조 모두에 초미의 관심사였다.

시대의 흐름은 가로막을 수 없었다. 컨테이너 화물은 날로 인기를 더했고, 일본 등지에서 피더(Feeder)선에 실려 부산항을 드나들었다. 1972년 초, 민자 유치로 전천후 작업 공간인 창고 네 동이 생기면서 제4부두는 컨테이너 부두의 역할이 더욱 강해졌다. 1974년께는 컨테이너 피더선이 월 40~50항차에 100회가 넘는 하역작업이 이곳에서 이뤄졌다. 당시 한일항로에는 국적선 6척, 외국 국적 4척 등 10척의 피더선이 오갈 정도였다. 그러다 보니 한동안 이곳 야적장의 터줏대감이던 광산물은 입지가 좁아졌고, 1979년 10월에는 아예 자리를 비워주어야만 했다. 철광석·중석·아연광 등은 마산항 제1부두로 가고, 고철·무연탄·백운석·고령토·납석 등은 부산항 제7부두에서 처리했다. 이처럼 제4부두는

부산 북항의 제3, 4부두와 자성대컨테이너부두 (부산세관박물관)

1978년 자성대컨테이너터미널이 완공되기 전의 부산항 변혁기에 정부 조달 물품을 비롯한 일반 화물과 컨테이너 화물이 동시에 처리된 대표적인 물류기지였다.

6·25 전쟁 당시 최후의 낙동강 방어선까지 내려온 북한군의 보급로를 차단하기 위해 경북 영덕에서 장사상륙작전이 펼쳐졌다. 이 작전에 뛰어든 학도유격대원 772명을 태운 LST 문산호가 출항한 곳도 이곳 제4부두였다.

슬픈 역사의 이면에 밝은 이야기도 있다. 전기 사정이 어려웠던 1960년대 부산을 비롯한 영남권 전력 공급을 위해 미국에서 도입한 발전함 레지스턴스호가 접안, 8년여 동안 한국전력부두발전소라는 이름으로 불을 밝힌 곳도 역시 제4부두였다.

첫 컨테이너선이 들어오던 날

부산항에 처음 컨테이너 전용선이 들어온 것은 1970년 3월 2일 오전이다. 입항 예정일보다 하루 앞서 부산항 제4부두에 접안한 이 선박은 컨테이너 운송 시스템의 개척자인 미국 시랜드(Sea Land) 사 소속 1만200톤급 피츠버그(Pittsburgh)호였다.[주1] 이 배에는 미 군수물자를 실은 35피트짜리 컨테이너[주2] 98개가 실려 있었다.

당시 전용선 자체

개항 이후 처음으로 미국 시랜드(Sea Land) 사 소속 컨테이너선 피츠버그(Pittsburgh)호가 부산항에 입항했다. (김기순 사진첩)

크레인으로 단숨에 무거운 철제박스를 부두에 내리는 것을 지켜본 사람들은 한동안 입을 다물지 못했다. 100여 명의 노무자가 하던 일을 4, 5명의 기술자가 거뜬하게 처리하니 놀랄 수밖에 없었

1960년대 수출품을 선적하는 부두 노무자의 모습 (한국무역협회)

다. 해방 이후 낙후된 부산항에 컨테이너 전용선이 몰고 온 하나의 충격이자 일대 파란이었다. 더구나 컨테이너선이 들어온 그때는 제2차 경제개발 5개년 계획(1967년~1971년)이 마무리되고 수출 드라이브 정책까지 맞물려 부산항이 호황을 맞을 무렵이었다.

하지만 컨테이너 전용선이 들어온다는 소식에 제일 민감한 반응을 보인 것은 항만 노무자였다. 이들에게는 18세기 중엽 '기계가 사람을 잡아 먹는다'는 영국 산업혁명에서 나온 빛바랜 구호가 새삼 가슴에 와 닿을 정도로 기계화로 인한 대량 실직이 눈앞에 다가서고 있었다. 위기의식을 느낀 당시 전국부두노조원 2만여 명은 부산항 개항 94주년을 맞은 2월 26일 오전 6시부터 컨테이너선 취항 반대 투쟁을 위한 가부투표를 하면서 파업에 대한 긴장도를 높였다.

이로 인해 부산항을 비롯한 전국 항만의 하역작업은 순조롭지 못했다. 조합원 97%의 찬성으로 힘이 실린 부두노조는 전면파업 D-day를

컨테이너 전용선 입항 예정일에 맞추었다. 그러다 보니 부산항은 암울한 분위기 속에 긴장감이 고조되었다. 다행히 컨테이너선 한국대리점인 한진상사에서 노조의 실업보상 등 요구사항을 모두 수락함으로써 일단 파업 위기를 모면한다.

이를 계기로 정부의 컨테이너 시스템 도입 계획도 별다른 저항 없이 순조롭게 추진되었다. 부산항 제4부두 북쪽 25번 선석 일대 2,800평을 컨테이너 야적장으로, 18호 창고는 화물 조작장으로 지정하여 컨테이너 화물 처리에 대비했다. 이어서 대진해운 소속의 인왕호(4500톤급)가 1972년 10월부터 부산과 일본 고베 간에 처음으로 컨테이너 운송 서비스를 시작하면서 부산항은 피더(Feeder)항의 역할을 했다. 이어서 같은 해에 부산-서울 간 컨테이너 전용 열차도 개통되면서 복합운송 시대가 서서히 이 땅에 뿌리내렸다. 이러한 시대적 흐름에 발맞추어 정부는 1974년 말 제5부두에 컨테이너 전용부두를 만들기 시작하여 1978년에 완공한다. 이것이 우리나라 최초의 컨테이너종합터미널인 자성대컨테이너부두(현 허치슨부두)였다.

한국 최초의 컨테이너종합터미널인 1970년대 말 자성대컨테이너부두 (부산세관박물관)

오늘날 항만의 위력은 크레인의 위용과 관련이 깊다. 부산항은 이제 동북아 대표 컨테이너 허브(Hub)항[주3]이다. 이렇게 컨테이너가 물류 시스템의 중심으로 자리 잡기까지 제일 먼저 부닥친 난관은 노동자 파업이었고, 이것은 세계적인 추세였지만 다행히 부산항에 컨테이너선이 처음 들어오던 날은 평온했다.

주1) 『중앙일보』, 1970년 3월 3일 자 7면

주2) 미국에서 컨테이너 규격 표준화는 1961년 11월 16일에 '3m, 6m, 9m, 12m가 최종 통과되었다'고 연방해운국이사회가 발표했지만, 이 결정은 시작에 불과했다. 1965년 미국의 대표적인 해운사 시랜드사는 10.5m(35피트), 맷슨사는 7.2m(24피트) 컨테이너를 각각 사용했는데, 두 회사 소유 컨테이너 양이 미국 전체의 3분의 2나 되었다. 특히, 시랜드사는 1968년 전쟁 중인 베트남에 컨테이너 화물사업 본거지를 두고 미군의 군수물자를 실어 나르기 위해 10.5m 컨테이너로 일본의 요코하마, 고베에 화물 운송 서비스를 시작했다. 1969년 홍콩, 1970년 한국에 화물 운송을 시작하면서 10.5m 컨테이너가 부산항에 들어왔다. 1970년 전후로 국제표준화기구(ISO)의 인증을 얻기 위해 많은 진통을 겪었다. 오늘날 컨테이너는 6m와 12m가 대세이며, 컨테이너 적재량의 기본 단위인 'TEU(Twenty-foot Equivalent Unit)'는 6m(20피트) 컨테이너 1개를 가리킨다.

주3) 허브(Hub)란 바퀴의 중심으로, 마치 항로가 자전거 바큇살처럼 중심에서 360°로 펴져나간 형태를 말한다. 중심항, 중추항이라고도 하는데 싱가포르항, 상하이항, 부산항이 대표적이다. 이와 반대 개념이 피더(Feeder)항이다. 피더선은 중추 항만과 중소형 보조항을 연결하는 컨테이너선이다. 이러한 보조항을 피더항이라 하며 경북 포항항이 대표적이다.

나이롱 선원

영국의 극작가 조지 버나드 쇼는 19세기 최고의 발명품으로 콘돔을 꼽았다. 양의 내장이나 염소 방광을 이용한 콘돔을 쓰다가 고무로 된 콘돔이 발명되었으니 그럴 만도 했다.

20세기에는 나일론(Nylon)이 그 자리에 이름을 올렸다. 비단보다 질기고 면보다 가벼우면서 신축성이 뛰어났기 때문이다. 하지만 기적의 상품으로 주목받는 것도 잠시, 흡수성과 통기성이 떨어지는 단점으로 세월이 흐르면서 싸구려라는 인식이 강해졌다.

그래서 나일론은 가짜 또는 싸구려의 대명사로 여기저기 직업군에 붙여 쓰는 속어가 되었다. '나이롱 환자', '나이롱 박사', '나이롱 신자' 등으로 쓰인다. 외래어 표기법상 나일론이지만, 이들 제품이 '나이롱(ナイロ

ゞ'으로 통하는 일본에서 많이 건너왔기에 우리에게는 '나일론'보다는 '나이롱'이 더 낯익다. 가관인 것은 6·25 전쟁 이후 이들 나일론 양말, 나일론 양복감을 밀수선에 싣고 부지런히 날랐던 사람 대부분 '나이롱 선원'이라는 점이다.

외항선을 타려면 선원법에 따라 소정의 교육과 심사를 받은 후, 여권 기능을 하는 선원수첩을 발급받아 선박 회사와 고용계약을 맺어야 한다. 이 절차를 무시하고 선원수첩을 받아 선원 행세를 하는 사람을 '나이롱 선원'이라 불렀는데, 이들 대부분은 생업의 수단이 아닌 밀수, 밀항, 또는 유람 등을 위해 외항선에 올랐다.

이 나이롱 선원 무리에 천재 화가 이중섭과 시인 박인환도 있었다면 놀랄 것이다. 이중섭은 1953년 7월 대한해운공사로부터 어렵사리 선원

1960~70년대 활선어 수출선(통영항). '나이롱 선원'이 승선하기도 했다. (부산세관박물관)

증을 구해 도쿄로 보낸 일본인 처와 두 아들을 상봉하기 위해 부산항에서 출항을 시도했다. 그러나 배편이 여의치 않자 인근 통영에서 일본으로 가는 활선어선에 몸을 실었다. 그리고 히로시마(広島) 옆 작은 우지나(宇品) 어항에서 가족과 1년 만에 상봉했다.[주1] 시인 박인환도 미국 여행을 하려고 사무장이라는 직책으로 대한해운공사 소속 나이롱 선원이 됐다.

하지만 이런 목적으로 나이롱 선원이 된 것은 일부였고, 대부분은 밀수꾼 앞잡이로 배를 탔기에 문제가 많았다. 특히 1960년대 대마도를 거점으로 해상 특공대 밀수가 한창일 때는 나이롱 선원의 인기가 높았다. 폭력배 가운데 상당수가 나이롱 선원으로 배를 오르내리는 밀수 비호 세력이었다.

1965년 7월 정부는 검찰을 동원해 특공대 밀수의 근원 중 하나인 나이롱 선원을 단속했다. 먼저 선원수첩을 불법 발급한 민원창구가 된 서리를 맞았다. 그해 9월 교통부는 총 300톤 미만 외항선에 1만 원(현재 약 100만 원) 이상 밀수나 정당한 보수를 내지 않는 선원(나이롱 선원)을 태웠을 때 외국 취항을 금지한다고 발표했다. 이런 강경조치에 대해 당시 해운업계는 해운업 육성에 역행하는 조치라며 반발했지만, 밀수 근절에 정책 우선을 둔 시대 흐름은 거스를 수 없었다.

주1) 최열, 『이중섭 평전』 돌베개, 2014, P412~413.

애증의 밀항길

　개항 후 3년이 지난 1879년 9월, 개화승 이동인(李東仁)은 일본 내 정국을 살피려고 부산항에서 일본으로 건너간다. 개화와 수구의 혼돈이 거듭되던 상황이라 정부의 공식 사절이 아니었다. 일반 백성은 해외여행이 금지된 때라 밀항은 생명을 건 모험이었다. 하지만 그가 일본 정토진종(淨土眞宗) 동본원사(東本願寺)의 부산별원(釜山別院) 승려인 도쿠가와 엔신(奧村圓心)의 도움으로 화물선을 타고 벙어리 행세를 하며 도착한 곳은 나가사키였다.

　나가사키현 오무라시(大村市)에는 형기(刑期) 없는 수용소로 불리던 '오무라 외국인 수용소(大村外國人收容所)'[주1]가 있었다. 일본으로 불법 밀항한 한국인을 강제송환하기 위해 만든 이 시설은

형기 없는 형무소라 불리던 오무라 수용소
(1984년 동아일보 DB)

1993년 '오무라 입국관리센터'로 바뀐 오무라 강제 수용소

약 6만 6,000㎡ 부지에 신·구 수용소가 나뉘어 있었다. 구 수용소는 여성 전용이었고, 남자는 철근 콘크리트로 된 2층 건물에 수용됐다. 다다미가 10개씩 깔린 방에 10명씩 총 1,000명가량 수용했다고 한다. 해마다 보통 3, 7, 11월 세 차례 강제송환이 이뤄졌는데 검거된 밀항자의 수에 따라 횟수와 일정이 달랐다.

   6·25 전쟁을 전후해 부산은 밀항과 밀수의 도시가 됐다. 특히 1960년대 초반 4·19, 5·16 등 사회적 혼란기에 밀항자가 많았다. 대다수는 먹고살기가 힘들어 밀수 조직원이 되거나 일자리를 찾아 일본을 택했다. 밀항 브로커(Broker)가 기승을 부리면서 한때 부산항에는 어선보다 밀항선이 많다는 이야기가 나돌기도 했다.

   밀항자들은 어렵게 마련한 자금을 알선책에게 건네고 숨 막히는 도항 작전에 돌입했다. 밀항은 비밀조직과 함께해야 했기에 밀수만큼 불안과 긴장감이 교차하는 일이었다. 자칫 정보가 새어나가 검거되거나 밀항선이 바람에 떠밀려 표류할 수 있어 신중해야만 했다.

이렇게 불확실한 운명에 내맡겨진 이들이 조금이나마 위안을 얻기 위해 찾은 곳은 다름 아닌 점집이었다. "5, 6월 사이 물을 건너가면 큰 운이 트이고, 건너지 않으면 평생 후회하겠구나. 수덕(水德)까지 있으니 바다를 낀 사업이 좋을 것 같다." 점쟁이가 던진 이 한마디는 밀항자에게 감언이설이 아닌 승풍파랑(乘風破浪)의 이야기로 들렸다. 게다가 5, 6월은 바다 안개가 잦아 밀항의 최적기. 이 정도의 점괘를 말해야 점쟁이도 호경기를 맞을 수 있었다.

밀항 출발지는 부산항뿐 아니라 여수·충무·마산 등 남해안 지역이었는데 이 중에서도 영도와 다대포가 유명했다. 영도에서는 청학동·동삼동·태종대·제2송도 해안이 자주 찾는 곳이었고, 다대포는 텃세가 세 외부 사람이 함부로 접근하기가 힘든 외곽지대 포구로 명성이 높았다. 그리고 지금은 뭍으로 변했지만 감만·용호동 해안과 감천항도 빠질 수 없

1960년대 다대포항. 어항 못지않게 밀항지로 유명했다. (다대문화연구소)

는 밀항지였다.

밀항지는 인적 드문 으슥한 곳이기 마련인데, 밀항자가 숨거나 도망치기 쉬운 곳을 고려한 까닭이다. 홀로 단독 밀항을 시도해도 문제가 따르는데, 알선책이 모집한 밀항자가 적게는 10여 명에서 많을 때 30~70여 명에 이르면 외부 노출이 큰 문제였다. 그래서 주로 야간에 활동했다. 1950년대에는 1인당 5천~1만 원의 알선비를 받고 2~15톤짜리 거룻배나 발동선에 태우는 식으로 밀항이 이뤄졌다. 하지만 1960~70년대를 거치면서 20톤짜리 밀항선이 등장하는 등 밀항 수법이 대담해졌다. 1962년 1월 9일에는 일본어선 풍어환(6.9톤급, 20마력)이 밀항자를 싣고 영도 동삼동 하리 어촌 마을까지 잠입했다. 한일 양국 밀항 조직의 긴밀한 유대를 짐작하게 한다.

밀항이 많았던 1964년에는 밀항 사기꾼도 많아서 웃지 못할 일이 벌어졌다. 17명의 밀항자가 1인당 1만 원을 내고 부산항에서 놀잇배를 탔다. 그리고 부산 앞바다의 무인도로 옮겨져 오후 7시 밀항선으로 옮겨 타 선창에 갇힌 채 항해를 시작했다. 새벽 3시가 되자, 선장은 일본에 도착했다며 하선을 지시했다. 하선지의 날이 밝았고, 이들을 맞은 것은 진해 해군방첩대였다. 선장은 밤새 배로 부산 인근 해역을 맴돌다가 가덕도에 밀항자를 내려놓고 도망친 것이다.

거제도도 밀항 사기꾼들이 자주 이용한 '가짜 일본 섬'이었다. 황당한 일을 당한 밀항자들 사이에 "밀입국하다 걸려 일본 오무라 수용소에 갇히는 게 덜 억울하겠다."는 말이 떠돌기도 했다.

그렇지만 일본의 자료에 따르면 부산에서 출발한 밀항자의 목적지가 대마도였음을 알 수가 있다. 1951년 6월 말 국경 나가사키현 본부에 따르면, 태평양 전쟁 후인 1946년부터 1951년까지 조선에서 대마도로 넘어간 밀항자는 약 12,800명이었으며, 대마도에서 검거한 수는 9,190명에 이른다고 했다. 당시 대마신문은 이즈하라 구치소가 '밀항자로 초만원'이라고 보도하고, 이 밀항·밀무역자의 면회인이 하루 평균 30명 정도 되며, 그 대부분은 케이한신(京阪神, 교토·오사카·고베) 방면의 사람이라고 했다.^{주2)} 이것을 보면 밀항·밀무역자의 다수는 목적지가 대마도가 아닌 간사이(関西) 방면이었지만, 밀항선이 야간 항해 후 비밀리에 착륙하기 쉬운 장소가 대마도였다.

오무라 수용소에서 밀항자가 처음으로 우리나라에 강제송환된 것은 1950년 12월이었다. 당시 955명이 배를 타고 부산항으로 돌아왔다. 그로부터 33년이 지난 1983년 6월에는 128명이 JAL 전세기를 타고 김해공항에 내렸다. 100번째 강제송환이었고, 모두 2만 1,239명이 강제송환되었다. 처음에는 배였지만, 1980년 7월 이후에는

1957년 12월 31일 한일 양국의 억류 어부와 동포 상호교환 합의에 따라 제1진 억류 동포 249명이 하야도모마루를 타고 다음 해 2월 20일 부산항 제1부두에 도착하였다. (대한민국 정부기록사진첩)

전세기로 돌아왔다.

강제송환자는 부산항에 오면 사하구 괴정동의 외국인 수용소로 보내져, 수용소에서 며칠간 정보기관의 조사를 받고서야 고향으로 돌아갈 수 있었다. 특히 남북 관계가 대치 국면일 때 강제송환자가 일본이나 오무라 수용소 생활 중 조총련과 접촉했는지는 민감한 조사 사항이었다.

1983년 일본 경찰은 일본 내 한국인 불법 입국자를 약 5만 명으로 추산했다. 이들은 해방 전후 이산가족이거나 6·25 전쟁 이후 생존과 돈벌이를 위한 밀입국자였다. 이들 중 제주도 출신이 많은 것은 제주 4·3사건 등으로 일본 내 연고자를 찾아 밀항하는 경우가 많았기 때문이다. 이처럼 대일 밀항은 우리나라의 역사적 위기 때마다 자의든 타의든 밀항자에게 탈출구가 되었던 애증의 바닷길이었다.

주1) 오무라 수용소는 1950년 1월 나가사키현에 설치된 '하리오(針尾) 수용소'가 같은 해 10월 오무라시의 옛 해군 항공 공장 터로 이전하면서 그 역사가 시작된다. 발족 당시는 '법무성 오무라 입국자 수용소'라는 이름이었으나 1993년 '오무라 입국관리센터'로 바뀌었다. 초기에는 중국인(대만인 포함) 송환자도 일부 수용했지만, 중국인과 조선인 수용자 사이에 마찰이 발생해 1955부터 한국인·조선인만 수용하게 되었고 이후 오무라는 조선인 전용 수용소로 알려졌다. 일본에서 퇴거 명령을 받은 조선인 불법 입국자가 강제송환될 때까지 대기하는 곳이라 일명 '추방의 기지'로 통했으며 송환 비용은 일본이 부담하는 국비송환이다. (성공회대학교 동아시아연구소, 『주권의 야만 – 밀항, 수용소, 재일 한국인』 한울, 2017, P20.)

주2) 永留久惠, 『對馬國志』 제3권, P110~113.

특공대 밀수

우리 사회는 범죄를 비롯해 마약, 폭력, 음주, 과외, 가짜, 살 등과 치열한 전쟁을 벌여왔다. '밀수와의 전쟁'도 그중 하나다. 특히 6·25 전쟁을 전후해 경제가 어렵고 사회가 혼란스러울 때 극성이던 밀수는 1960년대 '사회 5대 악'에 포함될 만큼 국가적 관심사였다.

한때 '밤의 대통령'이란 말이 화제였는데, 그보다 훨씬 앞서 남해안에는 '밤의 세관장'이란 말이 떠돌았다. 밀수 검거를 위해 주로 야간에 활동하던 부산세관의 한 수사관을 일컫는 말이었다. '합동수사본부'란 용어도 공권력에 도전한 밀수조직을 근절하고자 공안수사기관이 모여 만든 특별 수사 조직에서 출발했다. 이렇게 밀수 관련 용어는 1950년대 중반 이후, 건국 이래 가장 악랄하고 조직적인 밀수였던 대마도 특공대 밀

대마도 특공대 밀수 루트 (부산세관박물관)

수와의 전쟁에서 나온 부산물이다.

특공대는 특별히 훈련된 공격부대를 뜻한다. 영국의 코만도(Commando), 미국의 레인저(Ranger), 일본의 가미카제 특공대(神風特攻隊) 등이 좋은 예다. 그런데 무슨 이유로 밀수조직에 이 특공대란 이름까지 붙었을까?

대마도 특공대 밀수는 1950년대 중반에서 1969년까지 부산항을 중심으로 한 남해안을 무대로 했다. 주 근거지는 대마도의 행정수도인 이즈하라항이었다. 그래서 대마도 특공대 밀수 또는 이즈하라 특공대 밀수란 말이 생겼다. 이즈하라항이 특공대 밀수의 거점이 된 것은 5·16 쿠데타 이후, 밀수 두목 한필국(韓弼國)이 사형되고부터이다. 그의 조직원들이 하나둘 일본으로 밀항해 새로 세력을 규합한 곳이 이즈하라항이었기 때문이다.

밀항자 이정기(李錠基)는 그곳의 특공대 밀수를 진두지휘했다. 일본이 이들의 밀수를 변칙무역으로 두둔하자 이정기는 자신만만하게 밀수뿐 아니라 밀수꾼들을 위해 한국음식점, 카바레, 술집, 여관 등을 마련해 이즈하라를 불야성으로 만들었다.

일본 총리 요시다 시게루는 6·25 전쟁을 "일본에게 신이 내린 선물"이라고 했다. 일본은 군수산업으로 역사상 최대 호황을 누렸고, 여파는 휴전 이후에도 이어졌다. 다양한 일본산 생필품이 한반도로 비밀리에 상륙했고, 대마도는 징검다리 역할을 했다.

특공대 밀수의 특징은 뛰어난 기동력이었다. 밀수조직은 자금·해상운반·양륙·육상운반·보관·판매책 등 분담체계가 있었고, 폭력배와 권력기관까지 개입해 난폭했지만 정보력까지 갖추었다. 밀수선은 5~10톤급 소형 선박으로 3~5명이 승선했는데, 중고 탱크에서 추출한 고속 엔진을 설치해 30노트 이상으로 달렸다. 당시 세관감시선은 10톤급 목선으로 겨우 10노트 남짓한 속도였으니, 3배나 빠른 밀수선을 잡으려면 이 배의 엔진에 이상이 있어야만 했다. 그래서 세관감시선이 밀수선과 마주쳐도 놓치기 일쑤였다.

저녁 무렵이면 특공대 밀수선의 활동이 시작된다. 항구를 빠져나온 밀수선은 공해 선상까지 진출해 주변 상황을 파악하고, 어둠을 이용해 사선을 넘는 질주를 시작한다. 긴장

이즈하라항에 정박한 특공대 밀수선 (부산세관박물관)

감 속에 남해안의 목적지로 잠입하면 먼저 인적 드문 섬이나 바닷가에 밀수품을 은닉하거나 대기 중인 선박에 옮겨 싣는다. 어쩌다 검거 위기를 맞으면 순식간에 증거물을 없애기 위해 밀수품을 물에 빠뜨리거나 소형 어선으로 위장해 조업하는 척하면서 감시망을 피해 달아난다. 이뿐만이 아니다. 선명, 선원명이 가명인 것은 예사고, 세관·해운국·검역소 등 일본 관공서의 민원서류와 공인(公印)을 구해 출입항 관계 서류를 위조해서 수사망을 피했다. 특히, 일본 정부가 자기 국내법을 근거로 특공대 밀수의 합법성을 인정하고 두둔하기까지 하여 특공대 밀수는 더 공공연하게 행해졌다.

1955년, 탄피와 해초 등을 싣고 이즈하라항에 입항한 밀수출선은 한 해 90여 척에 불과했으나 5년 후인 1960년에는 1,346척으로 급증했다. 밀수출선이 돌아올 땐 어김없이 밀수입선으로 탈바꿈했다. 이 통계도 이즈하라세관 출장소와 대마도 신문사의 자료일 뿐, 실제로는 더 많았을 것으로 추측된다.

밀반입된 일본 상품은 화장품, 직물, 약품, 지퍼(Zipper), 주름치마, 테토론 필름(Tetoron Film), 카메라, 전자제품 등으로 생필품에서 산업제품에 이르기까지 다양했다. 대마도에서 이런 일본 상품을 공급하는 중개무역상이 32개에 달했다. 당시 부산국제시장은 밀수품이 거래되는 대표적인 시장이었다. 일본에서 건너온 밀수품과 미군 PX에서 빠져나온 불법 물품이 뒤섞여 거대한 밀수품 전시장을 형성했다. 이런 시대 상황을 반영하듯 1950년대 말, '2억 환의 밀수 제보, 1억 환의 상여금'이라는 밀수 제보 포상금 제도 관련 표어가 있었다. 밀수 검거 금액의

1952년 감시선 붕양호(80톤급). 해상 밀수 근절을 위해 전시 예산으로 일본에서 도입했다. 독수리호(10톤급)와 편대를 이루는 모선이었다. (부산세관박물관)

절반을 제보자에게 상금으로 주겠다는 뜻이다. 밀수 제보 포상금 제도는 일반 시민의 고발의식 고취와 악조건에서 밀수 단속 업무에 종사하는 공무원의 사기를 북돋우려고 만들어졌다.

포상금이 확대되자 일부 밀수 단속 직원은 빚을 내 개인 전용 감시 선박과 지프 차량을 구매했다. 감시 장비가 노후한 데다 세관 감시선과 공무차량은 눈에 잘 띄어 단속이 어려웠다. 그 약점을 보완하려 개인 전용 선박을 밀수선과 똑같은 모양으로 바꾸기도 했다. 포상금만큼이나 밀수가 많았던 때라 밀수 방지를 위해 갖은 수단이 동원되었다.

특공대 밀수가 공적(公敵)으로 급부상한 것은 1965년 현충일에 있었던 월광카바레 앞 밀수 사건에서 비롯된다. 야근 중 밀수 현장을 적발한 경찰관을 밀수범들이 구타하고, 그 검거자마저 타 권력기관으로 넘겨버린 아주 파렴치한 사건이었다.

정부는 공권력에 관한 정면 도전으로 보고, 모든 정보(情報) 권력 수사

기관이 참여한 합동수사본부를 만들어 대대적인 밀수조직 검거에 돌입했다. 특히, 해상 밀수 봉쇄 작전을 펼치려 지금의 통영에 본부를 둔 특별감시선단도 조직했다. 정확한 정보 입수를 위해 군용 통신장비를 휴대한 정보원을 이즈하라항에 잠입시켜 첩보 활동을 전개했고, 해군에서 특수 쾌속정 2척까지 배당받아 만반의 준비태세를 갖추었다.[주1)]

이때 시범사례로 걸려든 밀수선이 영덕호였다. 공해 선상에서 길목을 지키던 감시선단과 마주친 영덕호는 수차례 정지 명령을 받고도 도망치다 결국 기관단총 세례를 받고 침몰했다. 다행히 선원 2명은 살았지만, 밀수조직에 준 충격은 너무나 컸다.

이렇게 육·해상에서 24시간 밀수와의 전쟁을 펼치는 가운데서도 특공대 밀수왕의 방향 전환을 위한 작업이 비밀리에 추진되었다.

1967년 10월 일본 외무성 초청으로 부산세관 심리과장 등이 처음으로 대마도 이즈하라항을 공식 방문했다. 여기서 밀수왕 이정기 등과 만난 수사진들은 수차례 대화를 통해 어려운 결실 하나를 일궈낸다. 밀수왕을 비롯한 일행들이 연내로 밀수에서 손을 떼겠다는 약속이었다.[주2)]

이렇게 특공대 밀수가 서서히 쇠락하는 가운데 이듬해 6월 또 다른 놀라운 일이

부산세관 감시선 독수리 6621호(10톤급). 일본 해상보안청 순시선에 납치돼 한일 외교 문제로 비화하기도 했다. (부산세관박물관)

벌어졌다. 이즈하라항 앞 해상에서 밀수선 금영호를 검거, 예인하던 부산세관 감시선 독수리 6621호가 일본 순시선에 납치된 것이다. 감시선은 6시간 뒤 풀려났지만, 이 일로 특공대 밀수가 한일 국교 정상화 이후 처음으로 외교 문제로 떠올랐다. 두 달 후 열린 한일각료회담에서 일본은 "대마도의 밀무역이 한국에 미치는 피해를 해소하기 위해 가능한 조치를 한다"는 내용을 공동성명에 채택했다.

밀수선의 본 선명은 덕일호이지만, 위조한 선박서류 등에는 신일호, 보해호, 금영호라는 다양한 가명을 써가며 감시망을 따돌렸다.

 밀수 두목도 그해 12월 말 밀수 결별 성명을 발표함으로써 이즈하라 특공대 밀수는 사실상 대단원의 막을 내렸다. 장장 15년여에 걸쳐서 활개 치던 해상 밀수였다.

주1) 송병순, 『나의 길 불꽃 70년(회고록)』, 도서출판 삶과 꿈, 2001, P145.
주2) 조준, 『한 稅關人의 執念(회고록)』, 협동문고, 2000, P17~19.

밀수왕 이정기

밀수왕 이정기 (부산세관박물관)

시대를 타고나는 것이 영웅만은 아니다. 밀수왕도 특정 사회와 시대의 산물이다.

1920년 1월 미국이 금주령을 발표했을 때, 뜻밖의 호황을 누린 곳은 롱아일랜드 앞바다에 있는 영국령 바하마의 나소(Nassau) 섬이었다. 이곳에는 영국산 럼(Rum)주 창고가 즐비하여, 미국으로 술을 운반하는 징검다리 역할을 하였다. 이러한 럼주 판매 루트를 최초로 개척한 사람은 빌 매케이(Bill Mackay)였는데, 그는 미국의 가장 유명한 밀수꾼이었다.

6·25 전쟁 이후, 대일 통제 무역 아래에서 일본 상품이 한국으로 들어오는 데 징검다리 역할을 한 곳은 대마도였다. 이곳에서 한반도로 밀수품이 건너오기 시작했고, 대마도 특공대 밀수라는 그 당시 유명했던 단어도 생겼다. 대마도 이즈하라항을 배경으로 밀수 조직을 거느린 이가 밀수왕 이정기(李錠基)였다.[주1]

그는 1958년 당시 남해안의 밀수왕이던 한필국(韓弼國, 1962년 사형)과 부산에서 만나면서 밀수를 시작했다. 활달한 성격에 머리 회전이 빠르고 주먹이 강했으며, 훤칠한 키의 미남인 그가 유흥가에 나타나면 여성들에게도 인기가 대단했다고 한다.

그러나 1961년 5·16 군사정변 이후 대대적인 밀수꾼 검거가 있었다. 호형호제하던 한필국에게 사형이 구형되자, 수배자였던 그는 1961년 9월, 밤을 틈타 일본 대마도로 밀항한다. 일본 출입국관리법 위반으로 6개월 징역살이 후에도 이즈하라에서 계속 피신했다. 일본 여성과 동거하며 1년 거주증을 얻는 등 안정을 찾은 그는 본격적으로 밀수를 시작했고, 이 소식을 듣고 하나둘 옛 동료들이 찾아들었다.

이정기는 밀수품 전문 중개상인으로 이미 자리를 잡은 이들과 손잡고 특공대 밀수선을 상대로 영업했다. 일본 상품을 대상으로 신용 외상 거래를 터주며 상륙과 처분 방법을 일일이 지령하고 점검했다.

그가 지배인이던 야마다(山田) 상회는 하루가 다르게 매출이 늘어났고, 일본 정부에서 그를 수출유공자로 추대하기도 했다. 이에 힘입어 모여드는 밀수꾼들을 위해 한국음식점, 카바레, 술집, 여관 등이 들어서 이즈하라항은 밀수꾼의 성지이자 밀수선의 모항으로 변했다. 이즈하라항이 밀수 왕국으로 변한 데에는 누구보다 이정기의 역할이 컸다.

1968년 11월 30일 부산세관장에게 '밀무역과 결별하면서'라는 제목의 편지가 도착한다. "과거를 청산하고, 밀수 근절을 위해 앞장서겠다."는 이정기의 편지였다. 이것은 세관, 정보기관, 외교라인 등이 협력하여 밀수왕과 밀수조직 두목에게 전향 공작을 펼친 결과였다.

그는 부산에 있던 부인과 딸에게도 '밀무역에서 완전히 손을 떼고, 후쿠오카에서 경영하던 식당에 전념할 것'이라는 편지를 보냈다.

이즈하라항에 즐비한 일본 상품 중개인 상점 (부산세관박물관)

대마도 특공대 밀수도 이렇게 막을 내리고, 밀수왕도 세월 속에 점점 잊혀져 갔다.

주1) 「對馬島 密輸王의 回歸」, 『주간한국』 제220호, 1968.

월광카바레 밀수 사건

밀수 사건명에 카바레 이름이 붙었다. 밀수꾼이 카바레에서 춤추다 잡혔을까? 그곳에 밀수품을 은닉했을까?

특공대 밀수가 부산항을 중심으로 기승을 부리던 1965년 6월 6일 현충일 새벽 4시 30분경이었다. 당시 부산항 해군 정보기관의 전용부두 앞 도로(지금의 중구 중앙동 수미르공원 인근)에서 건장한 청년 3, 4명이 물건 꾸러미를 군용 지프에 싣는 것을 영도경찰서 연안초소 김만수 순경이 발견했다. 상당한 거리를 두고 발견했지만, 김 순경은 직감적으로 밀수품임을 알고 인근 역전파출소로 달려갔다. 혼자 힘으로 이들을 상대하기 어렵다고 판단해 지원 요청을 했다. 다시 현장으로 돌아왔을 때는 어느새 군용 트럭 한 대가 더 늘어나 있었다. 김 순경이 꾸러미를 헤집으려는데 청년들이 갑자기 달려들어 그의 얼굴을 때리고 복부를 걷어찼다. 마침 그때 역전파출소 순경과 방범대원들이 동시에 도착했고, 어느새 헌병 2명까지 가세해 진상조사를 한다며 부

5·16 군사정변 이후 밀수배를 앞세워 '밀수 근절' 시가 캠페인 (부산세관박물관)

산을 떨었다. 이 급박했던 상황을 정리해 상부에 보고한 김 순경은 곧바로 병원에 입원해야 했다.

이 새벽의 난투극은 '월광카바레 앞 밀수 사건'이라는 제목으로 신문에 대서특필 되었다. 그런데 문제는 밀수 검거자가 부산지구 K 헌병대 소속 Y 중사 등으로 둔갑한 것이다. 그리고 김 순경은 헌병이 밀수범을 검거할 때 나타나 화주에게 두들겨 맞았다고 되어 있었다.

김 순경은 기사 내용을 도저히 이해할 수 없었다. 결국 억울함을 상부에 호소했고, 군 수사요원이 개입된 사건이니 제대로 조사할 것을 요청했다. 며칠 후 이 사건은 부산지검 이창우 검사에게 맡겨졌고, 밀수품은 일본제 여자 주름치마 95장 외 5종(당시 시가 500만 원)이었다.

화주는 5·16 직후 밀수 혐의로 검거됐다가 1년여 전에 대사면으로 풀려난 왕년의 밀수꾼 H였다. 그는 폭력배를 양륙책, 현역 군인을 운반책,

1965년 6월 부산세관 강당에서 있었던 '밀수 사범 합동수사반' 발대식
(부산세관박물관)

전·현직 경찰을 보관책으로 두는 등 권력기관을 개입시킨 대규모 밀수조직을 거느리고 있었다.

사건 발생 13일 만인 6월 19일, 박정희 대통령은 "경찰을 폭행한 밀수범과 밀수조직을 일망타진하라"는 특별지시를 했다. 나라를 위해 목숨 바친 애국자를 추모하는 현충일에, 공권력에 정면 도전해 불법을 저지른 이들의 행위는 용납할 수 없었다. 즉시 군·검찰·경찰·세관 소속 수사관들을 중심으로 전국 22개 지역에 지구반을 거느린 합동수사반이 발족했고, 초대 반장엔 서주연(徐柱演) 대검찰청 부장검사가 임명됐다. 이로부터 특공대 밀수와 기타 강력 밀수 사범 단속을 위한 '밀수와의 전쟁'이 본격적으로 시작됐다.

특히 대통령의 친필 신임장에 "위 사람은 대통령인 내가 직접 신임하는 자로서, 육·해·공군은 물론 모든 수사기관은 위 사람의 요구에 반드시 따라야 한다"는 내용이 선명했다. 마치 암행어사 마패에 버금가는 절대 권력을 합동수사반장에게 위임했다.

사태의 심각성을 감지한 부산 지역 밀수배들은 꼬리를 감추거나, 통영·마산·여수 등지로 도망갔다. 남해안은 밀수조직과의 일전을 앞두고 감시선을 기관총으로 무장할 정도로 분위기가 험악했다.

8월 중순, 특공대 밀수선 영덕호(7톤급)가 남해안감시선단의 정지 경고를 무시하고 달리다가 격침되는 초유의 사건이 일어났다. 이것이 특공대 밀수가 쇠락하는 분수령이었다.

하지만 중앙동 해변의 월광카바레는 달랐다. 밀수 사건으로 인지도가 높아져 카바레 문전은 날로 뜨거웠다. 밀수품이 발견된 현장 부근에 유명한 건물이 없어 '월광카바레 앞 밀수 사건'이라 이름을 지은 것이, '월광카바레 밀수 사건'으로 통용되며 유명세를 더했다.

조난 어부의 귀환

부산앞이야기

　해방 후 마땅한 수출 상품이 없던 시절, 동해 등 우리나라 연근해 고깃배의 집어등 불빛에 이끌려 비상하는 값진 어종이 있었다. '살아있는 로켓'이라 부르던 오징어였다. 마른오징어, 한천, 새우 등은 우리나라 제1세대 민간 무역상들이 홍콩과 마카오를 오가며 한국 무역의 기반을 다지던 초창기 주요 수출 품목이었다. 오징어는 격변기에 우리 경제를 버텨준 대표적인 상품으로, 국내 어획량에 따라 무역수지도 크게 영향을 받았다.

　1948년 12월, 부산 영도에서 10톤급 소형 선박 한 척이 오징어채낚기 조업을 위해 강원도로 출항했다. 선주 겸 선장 외 13명의 어부가 탔다. 쌀쌀한 날씨 속에 사흘 밤낮을 달려 겨우 묵호 앞바다에 다다랐을 무렵,

영도구 대평동 도선선착장 부근. 선박 수리와 어항으로 유명했으며, 일명 '영도 굴강'이라고 불렸다. (임시수도기념관)

때아닌 돌풍이 휘몰아치며 바다가 사나워졌다. 선장은 파도를 헤집고 묵호항으로 들어가려고 애썼지만, 배의 방향키가 부러지며 다음날 새벽까지 산더미 같은 파도 속을 하염없이 떠밀려 다니는 신세가 되었다. 조난 신호를 보내도 구조대가 오기 어려운 악천후인지라, 선원들은 그저 다가올 운명을 조용히 기다릴 뿐이었다.

그때 눈앞에 배 한 척이 나타났고, 구조 선박을 기다리던 선원 모두가 환호했다. 그러나 이 배도 기관 고장으로 조난 중이었다. 한 척은 키가 부러지고, 한 척은 기관 고장이라니…. 망망대해에서 비슷한 처지의 이웃을 만나 위안도 얻었지만, 두 척이 가까워질수록 충돌의 두려움에 떨어야 했다. 급박한 상황을 인지한 두 배의 선장은 선원을 큰 배로 옮겨 태우기로 했다. 작은 배의 선원 13명이 큰 배로 오르고 마지막 선원이 오르려는 순간 큰 파도가 작은 배를 덮쳤다. 순식간에 선원 한 명과 배가 침몰했다. 충돌을 피한 것만은 천만다행이었다. 옮겨 탄 선박은 15톤급 도삼호. 선원은 15명이었다. 작은 배에서 옮겨 탄 13명을 더해서 28명 대가족의 새로운 표류가 시작됐다.

3일째 표류하던 밤, 곁을 지나는 1만 톤급 선박을 향해 선원들은 목이 터지라 구조 요청을 했다. 철사로 꽁꽁 동여맨 넝마에 불을 붙여 긴급구조신호(SOS)도 보냈지만, 허사였다.

4일째 되는 날, 저 멀리 울릉도가 다가왔다. 오징어잡이를 하며 수없

1930년대 부산항. 영도는 부산항의 방파제로 항만 산업 배후도시이자 어업 전진기지였다. (부산세관박물관)

이 지나던 울릉도였지만, 표류 상황에서는 자력으로 다가설 수 있는 섬이 아니었다. 배는 울릉도를 곁에 두고 파도 따라 바람 따라 무심하게 떠내려갔다. 저녁 무렵에는 독도를 지나쳤다. 어둠과 함께 선원들의 얼굴에 실망감과 두려움이 짙게 드리웠지만, 다행스럽게도 식수가 조금 남아있어 생명을 지탱하는 데는 여유가 있었다.

5일째 날, 해상 날씨는 평온을 되찾았지만, 이제는 식수가 문제였다. 7일째 아침, 나침반으로 선박 위치를 추정하니 어느새 일본 서해안이었고 선원들은 심한 갈증에 빠져 있었다. 표류 10일째는 멀리 수평선 너머 시커먼 섬이 드러났다.

12일째는 거의 의식을 잃을 지경이었다. 커다란 산이 눈앞에 버티고 있는 것을 본 도삼호 선장은 갑자기 기운이 솟구쳤다. 선장은 "이곳은 일본이 틀림없다"고 일행에게 알리며 닻을 내리게 했다. 멀리서 드문드문 어촌마을이 보였다. 섬을 향해 간절한 조난구호 요청을 했으나 마을에서는 별다른 반응이 없었다. 한참 후에 조난선 곁에 다가온 것은 이 지역의 순경과 양복 차림의 관리 두 명을 태운 전마선(傳馬船)이었다. 이들은 경위를 간단히 물은 후, 배의 책임자인 도삼호 선장을 비롯한 세 사람을 어업사무실로 데려갔다. 한 시간에 걸친 조사가 끝나자 해안경비대에서 쌀, 고구마, 땔감 등 구호품을 주었고 죽을 끓여 먹으면서 선원들은 생기를 되찾았다. 이후 조난 선원들은 담당 경찰서 보호실에서 며칠간 연금되었다가 형무소로 옮겨 구금되었다.

해방 이후 남해안 인근의 많은 사람이 일본으로 밀항했으므로 일본에서는 기상 악화에 의한 조난자라도 일단 무단입국자로 취급했다. 그리고 재판을 거쳐 나가사키의 오무라 수용소로 이감했다. 오무라 수용소는 우리나라 사람이 일본으로 밀항하다가 잡히거나 조난표류했을 때 반드시 거치는 곳이다.

오징어잡이선 선원들은 이곳 수용소 생활 한 달 만에 석방되었고, 야마모토호로 부산항으로 귀항했다.

국내에서는 그동안 오징어채낚기 어선과 선원이 두 달 넘게 행방불명이라 모두 실종 처리된 상태였다. 심지어 강원도 묵호어업조합에서는 선원 가족들에게 사망 어부에 대한 위령제 통지서까지 보낸 상태였다.

영도 오징어잡이선 선장의 모친도 통지서를 받고 아들의 위령제에 참가하려고 묵호로 떠날 채비 중이었다. 그때 집배원이 한 통의 편지를 전했고, 일본 오무라 수용소에서 보낸 아들의 편지였다. 죽었다고 믿었던 선장이 살아 돌아온다는 소식으로 한순간에 온 동네가 떠들썩했다.

기사회생(起死回生)이란 이를 두고 한 말일 테다. 28명의 어부는 오징어는 한 마리도 못 잡고 되레 깡마른 오징어 신세가 됐지만, 다행히 가족품으로 무사히 돌아왔으니 천만다행이었다.

부산해역의 해난 사고

 '4월은 잔인한 달'이라고 영국 시인 T.S 엘리엇은 '황무지'라는 시에서 노래했다. 4월의 바다 역시 동서양을 막론하고 잔인하다. 처녀 출항한 세기의 호화 유람선 타이태닉(Titanic)호가 1912년 4월 14일 북대서양에서 침몰했다. 그로부터 100여 년이 흐른 2014년 4월 16일 진도 앞바다에서는 세월호가 참담하게 수장되었다.
 부산 인근 해역에서도 다양한 해난 사고가 있었다.
 부산항 연안부두에는 남해안을 오가는 연안여객선이 많았다. 그중 부산-여수 간 남해노선이 가장 많았고, 야간 운항도 있어 항상 사고의 위험이 있었다. 대표적인 사고 위험 지역은 다대포의 몰운대와 가덕도 앞 해상이었다. 두 곳은 낙동강 하류로 강과 바다가 만나는 기수 지역이라

1952년 창경호, 수학여행 학생을 싣고 갔다가 한산도 제 승당 입구 선착장에 정박해 있다. (국립민속박물관)

부산과 여수를 오가던 여객선 한일호
(부산지방해양수산청)

 안개가 자주 끼고 바람이 조금만 불어도 삼각파가 일어 해난사고가 빈번했다. 대한제국 초기인 1898년 부산의 선각자 박기종이 낙동강 물류 집산지인 하단에서 괴정, 부산항을 연결하는 부하철도건설계획을 수립한 것도, 몰운대 앞 해상 운항의 어려움을 육지 철로로 대체하고자 해서였다.

 이곳의 대표적인 사고는 1953년 1월 9일 부산-여수 간을 오가던 대동상선 소속 정기여객선 창경호(146톤급)의 몰운대 앞 해상 침몰이었다. 이날 360여 명의 여객(정원 243명), 양곡 450가마 등이 한순간에 차가운 겨울 바닷속으로 빨려들었다. 국회 특별조사 결과, 창경호는 20년 된 낡은 화물용 범선을 개조한 여객선으로 침몰의 첫 번째 요인은 심한 파도였지만 과적 여객·화물도 무시할 수 없는 요인이었다고 밝혀졌다. 특히, 도난을 우려해 구명장비를 회사 창고에 보관 중이었다는 것이 밝혀져 여론의 뭇매를 맞았다.

그로부터 10여 년이 흐른 1967년 1월 14일 가덕도 앞 해상에서 부산과 여수를 오가던 여객선 한일호(140톤급)가 구축함 충남함(2,600톤급)과 충돌했다. 이 사고로 한일호는 침몰하고 94명이 사망했다. 창경호의 저주였을까? 경찰 조사 결과, 한일호 엔진이 앞서 침몰한 창경호에서 떼어낸 것으로 판명됐고, 구명장비 또한 제대로 갖추지 않아 인명 피해가 더욱 컸다. 1950~60년대 해난사고의 원인은 낡은 배의 구조 변경, 과적 등 인위적인 요소가 많았다.

1766년 역관 현태익(玄泰翼)과 이명윤(李命尹)이 당상관이 되어, 대마도로 가는 문위행(問慰行)[주1] 실무사절단 100여 명이 역관선 2척에 나누어 타고 부산포를 떠났다. 출발 때와 달리 바다 길목 중간쯤에서 큰바람을 만나, 배에 물이 새면서 곧 파선했다. 며칠 후 10여 명만이 부산포 주변까지 표류하다 지나가던 어부에게 구조되었다.

당시 동래부사 강필리(姜必履)에게 사고 보고를 받은 조정은 조선공에게 엄형,

해군 구축함과 충돌로 침몰한 여객선 한일호를 사고 발생 5일 후에 크레인으로 인양을 하는 모습 (서울신문 DB)

1703년 정사 한천석 외 107명의 역관사 일행이 해난사고로 순직, 이들의 영혼을 달래기 위해 대마도 북단 한국전망대 곁에 세운 '조선역관사 조난위령비'

조선 현장 파견 벼슬아치에게 파직과 귀양의 벌을 내렸다. 통제사에게도 책임을 물어 호남으로 귀양을 보냈다. 처녀 출항한 선박이었기에, 1차로 조선 기술자에게 책임을 물으면서 그나마 바다의 외로운 원혼을 달래야 했다.^{주2)}

주1) 조선 후기 일본을 왕래한 사절에는 통신사행과 문위행이 있다. 통신사행은 조선 국왕이 일본 막부에 보낸 외교 사행이었고, 문위행은 대마도주에 보낸 외교 사행이다. 규모 면에서 통신사행과는 비교할 수 없지만, 문위행은 왜학 역관(倭學譯官)이 우두머리로 임명된 외교 사절로 주로 대마 도주 종씨(宗氏)를 위문하는 임무를 수행했다. 통신사행이 의례적인 외교 업무를 수행했다면, 문위행은 실질적인 업무를 담당하였기에 차왜 및 왜관 체류 왜인들의 외교 실태를 파악하는 데 유용했다. 통신사행은 1428년(세종 10)부터 1811년(순조 11)까지 20~30년 만에 한 번 정도로 총 12회를 오갔고, 문위행은 1632년(인조 10)부터 1854(철종 5)년까지 4년에 한 번꼴로 총 54회를 왕래하였다.(향토문화전자대전)

주2) 『조선왕조실록(朝鮮王朝實錄)』 영조 42년, 1766년 8월 5일 임인(壬寅), 『증정교린지(增正交隣志)』 제6권, 지(志), 문위각년례(問慰各年例) 『변례집요』 권 18, 도해(渡海)

해양 수도 부산, 바다에 살다

동백의 고향

부산앞의이야기

우리나라에는 동백꽃이 시화(市花)인 도시가 여럿 있다. 서해안을 따라서 군산시, 서천군, 보령시가 있고, 남해안에는 거제시, 통영시, 여수시와 부산시가 있다. 심지어 부산의 중구, 영도구, 해운대구의 구화(區花)도 동백이다. 부산시는 여기서 끝나지 않고 시목(市木)까지 동백나무다. 하나의 꽃과 나무가 그 지역을 대표하는 것은 지역민과 친숙할 만큼 가까이에 많이 자라거나 특별한 사연을 가졌을 때 가능하다.

우리나라의 동백나무 자생지는 부산시, 경상남도, 전라남북도, 충청남도, 울릉도 등으로 대부분 바다를 접한 곳이다. 부산에서도 해풍을 맞는 바닷가에 동백이 자라서 사시사철 푸름을 더한다.

한국해양대학교가 있는 조도도 예전엔 동백이 많아서 동백섬으로 불렀다. 태종대와 다대포 몰운대도 동백나무 군락지로 유명했지만, 오늘날 몰운대는 소나무에 그 자리를 내주었다. 그러나 해운대 동백섬은 아직도 그 이름에 걸맞게 동백이 많아 1999년에 부산시지정기념물 제46호로 지정되기도 했다.

 부산 영도 출신의 황선우가 곡을 만들고 조용필이 노래한 '돌아와요 부산항에' 노래비도 동백섬 인근 해운대해수욕장 해안도로변에 있다. 이 노래는 1970년대 중반 조총련 재일 동포들이 페리호로 모국의 부산항을 찾아온 정서와 관련이 깊다. 하지만 노래비는 국제여객선 부둣가가 아닌 해운대 바닷가에 있는데, 이유는 간단하다. 노랫말 첫 구절인 "꽃피는 동백섬에 봄이 왔건만"이 부산의 상징인 해운대를 널리 알리는 역할을 하였기 때문이다.

1980년대 중반 해운대해수욕장과 동백섬. 센텀시티와 마린시티가 들어서기 전이다. (부산광역시청)

그리고 1960년대 이미지가 불러 크게 히트한 국민가요 '동백 아가씨'의 탄생 무대도 부산이었다. 이 노래는 1964년 개봉된 영화 '동백 아가씨'의 주제가였는데, 영화의 주 무대가 다대포와 해운대 동백섬 해변이었다. 노랫말을 짓고 곡을 붙인 작사·

영화 주제가 '동백 아가씨' 앨범 (박명규)

작곡가도 부산과 인연이 깊다. 작곡가 백영호는 서구 대신동에서 태어났고, 작사가 한산도는 해방 이후 부산에서 중학교를 나온 함경북도 청진 사람이다. 이들은 전후 국제시장, 자갈치시장의 악착같이 살아가는 사람들 속에서 음반회사가 있던 영도를 오가며 가요의 꿈을 키웠던 음악인이었다.

동백은 뭍만 아니라 바다에서도 꽃을 피운다. 해운대 미포항에서 출발해 광안대교를 지나 오륙도를 돌아오는 부산항의 대표적인 해상관광 유람선이 동백호다. 그리고 부산의 원도심과 신도시 해운대를 오갔던 크루즈 투어 선박이 카멜리아 2000호였다. 카멜리아(Camellia)는 영어로 '동백'이란 뜻이다. 카멜리아는 부산항

해운대 크루즈 동백호

부산항에서 일본으로 향하는 카멜리아호 (고려훼리 주식회사)

뿐 아니라 국제간에도 꽃길을 그린다. 부산항에서 일본 하카타항을 오가는 국제여객선도 카멜리아호다. 이쯤 되면 부산을 동백의 고향이라 할 만하다.

부산시는 동백나무와 꽃을 각각 시목과 시화로 선정한 이유를 '진녹색 잎과 진홍색 꽃의 조화는 푸른 바다와 사랑이 많은 시민의 정신을 그려 낸다'고 설명했으니, 해풍 머금은 동백꽃은 부산을 상징하는 '꽃 중의 꽃'인 셈이다.

부산항의 관문 효시, 수문

부산항은 국내 최대 해상관문이자 유서 깊은 무역항으로, 조선 시대부터 이어온 해금정책에도 유일하게 해상무역을 위해 열린 공간이었다. 하지만 초량왜관의 조선-일본 간 교역 과정에서 밀무역, 도난 등 잡다한 사건이 빈번하게 일어나 조정의 관리에서 벗어날 수 없었다. 더욱이 이곳엔 대마도에서 건너온 건장한 사내들이 거주해 항상 감시와 통제를 받아야만 했다.

초량왜관에 들어가려면 2개의 관문(설문 設門, 수문 守門)을 거쳐야 했다. 첫 문인 설문은 왜인이 거주하는 왜관과 조선인 마을의 경계 지점에 있었다. 지금의 동구 초량 차이나타운 부근이다. 이곳에는 동래부 장교 1명과 군졸 1명, 그리고 일어 통사 1명이 10일 교대로 근무하면서 동래부사가 발급한 통행증을 확인하며 출입자를 통제했다.

하지만 예외도 있었다. 다대진과 서평진에 용무가 있거나 사건·사고를 보고하러 가는 사람, 설문 안에 전답이 있어 농사를 짓는 사람이 농기구나 우마를 함께할 경우는 예외였다.[주1)]

이곳을 통과하면 초량왜관의 실질적인 출입문인 수문에 도달한다. 여기서 동래부와 부산첨사영에서 나온 장교 1명씩, 일어 통사 2명, 문지기 2명이 오전 6시에서 오후 6시까지 근무했다. 출입증 없이는 드나들 수 없는 마지막 국경 게이트 같은 곳이었다. 오늘날 중구 동광동의 부산호텔 부근이다.

이 수문을 중심으로 반경 50m 이내에서 왜관 무역과 아침 시장이 열

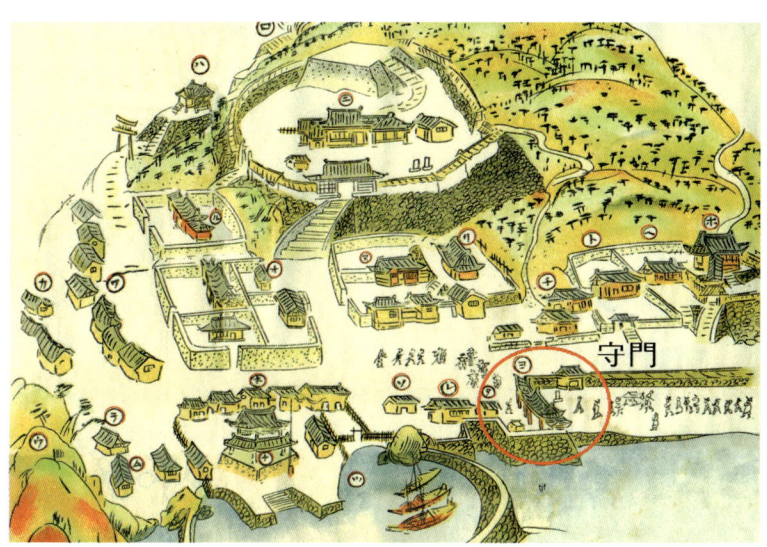

18세기 말 일본인이 그린 부산 초량왜관도. 왜관 내 건물명 등을 상세히 표시했다. 원내는 수문 (부산세관박물관)

렸다. 왜관 내 개시대청(開市大廳)에서 공식적인 중계무역이 매달 6회 이뤄지고, 수문 앞마당에서 주민들의 채소와 수산물이 아침에 일본인을 상대로 거래되었다.

초량왜관의 중계무역은 화려했다. 조선 인삼, 중국 견직물, 일본 은(銀)은 당시 각 나라의 대표 무역 상품이었다. 특히 조선 무역상이 중국에서 갖고 온 백사와 견직물이 이곳을 거쳐 일본 최대의 견직물 산업지 교토로 흘러 들어가 기모노에 화려한 꽃을 피웠다. 그러므로 교토는 '은의 길(Silver Road)'의 출발점이자 '비단길(Silk Road)'의 종착지였다. 초량왜관의 수문은 이 두 갈래 길목을 지키는 국경 관문이었다.

미국 미주리주 세인트루이스에는 아치형의 웅장한 조형물이 있다. 이곳은 19세기 중반 서부개척 시대에 서부로 향하는 대표적 관문이었다.

미국 세인트루이스 게이트웨이 아치(Gateway Arch) (최윤식 건축사 그림)

이 역사적 상징성을 담아 1965년에 세운 조형물이 게이트웨이 아치(Gateway Arch)로, 게이트웨이 시티(Gateway City)라는 별칭과 조화를 이룬다.

부산항은 예부터 우리나라 무역입국의 최일선이자 해상물류의 산업 현장이다. 앞으로도 동북아 물류의 거점 항만답게 더욱 역동적인 꿈을 펼쳐나가야 한다. 그런 의미에서 부산판 '게이트웨이 아치'라도 하나 세워보면 어떨까. 오래전 초량왜관을 통해 이루어진 한·증·일 삼국 간 중개무역의 의미를 되새기고, 국내 무역항 일 번지의 오랜 전통을 이어나가기 위해서라도 말이다.

주1) 『증정교린지』 제4권 금조(禁條)

해항도시, 해양도시, 해양수도

바다를 접한 도시를 흔히 해양도시, 또는 해항도시라고 한다. 더 나아가 해양수도, 해양특별시라고도 부른다. 부산광역시 홈페이지에는 도시 비전으로 '시민이 행복한 동북아 해양수도 부산'이라는 문구가 눈에 띈다. 왜 부산은 해양수도란 용어를 쓸까?

먼저 '해항도시(海港都市, Seaport City)'부터 살펴보자. 해항(海港)은 '해변에 있는 항구', '외국 무역을 위한 항구'로, '공항(空港)에 상대되는 말'이다. 일반적으로 해항도시는 세계 곳곳에 있는 평범한 바다를 낀 항구도시다. 바다로 열려 있어 교류성, 국제성, 잡종성을 특징으로 하는 도시로, 강 하구의 하항도시(河港都市, River port City)나 바다를 접한 어항과 같은 항만도시가 사람, 물자, 문화 교류가 제한적일 때는 해항도시와 구분된다.^{주1)}

역사적으로, 서구의 중상주의(重商主義) 정책에 따라 해외 진출의 발판이 된 대서양에 면한 에스파냐의 세비야, 포르투갈의 리스본, 네덜란드의 암스테르담을 비롯하여 동인도 무역의 중심지인 동남아의 말라카, 일본의 나가사키, 중국의 상해 등이 해항도시로 발전한 대표적인 곳이다. 해항도시는 국제 교역의 중심지였고, 지역 경제의 허브였으며, 국내외 문화가 충돌하여 새로운 예술, 사상, 기술이 발전하던 공간이었다. 그래서 해양 문화가 깊게 밴 유서 깊은 도시로 인근 거대 권역의 해항도시와도 유대를 통한 네트워크를 형성해온 국제항이다. 2005년 이후 한국해양대학교 국제해양문제연구소가 '해항도시의 문화 교섭' 등에 대해 연구, 강좌, 출판함으로써 이 용어가 더욱 널리 알려졌다.

해양도시(海洋都市, Ocean City, Maritime City)는 바다에 대한 산업성과 행정력이 강한 도시다. '해양(海洋)'은 '넓고 큰 바다'로, 이 환경에 세운 도시가 해양도시다. 즉 '바다에 거주 시설이나 공항·항만 등을 건설하여 해양의 공간 이용을 극대화하는 계획도시'로서 해상도시, 해저도시 등과 같은 미래 도시를 말하기도 하지만, 그보다는 해운, 항만, 수산, 해양레저관광, 해양자원 개발, 해양 안전 등 해양산업 전반에 역점을 둔 도시다. 해항도시는 역사와 문화적인 측면이 두드러진다면, 해양도시는 산업과 기술적인 측면이 강한 계획도시로 상호보완 연계성이 강하다.

역사를 보면, 바다를 지배한 나라가 세계를 주도했다. 글로벌 해양 강국이 되려면 무엇보다 해양산업을 이끌 인재양성이 중요하다. 해항도시의 역사와 문화에 대한 이해는 바다에 대한 인식을 키워준다. 즉, 해항도시의 전통 속에서 해양도시가 꽃필 수 있다. 부산은 한국의 대표적인 해항도시 중 하나로, 해양산업 메카의 꿈을 포기할 수 없다. 이런 해양중심도시가 곧 해양수도(海洋首都, Ocean Capital)다.

부산 최초로 해양수도라는 용어가 공식적으로 등장한 것은 부산도시기본계획(1996~2011), SMART 부산 21(1997~2011)상의 "21세기 환태평양 해양수도의 건설", "인간과 바다가 함께하는 21세기 세계 첨단 해양도시"라는 문구에서였다. 잠재력 있는 항만과 천혜의 해양관광자원, 그리고 부산의 인문자원을 활용하여 국제적으로 경쟁력 있는 해양도시를 조성하는 데 목표를 두었다. 또, '경쟁력 있는 해양산업을 집중 육성하여 동북아의 해양중심도시를 구현한다.'는 의미도 있다.[주2]

부산시는 2016년 개정된 '부산광역시 해양수도 구현을 위한 해양산업 육성 조례'에서 해양수도의 개념을 "해양을 기반으로 경제·사회·문화 활동 등이 활발하고 해양산업이 종합적으로 발달한 도시로, 해양산업에 있어 가장 선진적이고 중심이 되는 도시"라고 규정했다.

주1) 정문수 「지금 왜 해항도시인가?」 해항도시 문화교섭 시민강좌, 2012.
주2) 「해양수도 부산의 잠재력 분석과 추진전략 연구」 부산발전연구원, 2007.12.

영도 봉래산에서 바라본 부산항 전경 (김수진 사진)

용두산 194계단

부산은 산세가 강한 도시다. 해안을 따라 즐비하게 늘어선 크고 작은 산들이 이를 말한다. 그 가운데 부산의 랜드마크인 용두산도 있다. 해발 49m의 나지막한 산이다. 마치 동산 같아서인지 오래전부터 많은 사람이 쉽게 오르내렸다. 세월 따라 시대 따라 붙여진 이름도 많다.

조선 시대는 이 지역이 초량이라 초량소산(草梁小山)이라 불렸고, 소나무 숲이 울창하여 송현산(松峴山)이라고도 불렸다. 개항 이후는 용두산, 중산(中山), 해방 이후 한때는 이승만 대통령의 휘호를 붙인 우남공원이 되었다가, 4·19 혁명 이후부터 용두산공원으로 불렸다. 용두산은 이름의 변화만큼이나 다양한 이야기가 스민 유서 깊은 산이다.

용두산이 사람들 가까이 들어온 것은 1678년부터다. 지금의 동구 수

1900년대 초 부산항과 용두산 (부산세관박물관)

정동 주변에 있던 일본인 마을 두모진왜관이 협소해 초량소산 쪽으로 이사했다. 이곳은 초량왜관이라 불리며 일본 막부(幕府)의 위임을 받은 대마도 번주가 조선과 외교통상 업무를 수행하는 공관(公館)이었다. 번주는 400여 년이 넘게 매년 수십 척의 세견선을 띄워 조선의 공·사 무역(公私貿易)에서 무역 독점의 수혜를 누렸다. 하지만 1868년 막부가 무너지고 새로 메이지 정부가 들어서면서 초량왜관은 일대 변혁을 맞는다.

대마도의 향토사학자 나가도메(永留久惠)가 저술한 『대마국지(對馬國志) 연보』에 따르면, 1872년 8월 17일 대마도 일원을 나가사키현 관할에 둔 메이지 정부는 9월 16일, 왜관 명칭을 아예 일본공관으로 바꾼다. 그리고 왜관 수장인 관수(官守)에게 외무성 근무 명령을 내려 대마도주와 완전 결별시키면서, 이곳에 근무하던 필요 인원 83명만 남기고 나머지는 귀국 조치했다.^{주1)}

초량왜관은 1678년 4월 23일 용두산으로 이사 와서, 1872년 9월 외무성에서 완전히 접수할 때까지 194년 동안 그 자리에 있었다. 이렇게 오랫동안 조선과 쌓아온 교린 질서가 한순간에 무너지자 대마도 번주는 충격을 받았다.

1876년 부산항이 개항되면서 종전 대마도민만 거주하던 공간에 서서히 본토에서 건너온 비대마도인이 합류하면서 일본인 전관거류지역으로 바뀌었다. 초량왜관 시절 용두산에 모시고 통상선의 안전을 빌었던 대마도인의 사당도 세월 속에 일본인의 신사로 바뀌면서 초량왜관의 흔적도 하나둘 사라졌다.

1970년 용두산 공원 주변. 광복동에서 용두산으로 오르는 194계단이 사진 하단에 보인다. (부산근대역사관)

1916년에는 일본인들이 용두산을 공원으로 조성했다. 아마 이 시기에 광복동에서 용두산으로 오르는 돌계단도 만들었을 것이다.

1964년 고봉산이 불렀던 '용두산 엘레지' 가사에는 용두산의 계단이

194개이다. 우연의 일치일까? 초량왜관이 용두산에 머문 햇수 194와 같다.

용두산아 용두산아 너만은 변치 말자
한 발 올려 맹세하고 두 발 디뎌 언약하던
한 계단 두 계단 일백구십사 계단에
사랑 심어 다져 놓은 그 사람은 어디 가고
나만 홀로 쓸쓸히도 그 시절 못 잊어
아~ 아~ 못 잊어 운다.

1950년대 '용두산 엘레지'로 크게 히트한 고봉산의 자작곡 레코드 (박명규)

현재 용두산에 194계단은 없다. 그 자리에 에스컬레이터가 놓이면서 계단의 의미는 사라졌다. 하지만, 그 옛날 돌계단을 만들었던 이 중 누군가가 초량왜관 194년의 아쉬움을 돌계단 숫자 속에 묻었는지도 모를 일이다.

주1) 「동래부계록」에 의하면 메이지 정부가 초량왜관을 접수한 1872년에도 54척의 배와 1,000명의 인원이 왜관에 들어왔으며, 조선은 대마도를 통해 대포와 포탄, 소총 화약을 구입하는 등 무역을 했다. 그리고 대마도에는 여전히 조선이 준 도서(圖書)를 날인한 노인(路引)을 발급받은 세견선이 9월까지 입항했으며, 세견선 파견이 중단된 이후에도 매년 비선(飛船) 수척이 조선에서 발급한 도항증명서인 노인을 소지한 채 대마도와 왜관을 왕래했다. 이 사실에 근거할 때, 당시 왜관 운영에서 조선의 주도권이 완전히 배제된 것

으로 파악하려는 기존 연구 성과 및 일본 사료 중심의 편향성도 재고되어야 한다. 결국 메이지 정부 외무성의 왜관 접수 이후에도 근세적 조일 관계는 지속되었고, 왜관은 여전히 동래부의 관리하에 있었던 점을 고려할 때, '왜관 접수', '왜관 침탈', '왜관 점령'이라는 표현은 당시 상황을 바르게 설명하는 용어가 아니다. (장순순, 「조선 시대 대마도 연구의 현황과 과제」, 『동북아 역사 논총』 41호, 2013. P53.)

부산항 파노라마 사진

우리나라 일반 백성이 최초로 카메라와 접촉한 것은 1871년 6월 미국 군함과의 전투, 즉 신미양요 때이다. 종군 기자들은 전투 기록을 위해 50여 점의 사진을 촬영했다. 또, 1885년 영국군이 남해안 거문도를 점령할 때도 카메라가 빛을 발했다. 영국군은 거문도 전경과 현지 주민의 실상을 그대로 담아 생생한 기록으로 남겼다. 그 당시 우리나라 사람들은 카메라에 사진으로 찍히면 혼이 달아난다고 믿었다. 그래서 대부분 사진을 무력과 강압 속에 촬영했을 것을 생각하면 입맛이 씁쓸하다.

그러면 부산항을 최초로 카메라에 담은 것은 언제쯤일까? 일본은 운요호 사건과 관련한 무력시위를 위해 4척의 구로다(黑田) 함대를 1876년 1월 중순 부산항에 파견했다. 이 함선에는 일본인 사진사 가와타 키이

1876년 개항 직전의 부산항. 부산항 최초의 사진 (가와타 키이치, 1934년 「신부산대관(新釜山大觀)」)

치(川田紀一)가 승선했는데, 그는 함선에서 초량왜관의 선착장이 있던 용두산 동쪽 해변을 카메라에 담았다. 며칠 후 이 함대는 강화도로 향했고, 한 달 후 강화도 연무당에서 구로다 일행은 우리나라와 '조일수호조규'라는 불평등 조약을 체결했다. 이때 조약 체결 장면을 찍은 이도 가와타 키이치였다. 이처럼 부산항 최초 사진은 강제 개항을 불과 한 달 앞둔 시기, 부산항에서 강압적인 무력시위를 벌인 일본 구로다 함대의 전속 사진사에 의해 탄생했다.

부산항을 한눈에 볼 수 있도록 파노라마(Panorama) 형태로 찍은 사진은 1905년에 등장한다. 사진을 촬영한 사이드 보텀 목사는 미국 미시간주 출신으로 1899년 6월에 결혼과 동시 우리나라에 건너온 선교사인데, 부산교계에 큰 업적을 남겼다. 그는 한국어에 능통했고 사진에 남다른 조예가 있었다고 한다.

사보담 목사의 부산항 사진(1905)은 그가 8년 동안 한국에서 사역하고 1907년 안식년을 맞아 6개월간 휴가를 받아 귀향할 때, 북장로교 선교부에 보고용으로 찍은 것으로 추정된다. 1983년 그의 외손녀 그린필드 (Sarah C. Greenfield) 여사가 자신의 어머니 태생지이자 고향인 부산을 찾아와 기증했다.

부산항 최초의 컬러 파노라마 사진은 1954년 초 6·25 전쟁 복구를 위해 미 44공병대(부산 자갈치 인근 주둔)에서 근무한 클리포드 엘 스트로버 (Clifford L. Strovers) 상병이 찍은 것이다. 지금의 코모도호텔 아랫자락에서 부산항을 슬라이드 필름 2컷에 담았다. 이 두 사진을 합성하면 당시 부산항 전경이 한눈에 들어온다. 사진에는 부산항 제1·2·3·4 부두를 비롯해 중앙부두 뒤쪽에 매축이 끝나지 않아 물웅덩이가 그대로 보인다.

2010년 정부가 6·25 전쟁 발발 60주년을 맞아 해외 참전용사들을 초청했을 때, 스트로버 씨도 백발이 성성한 모습으로 손자와 함께 한국을 찾았다. 서울에서 직접 차를 빌려 단숨에 근무지였던 부산으로 내려왔다. 그러나 너무나 변한 부산에서 옛 흔적을 찾을 수는 없었고, 부산타워에 올라 상전벽해의 현장을 바라볼 뿐이었다. 이때 안내자의 친절에 감사하는 뜻으로 CD에 담아온 여러 사진을 이곳 부산타워에 기증하고 돌아갔다.

사이드 보텀 목사와 스트로버 씨가 촬영한 부산항 사진은 오랜 세월이 흘러 탄생지인 부산으로

사보담 목사 (부산세관박물관)

스트로버스(Clifford L. Strovers) 상병
(두모문화산업)

1905년 사보담 목사가 촬영한 부산항 최초 흑백 파노라마 사진 (부산세관박물관)

1954년 부산항 최초의 컬러 파노라마 사진 (두모문화산업, Clifford L. Strovers 촬영)

돌아왔다. 수구초심(首丘初心) 때문일까? 사진도 자신이 태어난 곳으로 찾아왔을 때 그 가치가 가장 빛나는 것 같다. 현재, 부산항을 촬영한 파노라마 사진은 약 30여 점이 있지만 이렇게 스토리를 간직한 사진은 거의 없다.

오륙도의 명칭

부산항의 주요 상징물 중 하나가 오륙도다. 부산항 동쪽 입구에 있어 항구로 드나드는 모든 배와 마주치는 부산항의 파수꾼이다. 그래서 부산항을 찾는 길손에게 뚜렷한 지형지물로 길잡이 역할도 했지만, 파란만장한 우리 역사와 함께한 애환의 섬이기도 하다.

오륙도라는 명칭은 1740년(영조 16) 동래부사 박사창(朴師昌)의 『동래부지(東萊府誌)』에서부터 나타난다. 이 책 산천조에 "오륙도는 절영도 동쪽에 있다. 섬 봉우리가 기고하여 바다 위에 나란히 섰는데, 동쪽에서 보면 여섯 봉우리고 서쪽에서 보면 다섯 봉우리여서 그렇게 명명했다"[주1]라고 적었다. 해운대 쪽에서 보면 여섯이고, 영도 쪽에서 보면 다섯으로 보인다는 것이다. 보는 방향에 따라 섬의 숫자가 달라 지은 이름이라니,

시(詩)적이다. 이를 증명하듯 18~19세기경 동래부의 고지도나 군현지도 등에도 다섯 또는 여섯 개의 섬을 그리고 '五六島'라 뚜렷하게 표기했다.^{주2)}

그러나 부산 초량왜관에서 조선어 역관으로 근무한 오다이 쿠고로오(小田幾五郎)는 다르게 설명한다. 1825년 발간한 그의 저서 『초량화집(草梁話集)』에서 "조석 간만의 차이에 따라 다섯, 여섯 섬으로 보인다"고 하면서 "육지 쪽인 승두말에 가장 가까운 우삭도가 밀물 때는 둘, 썰물 때는 하나의 섬이 된다"고 기록했다. 한동안 이것을 정설로 믿기도 했지만, 오늘날에는 다시 『동래부지』 설에 더 무게를 싣는다.^{주3)}

오륙도가 서구사회에 알려진 것은 1797년 10월 용당포에 입항한 영국 해군 탐사선 프로비던스호의 부속선 프린스 윌리엄 헨리호에서 시작된다. 이 배의 선원들은 용당포에서 조선 수군 몰래 부산항 최초의 항박도를 그렸는데, 오륙도를 '검은 바위(Black Rocks)'로 표기했다. 이 명칭

정해진 이름 없이 제각각 불리던 오륙도는 2011년 1월 28일 국토지리정보원에서 뭍과 가까운 섬부터 방패섬, 솔섬, 수리섬, 송곳섬, 굴섬, 등대섬으로 지정 고시하여 명칭을 얻었다. (조월제 사진)

은 1859년 영국의 워드(John Ward) 함장이 악타이온(Actaeon)호로 부산항에 와서 새로운 항박도를 그릴 때도 그대로였다.

조선은 그때까지도 해금정책 중이었고, 영국 해군 탐사선은 이양선이자 해적선으로 규정되어 가능한 한 빨리 부산포를 떠나기 바랐던 공포의 대상이었다. 그러므로 이들 역시 60여 년 전에 용당포에 불시착했던 프로비던스호의 부속선 일행과 마찬가지로 오륙도에 관한 정보를 얻기는 어려웠다.

영국 해군이 그린 '부산항박도'상 '블랙 락스'와 우리 고유의 명칭 '오륙도'를 함께 표기한 나라가 일본이었다. 일본은 페리(Matthew C. Perry) 제독의 흑선(黑船) 내항 후 해양 강국이 되기 위해 1871년부터 바다 측량을 시작했다. 특히 이것은 1870년 정한론(征韓論)이 대두된 것과 궤를 같이하는 것으로서 1875년 7월 일본 해군 함정 제2 정묘호 사관들이 부산항을 측량한 후 일본 해군의 수로료(水路寮)에서 '조선국 부산항' 해도를 처음으로 발행하고, 여기에 오륙도를 오륙암(五六巖, Oōriw Gamu)으로 표기했다.

일본은 영국 등의 정보를 입수해 세계수로지 편찬에 노력했고, 1886년에 오륙도를 『환영수로지(寰瀛水路誌)』에 5개의 검은 바위라는 뜻의 '오흑암(五黑岩)'으로 소개했다. 그리고 1904년 해군성수로부의 '부산항해도'에는 '오륙도(黑岩, Black Rks)', 1907년 『조선수로지(朝鮮水路誌)』에는 '오륙도(Black Rocks)'를 함께 표기했다.

부산항 입구에 있는 오륙도. 오륙도를 배경으로 한 일출은 일품이다. (조월제 사진)

오륙도가 처음에 우리의 의사와 다른 이름으로 세계에 알려졌으므로 일본이 1875년 이후 해도와 수로지에 우리의 명칭을 표기한 점은 주목할 만하다.

오늘날 오륙도는 'Five or Six Island'라는 의미보다 우리말 그대로 'Oryukdo'로 통한다.

주1) 『동래부지(東萊府誌)』 山川條 "五六島在絶影島東 峯巒奇古列之海中 自東視之則爲六峯 自西視之則爲五峯 故名之 以此"

주2) 「영남도」, 「영남지도」, 「전국팔도분지도」, 「광여도(廣輿圖)」, 「각읍지도」, 「동국지도3」, 「해동여지도」, 「조선지도」, 「팔도지도」, 「여재촬요(輿載撮要)」, 「영남읍지」, 「동래부읍지」, 「군현지도」 등에는 다섯 개의 섬으로, 「부산고지도」, 「청구요람」, 「동여(東輿)」, 「동래부산고지도」, 「여지도서」, 「여지도(輿地圖)」, 「지승(地乘)」, 「지도」, 「여지편람」, 「경주도회좌통지도(慶州都會左通地圖)」 등에는 여섯 개의 섬으로 그렸다.

주3) 『초량화집(草梁畵集)』에서 오륙도 명칭의 유래를 조석간만의 차이로 섬의 수가 다르게 보인 데서 왔다고 설명했고, 한동안 오륙도 명칭을 설명하는 정설로 믿었다. 육지인 승두말 쪽으로 가장 가까운 섬 우삭도가 썰물 때는 하나(우삭도)였다가, 밀물 때는 둘(방패섬과 솔섬)로 나누어진다는 것이다.

이 내용의 사실 여부를 확인하고자 부산의 모 여고 과학반에서 지도교사 책임하에 2006년 8월부터 10회에 걸쳐 이곳을 탐사했다. 과학반의 조사 결과, 우삭도는 본래 두 개의 섬인데 세월이 흐르며 솔섬의 암석이 앞의 방패섬 쪽으로 무너져 마치 하나의 섬처럼 보이게 되었다는 것이었다. 즉, 오륙도 명칭과 조석간만과는 관계가 없다고 발표했다.(연합통신 2007. 6. 15.)

영도다리를 들어 올린 이유

부산 출신 가수 김상국이 살아생전 그의 18번 곡 '쾌지나 칭칭 나네'를 부르며 노래 속 팔도 유람을 떠날 때 부산 자랑 제1호가 영도다리였다. 영도다리가 올라가는 것을 두고 남성의 상징에 빗댄 그의 재치는 듣는 이들의 흥미를 불러일으켰다.

이와는 달리 일제강점기에 부산에서 땅 부자로 유명했던 하자마 후사타로오(迫間房太郎)는 영도에 얼마나 많은 땅을 가지고 있었던지 "영도다리가 올라갈 적마다 하자마 땅값이 춤을 춘다"는 비아냥거림을 들었다.

이처럼 영도다리가 올라가는 것을 두고 사람과 시대에 따라 생각하는 의미가 달랐다. 영도다리의 매력은 바로 하늘을 향해 다리를 들어 올리는 데 있었다. 정 시각에 맞춰 하늘 높이 다리를 들어 올릴 때면 그 아래로 숱한 배들이 줄지어 지나가고, 그 뱃길 따라 갈매기도 날아들어 부산항의 또 다른 관문으로서 생기와 낭만이 넘쳤다. 지금도 영도다리를 구경하는 관광객 대부분은 이 도개 장면을 보러 온다고 해도 지나친 말이 아니다.

다리 개통 초창기는 하루에 일곱 번, 뒤에는 기력마저 쇠했는지 두 번씩 올리다가 1966년 9월부터 다리 아래로 상수도 배관을 매달면서 아예 도개 기능을 잃고 말았다. 그러기를 47년, 하지만 영도다리 도개 모습은 많은 이들의 뇌리에서 사라지지 않았다.

지성이면 감천이라 했던가? 2010년 7월, 영도다리는 다시 그날의 영광을 되찾기 위해 수술대에 누웠다. 6차로로 다리 폭을 넓히고. 선박 대

2013년 영도다리 재개통식

형화 추세에 맞춰 다리 높이도 최고 1.31m 높였으며, 중구 남포동 쪽 상판 31.5m를 75도 각도까지 도개하는 대수술이었다. 그 결과, 영도다리는 2013년 11월 말에 다시 도개 기능이 회복되어 하늘을 향해 건강미를 과시하며 매일 오후 2시에 관광객을 맞게 되었다.

영도다리는 1934년 일제강점기에 설치된 부산항의 대표적인 건축 구조물이다. 일본의 식민통치가 시작되면서 영도에도 군수산업 시설이 서서히 들어섰다. 이들 공장으로 드나드는 원자재와 제품을 운송하는 데 애로점이 하나둘 나타나기 시작했다. 여기서 대두된 것이 다리 건설이었고, 이것이 공론화된 것은 1926년께였다.

처음에 영도다리 건설 계획이 발표되자 반대 여론이 상당했다. 이해당사자인 해운업자가 반대 주도 세력이었다. 해운업자는 배 운항에 지장을 주는 낮은 다리를 설치함으로써 영도를 빙 둘러 운항하게 되어 시간과 비용이 늘어난다는 이유로 다리 건설을 반대했다.

이 반대 여론을 무마하기 위해 나온 절충안이 다리를 들어 올리는 도개 방식이었다. 그러니까 영도다리를 들어 올려 뱃길을 터줌으로써 바다와 육지가 상생하는 방법을 모색한 결과였다.

1970년 초 영도다리 주변 (한수당자연환경연구원)

영도다리의 진정한 가치와 매력은 여기에 있다. 도개 방식의 영도다리는 '배려의 다리'요 '상생의 다리'였다. 지

부산항 또 하나의 관문 역할을 했던 영도다리 도개 모습 (부경근대사료연구소)

금도 영도다리 아래에는 바닷물과 함께 인문학이 흐르고 있다면 지나친 비약일까?

지명 유래설과 자성대

부산(釜山)이란 이름은 어디서 유래했을까? 최근, 기존의 '증산설[주1]'과 새롭게 대두된 '자성대(산)설[주2]'로 찬반 논란이 뜨겁다.

이렇게 부산의 지명 유래설이 끊임없이 회자되는 것은 지명의 모호성 때문이다. 지금까지 여러 자료에서 부산은 '가마 형태로 생긴 산'이다. 하지만 대상이 되는 그 산이 명확하지 않다.

'부산'은 개항 이후 동래부의 행정과 문화가 서서히 바닷가 초량 쪽으로 옮겨오면서 두드러진 이름이다. 일제강점기에 일본은 동래부(東萊府)보다 부산부(釜山府)에 힘을 실어 행정명이 자리하는 데 일조했다.

원래 부산은 동래부의 조용한 포구로, 지금의 범천 하구를 중심으로 한 한적한 어촌이었다. 애초엔 지명도 '부유할 부(富)' 자를 써 부산포(富

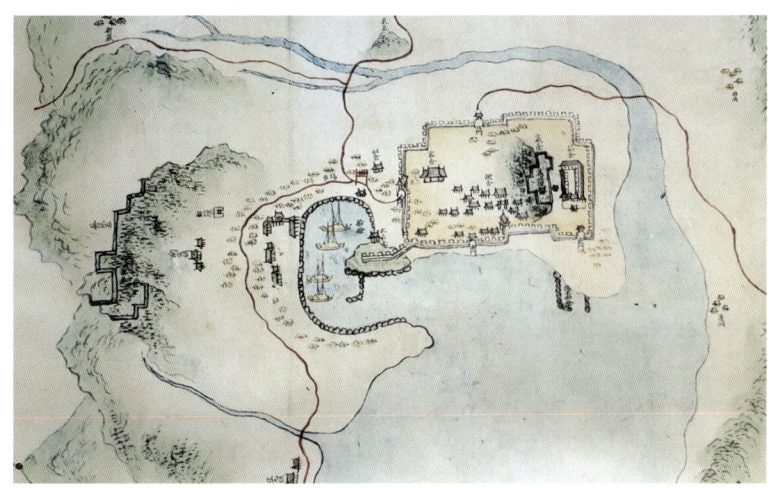

「1872 군현 지도」 중 「부산진 지도」의 부산진 주변 (규장각 한국학연구원)

山浦)였다.

성종 초기에는 가마에 소금 굽는 것이 유명했는지 지명도 '가마 부(釜)' 자로 바뀌면서 혼란이 시작된 것 같다. 여기에 임진왜란 때 왜군이 부산진성을 허물고 왜성을 쌓는 바람에 혼란이 가중되었다.

증산설의 근거 첫 번째는, 지금 말하는 '증산'이 '부산'이라는 점이다. 본래 가마 모양의 부산에 왜성을 쌓으면서 산 정상을 깎아내렸고, 산 정상이 시루 모양으로 변해 '시루 증(甑)' 자의 증산이 되었다는 것이다. 또, 1740년 「동래부지(東萊府誌)」 산천조에서 "부산이 동평현에 있으며 가마와 같은 산 아래 부산·개운포의 양진이 있고 옛날 항거왜호가 있었다"는 증거를 제시한다.

반면, 자성대(山)설은 조선 시대 부산(富山)의 원도심은 당시 부산포가 있던 범천 하구의 범일동 자성대공원 주변으로 일본인 거주 가옥인 항거왜호가 증산 아래가 아닌 자성대 인근 바닷가에 있었으며, 1663년 제작된 부산 지역의 '목장성지도'에도 자성대공원 능선 정상부에 붓글씨로 '부산(釜山)'이라고 표기돼 있음을 내세운다.

특히, 『동래부지』에 임진왜란 이후 부산포 주변의 방호 강화를 위해 수군 이동이 있었는데도 임란 전 수군 주둔 표시를 함으로써 혼란을 부추긴다고 했다. 왜란 당시 거의 파괴된 부산진성은 1607년에 자성대로 옮겼고, 그 자리에 1629년 울산의 개운포만호영과 기장의 두모포만호영이 옮겨왔다는 것이다.

향토사학계에서는 부산의 지명 유래와 관련, 증산(甑山)설을 거의 정설로 생각해왔다. 그러나 자성대의 위치, 형태, 역사적인 사실 등에서 연구·검토해야 할 점이 많다.

증산설을 뒷받침하는 기록물도 있다. 1607년 두모포왜관을 건립하면서 경상도 관찰사 정사호(鄭賜湖)가 현장을 둘러보고 치계를 하였다.[주3]

1907년경 영가대 주변 (부경근대사료연구소)

두모포왜관을 자성대 곁의 부산포왜관(옛터) 자리가 아닌 두모포(새터)에 짓는 것에 논란이 있었던 것 같다. 새터에 지음으로써 일본의 원망을 살까 의심하지만, 관찰사 정사호는 자신의 소견을 밝힌다.

1907년경 자성대 주변 (부경근대사료연구소)

"예전부터 왜관과 부산은 한 성(城)안에 있지 않았습니다. 평시에 부산은 서쪽에 있고 왜관은 동쪽 5리쯤에 있었는데, 지금 부산진(釜山鎭)이 왜인(倭人)이 쌓은 성을 왜관의 옛터 옆으로 옮겨 쌓았으니 바로 동쪽입니다. 이번에 짓는 왜관도 서쪽 5리쯤에 있어서 부산과의 거리가 평시와 일반이니 옛터이냐 새터이냐는 논할 바가 아닌데 저들이 어찌 감히 원망하는 마음을 내겠습니까? 이는 염려할 것이 못 됩니다."

이 기록은 현재의 증산을 기준으로 예전의 부산포왜관은 동쪽 5리에 있다고 밝히고 있다.

해안가나 하구 인근 섬들은 밤송이처럼 둥글둥글 부드럽게 생겨 대개 밤섬, 율도(栗島)라고 부른다. 자성대(산) 역시 범천 하구에 있으니 본래는 밤송이처럼 생긴 섬이 아니었을까? 세월이 흘러 주변 퇴적물이 쌓이며 뭍에 갇힌 나지막한 산이 되었을 것이다. 마치 가마(솥)를 뒤집어놓은 둥근 산처럼 말이다.

1895년 편찬된 이 지역 관방지 『영남진지(嶺南鎭誌)』에는 첨사영이 있던 자성대를 "가마솥을 엎어 둔 형상"이라고 여섯 차례 언급해 부산 이름과 관련짓는다.

　1842년 부산첨절제사 이희봉(李熙鳳)은 자성대 위에 승가정(勝嘉亭)을 지으며 "정자는 부산의 자성에 있다. 산이 마치 엎어 놓은 가마와 같다 하여 부산이라 한다"면서 "영가대는 물가에 있고, 승가정은 산의 꼭대기에 있다"고 기록했다.

　이러한 팽팽한 지명 유래설 사이에 근래 두 가지 설을 아우르는 새로운 의견이 나왔다.[주4] 절충설이라고는 할 수 없지만, 상대를 포용한 진일보한 의견이다. 부산진성이 증산에서 자성대 쪽으로 옮겨지면서 부산 지명 유래설에도 힘의 변화가 생긴다는 것. 즉 부산진성이 증산에 있을 때는 지명 유래의 유력한 산이었지만, 임진왜란 이후 자성대 쪽으로 옮겨지면서 상황이 바뀌었다는 것이다. 산 정상의 부산진첨사영을 중심으로 주변에 다양한 정자가 생기고 많은 사람의 발길이 머물며 자연스레 문헌에 자성대가 자주 등장했고, 지명과 관련된 자료에서도 쉽게 발견되었다는 것이다.

　이를 미루어 볼 때, 증산과 자성대(산)가 부산의 지명 유래설과 관련이 깊은 것은 분명하다. 그리고 앞으로도 계속 다양한 학설과 의견이 나올 것으로 보인다.

　지명은 시·공간에 따라 유동적이고 다양한 것이어서 변화 가능성은 무궁무진하다. 하지만, 아무리 좋고 정당한 지명 유래설이라도 많은 시

차를 둔 오늘에 와서 인정받으려면, 무엇보다 지역민들의 공감대 형성이 중요하다. 그런 의미에서 부산 지명 유래에 대한 퍼즐게임은 쉽게 끝날 것 같지 않다.

주1) 『부산부사원고(1937)』, 『부산시사(1991)』 등에서 정설로 다룬다. 증산설 주장의 대표자인 최해군은 「부산의 지명은 증산의 원래 이름, 부산일 때 생긴 이름이다」(시민시대, 2014. 11월호)에서 자성대설을 반박한다.

주2) 나동욱, 「부산이란 이름은 증산에서 유래된 것인가?」, 한국해양대학교 국제해양문제연구소, 도서출판 선인, 2014.

주3) 慶尙道觀察使鄭賜湖馳啓曰: "臣巡到釜山, 新造倭館入接房屋, 已盡完了, 宴享大廳, 今方竪柱. 而或者疑不造於舊基, 恐致失懽而生怨, 臣之所見不然. 自前倭館與釜山, 非在一城中者也. 平時釜山在西邊; 倭館在東邊五里許, 今則釜山鎭, 就倭子所築之城, 移設於倭館舊基之傍, 卽東邊也. 今造倭館, 又在於西邊五里許, 與釜山相距遠近, 與平時一樣, 基之新舊, 非所當論, 渠何敢生怨 此則不足爲慮。(선조실록 선조 40년 6월 20일 신해)

주4) 김동철, 「'부산(釜山)의 유래가 된 산' – 증산인가? 자성대산인가?」에 대한 토론문, 부산박물관 개관 40주년 학술 심포지엄 "부산의 정체성과 역사 쟁점"(2018. 10. 5.)

세관 기중기

바
닷
가
이
야
기

　스웨덴의 대표적인 조선소 코콤스(Kockums)사가 1986년 불황으로 문을 닫으면서 나온 매물이 높이 128m, 폭 165m, 자체 중량 7,560톤급 거대한 크레인이었다. 덩치 큰 골리앗 크레인이라 매수자가 쉽게 나타나지 않아 10여 년간 애물단지였다. 철거, 운반, 재설치 비용이 엄청났기 때문이다. 뒤늦게 이 사정을 알고 찾아간 기업이 현대중공업이다. 단돈 1달러라는 상징적인 가격에 인수되었고, 2002년 9월 25일 대형 바지선으로 옮기는 모습을 보려는 말뫼 시민들이 바닷가로 나와 인산인해였다. 조선 산업 호황기에 이 크레인은 말뫼 시(Malmö kommun)의 보물이자 상징물이었기에 스웨덴의 국영방송은 이 장면을 아쉬움과 눈물로 중계했고, 다른 언론들도 '말뫼가 울었다'는 제목으로 기사를 썼다.

이 크레인은 이후 '말뫼의 눈물'이 되어 역사의 뒤안길로 사라졌지만, 울산만에 새 둥지를 틀며 한국 조선공업의 상징물로 한동안 '울산의 웃음'이 되었다.

산업 현장에는 중량물을 들었다 내리는 크레인이 즐비하다. 아파트 공사장의 타워크레인, 항만의 갠트리크레인, 조선소의 골리앗크레인 등이 대표적이다. 그러다 보니 부산항을 비롯한 인근 거제, 울산에는 크레인의 힘을 빌리는 산업이 많다. 하늘을 향해 팔을 뻗은 듯한 이들 크레인이 웅비의 기세로 힘을 발휘하며 가동될 때면 부산 주변의 실물경기도 힘을 싣게 되고, 반대로 제대로 돌아가지 않으면 나라 경제가 어둡다. IMF 사태가 왔을 때 이들 크레인이 우리나라 경제를 얼마나 떠받쳐 주었던가!

그러나 요즘 부산항 주변의 경기는 예전 같지 않다. 조선업이 그렇고 해운선사가 그렇다. 무겁게 내려앉은 이들 산업을 힘차게 들어 올릴 '대안(代案)의 크레인'을 찾을 때다.

크레인은 우리말로 기중기(起重機)다. 부산항에 최초로 기중기가 설치된 것은 1906년, 부산해관 공사를 하면서다. 과거 포구 개념의 항만에서 화물선이 접안하는 근대식 부두가 되면서 늘어나는 물동량을 처리하기 위해 기계의 힘이 필요했다. 부두에 창고와 물양장이 들어서고 여기에 3톤, 10톤짜리 수동식 기중기도 함께 설치됐다. 그 가운데 10톤짜리는 태풍으로 유실되었으나, 3톤짜리는 다행히 보존되어 오늘날 항만의 최

개항 이후 한국 항만 최고 유물인 부산세관기중기. 현재 부산세관 감시선 계류장 입구에 있으며, 보관 상태가 좋아 가동할 수 있다. (정선우 사진)

고 유물이 되었다.

일제강점기에 이 기중기를 사용하려면 '세관기중기 사용규칙'에 따라 세관 허가를 받아야 했고, 사용료는 3톤의 경우 시간당 40전(錢)이었다.

신항의 한진 부산 컨테이너터미널 전경 (정선우 사진)

컨테이너 시대가 열리면서 최초로 설치된 갠트리크레인은, 1978년 우리나라 최초로 문을 연 자성대컨테이너부두의 하역 장비였다. 국산화된 최초의 크레인은 1982년 삼성중공업이 일본 가와사키중공업과 기술 제휴로 생산한 싱글 크레인으로, 부산항 제6부두에 4대를 설치했다. 40피트 컨테이너 2개를 동시 처리하는 탠덤(Tandem) 갠트리크레인은 2009년 부산 신항이 개장되면서 한진해운터미널에 설치했다.

세월이 흐를수록 항만을 지키던 다양한 하역설비들이 새로운 기능의 장비와 교체되고 밀려난다. 크레인뿐일까? 4차 산업혁명으로 스마트 자동화 항만 시대가 되면, 컨테이너 하역과 이동을 기계 스스로 수행하는 로보틱(Robotic) 항만 같은 혁신적인 하역 서비스가 필요하다. 경쟁력이 없으면 '말뫼의 눈물'이 되는 것은 시간문제다. 그래서 코콤스사의 크레인이 던져주는 교훈은 비장하고 냉엄하다.

19년의 시장

말뫼(Malmö)는 스웨덴 서남쪽 끝에 있는 인구 20여만 명의 중소 도시다. 1300여 년이란 긴 역사를 가진 스칸디나비아의 유서 깊은 항구도시 중 하나로, 일찍이 어업과 조선공업이 발달했다. 그러나 1970년대 한국을 비롯한 아시아 국가 저임금 시장의 도전은 이 도시를 쇠락의 길로 내몰았다. 조선공업의 몰락은 '말뫼의 눈물'을 가져왔고, 해양 환경의 오염은 이 도시를 '죽음의 도시'로 만들었다. 공장이 문을 닫자 실업률이 급증했고, 경제가 어려워지자 범죄까지 들끓었다.

일마르 레팔루(Ilmar Reepalu) 전 말뫼시장

말뫼는 희망이 없었다. 절치부심(切齒腐心) 중에 이 도시에 한 지도자가 등장한다. 그가 1994년부터 무려 19년간 시장(市長)을 연임한 일마르 레팔루(Ilmar Reepalu)이다. 말뫼시장을 맡은 그는 '내일의 도시(City of tomorrow)'라는 슬로건을 내걸고 두 가지 프로젝트를 추진했다. 첫 번째가 바다 건너 덴마크와 교량을 건설하는 것, 두 번째는 조선소 부지에 초고층 주상복합빌딩을 건축하는 것이었다.

덴마크 코펜하겐과 스웨덴 말뫼를 연결하는 7.8km의 '외레순 다리(Öresund Bridge)'가 2000년에 개통되었다. 두 도시가 하나의 경제권으로 연결되자, 식품과 바이오산업이 발달한 코펜하겐과 말뫼를 중심으로 식품산업단지 '외레순 클러스터'와 바이오·제약 산업 클러스터인 '메디콘 밸리'를 구축한다. 여기에 말뫼대학을 이전하고 세계해사대학(WMU)을 세워 전문 인력을 말뫼로 끌어들인다.

파산한 산업도시의 이미지를 바꾸고 시민의 자존심을 살리기 위해 코컴스(Kockums) 조선소의 크레인이 해체된 자리에 말뫼의 새로운 상징물 터닝 토르소

(Turning Torso, 2005년 완공)를 세웠다. 나선형으로 뒤틀리며 올라간 54층의 현대식 주상복합건물로 7층까지는 호텔 및 사무실, 나머지 54층까지는 임대주택으로 활용한다. 터닝 토르소는 북유럽에서 가장 높고 독창적 건물이라 연간 100만 명이 넘는 관광객이 찾는 말뫼시의 랜드마크다.

그리고 중앙정부의 지원 속에 여러 가지 공공사업을 벌이며 경제권을 확대했고, 거리로 내몰린 조선소 실업자들에게 일거리를 제공했다. 예전 조선소 부지를 사들여 친환경 뉴타운을 건설했다. 빗물, 태양열, 가정의 쓰레기를 재활용해 100% 자가발전 시설을 갖춘 세계적인 저탄소 배출 도시 '에코 도시(Eco City)'로 가꾸었다.

사람이 변화의 원동력이다. 말뫼시의 오늘은 지도자의 영향이 크다. 폐허가 되다시피 한 도시를 20년 가깝게 일관된 정책으로 이끌어 지역 경제에 활기를 불어넣고 세계적인 친환경 도시로 변모시킨 시장이 있었다. 그리고 학자, 기업인, 기술자, 공무원, 시민 등의 공감과 협조도 뒤따랐다. 그래서 말뫼 시민 모두가 승리자가 될 수 있었다.

말뫼의 새로운 상징물 터닝 토르소(Turning Torso) (최윤식 건축사 그림)

개항 100년 상징물

부산항 이야기

　부산항에는 다리가 많다. 해운대에서 신항 가덕도에 이르기까지 다양한 다리가 바다 위를 가로지른다. 1934년 부산 최초 영도대교 개통이 역사의 시작이다. 이어 부산대교, 신호대교, 광안대교, 거가대교, 남항대교, 을숙도대교, 가덕대교 등이 건설돼 나름대로 개성 있는 자태로 부산 해안순환도로망을 구축했다.

　부산의 다리 중 지금의 해안순환망과 거리가 먼 것이 하나 있다. 부산이란 명칭을 단 부산대교다. 본래 이 다리는 영도와 부산 시내를 연결하는 교통수단으로 건설돼 도시고속도로망과 관련이 깊다. 영도가 부산항의 배후 산업물류단지로 급성장하면서 이 지역의 물동량을 소화하려면 새로운 다리가 필요했다. 영도대교는 노후화해 컨테이너 차량이 마음대로 오갈 수 없는 처지여서 새 다리 건설이 시급했다.

부산항 개항 100주년이던 1976년 1월 5일 당시, 박영수 부산시장은 한 신문과의 인터뷰에서 역점사업 첫 번째가 제2 부산대교(현재 영도대교가 당시 부산대교였다.) 건설임을 밝혔다. 그래서 부산대교의 건설 취지에는 '개항 100년을 기념하여 한국의 관문인 부산에 건설한

1980년대 부산항. 부산대교 개통으로 영도의 물류 흐름이 원활해졌다. (부산세관박물관)

다.'는 '우리나라 산업 발달의 상징성'이 담겨 있다.

흥미로운 것은, 현재 부산대교의 육지 쪽 다릿발이 선 자리가 예전 초량왜관의 선착장이란 데 있다. 부산항이 강제로 개항되면서 초량왜관은 일본인 전관거류지역이 되었고, 바로 이 선착장이 당시 부산항의 중심으로 근대 문물이 들어오는 개항 관문 역할을 했다. 우연의 일치일까. 그곳에 개항 100년의 상징인 건축물이 섰으니 말이다.

교량은 1976년 10월 8일 기공하여 1980년 1월 30일 준공되었다. 다리 개통식은 오후 3시였다. 당시 최규하 대통령은 6,000여 명의 부산시민이 참석한 가운데 테이프 커팅을 한 다음 부산시청을 순시하는 자리에

서 "부산대교는 미적 감각을 살려 견고하게 만든 부산의 자랑"이라고 말하고 "다른 도는 물론 서울도 이를 모범으로 삼아 공공건축의 경우, 하나를 지어도 후손에게 남겨줄 만하게 아름답고 튼튼하게 만들도록 해야겠다."며 벤치마킹 대상 건축물임을 은근히 내비쳤다. 자그마치 40개월에 걸쳐 많은 난관을 헤치며 우리의 기술과 자재로 완공시킨 국내 최초의 3경간(徑間) 아치교였기에 더욱 자랑거리였는지도 모른다.

아쉬움도 있었다. 부산항 100년의 상징물을 지으면서, 67년이나 된 부산항의 상징 건축물 하나가 다리 진입로를 만든다는 이유로 대안 없이

1970년대 부산세관 옛 청사. 부산시지정문화재 제22호였던 부산세관 옛 청사가 부산대교 진입로 때문에 철거된 것을 두고 '부산세관 청사와 맞바꾼 부산대교'란 말이 나오기도 했다. (부산세관박물관)

사라졌기 때문이다. 부산시지정 문화재 제22호였던 르네상스풍의 부산세관 옛 청사가 그 주인공이다. 이 때문에 한때 '부산세관

철거되는 옛 청사의 후면 (부산세관박물관)

옛 청사와 맞바꾼 부산대교'란 말이 회자됐다. 부산대교에서 나오는 대교로가 부둣길 충장대로와 만나는 기점에 부산세관의 옛 청사가 있었다.

어떻게 보면 부산세관 옆 '세관삼거리'는 하나의 희생 속에 생긴 지명이다. 부산대교도 사실은 영도다리의 본명을 가져와 붙인 이름이다. 이래저래 오늘날 부산대교는 남의 도움과 희생 속에 부산항 개항 100년의 상징 다리가 되었다.

긴 여운, 아쉬운 발길

2002년 11월 11일 한 외국인이 부산세관 옛 청사 사진을 들고 부산세관을 찾아왔다. 그는 미국 워싱턴주에 사는 로버트 K. 키네브루(Robert K. Kinnebrew)라고 자신을 소개하고, 그의 아버지 이야기를 했다.

1954년 1월 20일 부산세관 청사 반환. 이양식에 한국 측 김신서 3대 세관장과 미국 측 위트컴 미 사령관이 대표로 참석했다. (부산세관박물관)

그의 아버지 잭 얼 키네브루(Jack Earl Kinnebrew, 1904~1974)는 6·25 전쟁 중에 미 군사고문단(KMAG, Korea Military advisory Group) 고위직(대령)으로 근무했다.

그는 어릴 적부터 군인인 아버지와 떨어져 지냈지만, 근무지에서 찍은 사진을 통해 아버지 모습을 그려보곤 했다고 한다. 훗날 아버지는 제대했고, 다시 시간이 흘러 세상을 떠났다.

아버지가 그리울 때 생전의 모습이 담긴 사진을 꺼내 보곤 했는데, 언젠가 한국을 여행하면 사진 속의 현장을 찾아 아버지의 발자취를 더듬어 보리라 마음먹었다고 한다.

동아시아 여행 기회가 되자, 그는 큰 기대를 안고 태평양을 건너 한국에 왔다. 그리고 마지막 목적지 부산에서 아버지가 근무했던 부산세관을 찾았다. 하지만, 사진 속의 옛 건물은 찾을 수 없었다. 한 노인에게서 그 건물이 오래전에 헐렸다는 이야기를 듣고 실망했지만, 부산세관이라도 찾아 그 건물에 대한 이야기를 듣고 싶었다고 했다.

그의 아버지는 6·25 전쟁 중에 부산세관 건물이 미군에게 징발되었을 당시 이곳에서 근무했다. 그의 손에 들린 흑백 사진은 청사 반환 후인 1956년 부산세관 옛 청사를 배경으로 찍은 것이었다. 그는 가지고 온 사진을 세관에 전하고 갔다. 부자간의 긴 여운이 묻어 있는 사진이었다.

6·25 전쟁 당시 부산세관 청사는 미군에 징발되어 226 병기창으로 사용되었다. 이 부대는 전투부대에 탄약을 비롯한 군수 물품을 지원하는 제2 군수사령부 소속의 군수지원부대로, 미군은 OBD(Ordnance Base Depot)라고 불렀다. 청사는 감사관 사무실, 창고 등으로 사용했는데, 창고는 탄약, 수선 장비 등 일반보급품 장치소였다.[주1]

뜻하지 않게 청사를 비워주게 된 160여 명의 세관 직원은 건너편 조선통운(대한통운 전신)과 철도경찰대 건물을 빌려 임시청사로 사용하였다. 임시방편으로 구한 노후화된 건물이라 비가 새는 등 악조건 속에서 근무해야 했다. 전쟁 후반기인 1953년 봄에 226 병기창은 해운대 외곽으로 자리를 옮긴다. 그

미국인 로버트 K. 키네브로우가 가져온 부산세관 옛 청사 앞에서 찍은 그의 아버지 기념사진 (부산세관박물관)

리고 전후 복구와 관련한 외화 차관으로 세관의 수입 업무가 폭증했다. 이에 따라 통관 불편에 대한 민원이 거세지고 청사 반환 요구도 점차 힘을 싣게 되었다. 이 상황을 이해하고 민원을 조속히 해결한 사람이 당시 군수기지 사령관이던 위트컴(Richards S. Whitcomb) 준장이었다. 청사 반환은 1954년 1월 20일에 위트컴 사령관과 부산세관 김신서 세관장 사이에 있었다. 3년 4개월 만의 원상 복귀였다.

관심이 있는 곳에 사람이 찾아오고 발길이 머문다. 누군가에게 여행은 이렇게 시작되고, 어떤 장소가 남다른 의미를 지니기도 한다. 그러나 찾던 대상이 없을 때 가슴에 허탈감과 아쉬움이 남는다. 67년간 부산항의 상징 건물로 많은 사람의 사랑을 받았던 부산세관 옛 청사가 그렇다.

주1) 국립중앙도서관 디지털도서관 블로그, '해외 기록으로 보는 한국', [e-문서1] 제2 군수사령부 병기창에 쌓여 있는 재고 무기 7만 5천 톤의 향방(2009. 12. 14.)

참고문헌 및 논문

1. 사료(기관 발간) 및 자료

- 『120년 역사 속에서 찾은 '세관 야화'』, 관세청, 한국관세무역연구원, 2000.
- 『1885 Despatches Chemulpo』, 서울본부세관, 신성문화사, 2007.
- 『DESPATCHES from FUSAN CUSTOMS』 (影印本), 관세청, 2013.
- 『개항과 함께한 구한말 해관 직원들』, 관세청, 2017.
- 『관세』 제76호 「밀수 수사 실화 시리즈(25) 」, 한국관세협회, 1976.
- 『國譯 각사등록』 51, 세종대왕기념사업회, 2015.
- 『國譯 典客司別謄錄』 Ⅰ~Ⅳ, 부산광역시사편찬위원회, 2009~2012.
- 『國譯 증정교린지』, 김건서(하우봉·홍성덕 옮김), 민족문화추진회, 1998.
- 『國譯 海行摠載』 권 9, (재)민족문화추진회, 1982.
- 『내 고장 부산 남구, 그 시간의 숨과 결을 느끼다』, 부산광역시 남구청, 2014.
- 『對馬國志』, 永留久惠, 對馬國志刊行委員會, 2009.
- 『부산 고지도』, 김기혁, 2008
- 『부산 근대지도 모음집』, 부산광역시립중앙도서관, 2012.
- 『부산 발전 50년 역사 이야기』, 부산광역시, 부산대학교 한국민족문화연구소, 2013
- 『부산, 역사 향기를 찾아서』, 부산은행, 2005.
- 『釜山商議史』, 부산상공회의소, 소문출판인쇄사, 1982.
- 『부산시사 Ⅰ·Ⅱ·Ⅲ·Ⅳ』, 부산직할시, 신흥인쇄사, 1989~1991.
- 『부산항 변천사』, 부산발전연구원 부산학연구센터, 정명당인쇄사, 2003.
- 『부산항·BPA 미래전략과제』, 부산항만공사, 2018.
- 『부산항사』, 부산항만청, 1970.
- 『사보담의 100년의 약속』, 부산근대역사관, 2009.
- 『사진과 신문으로 보는 피란수도 부산 1023』, 부산광역시립중앙도서관, 2016.
- 『신편 부산대관』, 한국해양대학교 국제해양문제연구소, 도서출판 선인, 2010.
- 『약진, 50년의 자취』, 부산박물관, 2013.
- 『嚴原町誌』, 嚴原町, 嚴原町誌編輯委員會, 1997.

- 『옛 사진으로 답사하는 근대 부산 100년』, 부산광역시립중앙도서관, 2011.
- 『우암동 사람들의 공간과 삶』, 임시수도기념관, 2014.
- 『日韓交涉略史』, 加藤增雄 編, 일본 외무성, 1894년(明治 27)
- 『臨時首都 千日』, 부산일보사, 1985.
- 『조선 시대 통신사와 부산』, 부산박물관, 2015.
- 『철도로 떠나는 근대도시기행』, 인천광역시립박물관, 2008.
- 『초량왜관』, 부산박물관, 2017.
- 『통계로 본 원양어업 50년』, 삼장인쇄사, 한국원양어업협회, 2007.
- 『한국선급 50년사』, (사)한국선급, 2010.
- 『한국수산지』 제2집, 대한제국 농상공부수산국, 1910(융희4).
- 『韓國電氣百年史』, 한국전력공사, (주)대한미술, 1989.
- 『한국해기사협회 50년사』, (사)한국해기사협회, 연문씨엔피, 2014.
- 『漢城周報 영인판』, (사)寬勳클럽信永硏究基金, 1983.
- 『한진중공업 70년사』, 한진중공업그룹, 2010.
- 『港都釜山』 1·2·3권, 부산광역시사편찬위원회, 1963.
- 『해양범죄백서』, 부산지방검찰청, 1997.
- 「京阪亭事件」, 在釜山 日本領事館 編(日本寫本), 1899년(明治 32), 부산광역시립시민도서관
- 「구한말 미국으로 밀입국한 안재창의 모험과 삶」, 안재창 자료(1), 국립중앙도서관
- 「對馬島 密輸王의 回歸」, 『주간한국』 제220호, 1968.
- 「이하영 대감의 英語 출세기」, 『新東亞』, 전봉관, 2006년 11월호.

2. 단행본

- A. H. Savage-Landor, 『고요한 아침의 나라 조선』 (신복룡·장우영 역주), 집문당, 1999.
- 강대민, 『부산 역사의 산책』 경성대학교 출판부, 1997.
- 강상혁, 『續 海運·海運人』, 海友會, 1993.
- 강영조, 「부산은 항구다」, 동녘, 2006.

- 구모룡, 『해양풍경』, 산지니, 3013.
- 김성진, 『부산의 향기에 빠지다』, 부산 미소, 2018.
- 김용구, 『세계관 충돌과 한말 외교사』, 문학과지성사, 2001
- 김용욱, 『부산의 역사와 정신』, 전망, 2014.
- 김의환, 『부산 근대도시 형성사 연구』, 연문출판사, 1973.
- 김재승, 『근대한영해양교류사(近代韓英海洋交流史)』, 인제대학교 출판부, 1997.
- 김종욱, 『부산의 대중음악』, 호밀밭, 2015.
- 김지태, 『부산의 오늘을 묻고 내일을 걷다』, 산지니, 2016.
- 김학준, 『서양인들이 관찰한 후기조선』, 서강대학교출판부, 2010.
- 다시로 가즈이(田代和生), 『近世日朝通交貿易史の 硏究』, 創文社, 2002.
- 다시로 가즈이(田代和生), 『倭館, 조선은 왜 일본사람들을 가두었을까?』 (정성일 옮김), 논형, 2005.
- 로널드 토비, 『일본 근세의 '쇄국'이라는 외교』 (허은주 옮김), 창해, 2015.
- 마크 레빈슨, 『THE BOX』(김영미 옮김), 21세기북스, 2008.
- 바실 홀, 『10일간의 조선 항해기』 (김석중 엮음), (주)도서출판 삶과 꿈, 2003
- 박순조, 『민나 도로보-일본·한국·오무라 수용소』 (유기성 옮김). 도올, 1989.
- 박원표, 『開港 九十년』 태화출판사, 1966.
- 박원표, 『부산의 古今』 태화출판사, 1965.
- 박원표, 『鄕土 釜山』 태화출판사, 1967.
- 박찬기, 『조선통신사와 일본 근세문학』, 보고사, 2001.
- 박천홍, 『악령이 줄몰하던 조선의 바다』, 현실문화연구, 2008.
- 사이먼 하비, 『밀수 이야기』 (김후 옮김), 예문아카이브, 2016.
- 서세욱, 『부산을 알면 부산을 사랑한다』, 지평, 2017.
- 손태현, 『한국해운사』 효성출판사, 1997.
- 송병순, 『나의 길 불꽃 70년(회고록)』, 도서출판 삶과 꿈, 2001.
- 신동원, 『호열자 조선을 습격하다』 역사비평사, 2004.
- 유승훈, 『부산은 넓다』 글항아리, 2013.
- 윤광운·김재승, 『근대 조선해관 연구』 부경대학교 출판부, 2007.
- 이덕만, 『밀무역』, 삼광출판사, 1986.

- 이동현, 『세계의 허브를 꿈꾸는 한반도』, 문형출판사, 2000.
- 이성우, 『일본에서 지내온 세월들』, 한국학술정보(주), 2011.
- 이종률, 『테마로 읽는 부산항 이야기』, 도서출판 해성, 1997.
- 이진희·강재언, 『한일교류사』 (김익한·김동명 옮김). 학고재, 2002.
- 張存武, 『近代韓中貿易史』 (김택중 외 옮김), 교문사, 1978.
- 조갑상, 『이야기를 걷다』, 산지니, 2006.
- 조경희 외 『주권의 야망-밀항, 수용소, 재일조선인-』, 한올, 2017.
- 조준, 『한 稅關人의 執念(회고록)』, 협동문고, 2000.
- 조진만, 『부자 도시로 가는 길』, 산지니, 2006.
- 주강현, 『제국의 바다 식민의 바다』 (주)웅진씽크빅, 2005.
- 주경업, 『부산을 배웁시다 1·2·3』, 부산민학회, 2004~2010.
- 주명철, 『계몽과 쾌락』, 소나무, 2014.
- 주영택, 『역사와 문화를 만나다』, 대훈기획, 2010.
- 최열, 『이중섭 평전』, 돌베개, 2014.
- 최영호 외, 『부관연락선과 부산』, 논형, 2007.
- 최차호, 『초량왜관』, 어드북스, 2014.
- 최해군, 『부산 7000년, 그 영욕의 발자취 Ⅰ·Ⅱ·Ⅲ』 부산을 가꾸는 모임, 1997.
- 최해군, 『부산 이야기 50마당』 도서출판 해성, 2007.
- 최해군, 『부산항』, 지평, 1992.
- 최흥석, 『개항의 파도와 조선의 침몰』. 한국관세무역개발원, 2010.
- 카르네프 外 『내가 본 조선, 조선인』 (A. 이르계바예브·김정화 옮김), 가야넷, 2003.
- 퍼시벌 로웰, 『내 기억 속의 조선, 조선 사람들』 (조경철 옮김), 예담, 2001
- 표용수, 『부산 역사의 현장을 찾아서』, 선인, 2010.
- 피터 안드레이스, 『밀수꾼의 나라 미국』 (정태영 옮김), 글항아리, 2015.
- 하네다 마사시, 『바다에서 본 역사』 (조영헌, 정순일 옮김), (주)민음사, 2018
- 한국해양대학교 국제해양문제연구소(편역 김승 외),
 『해항도시 부산의 재발견』 도서출판선인, 2014.
- 한일관계사학회, 『조선 시대 한일 표류민연구』, 국학자료원, 2001.
- 한일관계사학회, 『한일관계 2천 년-고중세·근세·근현대-』, 경인문화사, 2006.

- 홍성철, 『유곽의 역사』, 페이퍼로드, 2007.
- 홍순권 외, 『부산의 도시형성과 일본인들』, 선인, 2008.

3. 논문
- 김강일, 「동래부사와 대일외교」, 『동북아역사논총』 38, 2012.
- 김강일, 「闌出, 조선의 고민과 그 대책」, 『전북사학』 제36호, 2010.
- 김경남, 「일제 말 전시체제기 부산 시가지계획의 전개와 그 특질」, 『지역과 역사』 제20호, 2007.
- 김대래, 「개항기 서양인의 눈에 비친 부산」, 『2013 부산학 연구』, 2013.
- 김재승, 「부산에 거주한 최초의 서양인 가족」, 『시민시대』, 2004년 4월호.
- 김정우, 「"량"(梁)계 지명의 분포와 독법 - 경남 지역을 중심으로」 가라문화 24권, 2012.
- 김현철, 「개화기 서구 국제법의 수용과 근대 국제질서의 인식」, 한국학술진흥재단, 2004.
- 박찬기, 「일본 근·현대문학에 나타난 조선통신사」, 『일본문화학보』 제57집, 2010
- 박한민, 「1878년 두모진 수세를 둘러싼 조일 양국의 인식과 대응」, 『한일관계사연구 39집』, 2011.
- 부정애, 「조선해관의 창설 경위」, 『한국사론』 1, 1973.
- 양흥숙, 「조선 후기 동래 지역과 지역민 동향 - 왜관 교류를 중심으로」, 문학박사학위논문, 2009.
- 윤광운 외, 『근대 부산해관(1883년~1905년)과 고빙 서양인해관원에 관한 연구』 한국학술진흥재단, 2004.
- 윤참근·강동진, 「도시적 맥락에서의 초량왜관 흔적 분석」, 한국도시설계학회지 제15권 제5호, 2014.
- 이병천, 「개항과 불평등조약체제의 확립」, 한국경제사학회 『경제사학』 제8권, 1984.
- 장경준, 「18·19세기 동래 지역의 군역운영과 폐단, 그리고 이를 둘러싼 水使-府使의 대립」, 『釜大史學-石軒 鄭澄元敎授 停年紀念論叢』, 2006
- 장순순, 「조선 시대 대마도 연구의 현황과 과제」, 『동북아 역사 논총』 41호, 2013.
- 장순순, 「조선 후기 왜관에서 발생한 조일 양국인의 물리적 마찰 실태와 처리」, 두모진 왜관 설치 400주년 학술심포지엄 자료집(왜관-닫힌 세계 속의 열린 틈새), 2007.
- 長鄕嘉壽, 「朝鮮渡口御關所と 御關所御用飛船をぬぐって」, 2007.
- 차철욱, 「大韓帝國期 釜山 北港 埋築關聯 資料의 內容과 性格」 『港都釜山』 제22호, 2006.

- 차철욱, 「미 군정기 한일무역의 성격」, 『釜大史學』 제22집, 1998.
- 한상복, 「일본 대마도 어촌 와니우라(鰐浦)의 사회조직과 변화」, 한국문화인류학회 24집, 1993.

4. 기타
- 경향신문, 국제신문, 동아일보, 매일경제신문, 부산세관보, 부산일보, 중앙일보
- 네이버지식백과 (한국향토문화전자대전, 한국학중앙연구원), 해양수도의 비전
- 네어버 가요앨범사. 「한국대중가요 가사로 엿본 시대상」 2016.12.16.
- 『디지털부산문화대전』, 부산광역시·한국학중앙연구원, 2014.
- 한국사데이터베이스, 『조선왕조실록』·『승정원일기』·『비변사등록』·『일성록』, 국사편찬위원회
- 한수당자연환경연구원(https://blog.naver.com/hahnsudang)

부산의 오래된 미래를 만나다

부산항 이야기

1쇄 인쇄 2019년 2월 14일
1쇄 발행 2019년 2월 15일

지은이 | 이용득
펴낸이 | 김희호
펴낸곳 | 유진북스 U-JIN BOOKS
기 획 | 방수련, 임은희
디자인 | 김보경, 방지영, 하영순
등 록 | 2002년 3월 8일
주 소 | 48956 부산광역시 중구 광복로97번길 18, 605호
문 의 | 051-257-1595~6

ISBN 978-89-93957-62-4 03910
Copyright (c) 2019 by U-JIN BOOKS

일러두기
※ 이 책의 판권은 지은이와 유진북스에 있습니다. 저작권법에 보호를 받는 저작물이므로 작가의 양해 없이 무단 전재 및 무단 복제를 금합니다.
※ 이 책에 사용된 이미지 자료의 출처는 설명글 마지막 괄호 안에 명시했습니다.
※ 이 책에서 특별히 출처를 밝히지 않은 사진 자료는 저자 소장본입니다.

이 도서의 국립중앙도서관 출판시도서목록(CIP)은 서지정보유통지원시스템 홈페이지(http://seoji.nl.go.kr)와 국가자료공동목록시스템(http://www.nl.go.kr/kolisnet)에서 이용하실 수 있습니다.(CIP제어번호 : CIP2019003125)